FORMULE 1 CIRCUITS

ALLES OVER DE GESCHIEDENIS, STATISTIEKEN EN RECORDS

Originally published in the English language by HarperCollins Publishers Ltd.
under the title *Formula 1 Circuits*
© HarperCollins Publishers MMXXII
Text © Maurice Hamilton MMXXII
Maurice Hamilton asserts the moral right to be identified as the author of this work.
Maps & layout: Gordon MacGilp
Nederlandse vertaling © Zuidnederlandse Uitgeverij N.V.,
Vluchtenburgstraat 7, B-2630 Aartselaar, België, MMXXIV.
Vertaald onder licentie van HarperCollins Publishers Ltd.
Alle rechten voorbehouden.
Deze uitgave door: Deltas, België-Nederland
Nederlandse vertaling: Kitty Polderman

D-MMXXIII-0001-117
NUR 489

Maurice Hamilton

Voorwoord van **Sir Jackie Stewart**

FORMULE CIRCUITS 1

ALLES OVER DE GESCHIEDENIS, STATISTIEKEN EN RECORDS

DELTAS

Inhoud

Voorwoord
van Sir Jackie Stewart, drievoudig wereldkampioen F1

Als je dit boek doorbladert en de Formule 1-racecircuits uit de hele wereld bekijkt, wordt duidelijk hoe ongelooflijk kleurrijk en afwisselend onze sport is. Daarnaast krijg je een overzicht van de onvermijdelijke veranderingen die sinds de start van het wereldkampioenschap in 1950 werden doorgevoerd. Ik beschouw het als een groot voorrecht dat ik op veel van deze banen heb geracet – en sommige puur heb overleefd. Elk circuit heeft zijn unieke identiteit doordat ze allemaal heel uiteenlopende uitdagingen bieden.

Het is om verschillende redenen gepast dat Monza als eerste aan de beurt komt, als oudste circuit. Hier won ik in 1965 mijn eerste grand prix. Later zouden twee van mijn drie titels als wereldkampioen worden bepaald tijdens die zeer onstuimige middagen in september op dit bijzonder karaktervolle circuit.

Monza is niet alleen van groot belang geweest voor mijn carrière, maar blijft, als het gaat om de passie voor autosport, een van de meest onweerstaanbare racebanen ter wereld. Van die keer dat ik me in de Dunlop-vrachtwagen moest verbergen voor de invasie van fans nadat ik in 1969 voor het eerst kampioen werd, tot het zien van de stroom uitgelaten toeschouwers die vandaag de dag op het circuit aan het podium verzamelt: Monza blijft een geweldig bruisende plek, die je moet zien om het te geloven.

Daarom, en om veel andere redenen, zou het ontzettend jammer zijn als Monza dezelfde weg op zou gaan als de Franse en Duitse grand prixs en van de kalender zou verdwijnen. Ik vind dat de F1 'klassieke' kampioenschappen moet behouden, met daarin ook de Grand Prixs van Groot-Brittannië, België en, uiteraard, Monaco.

Al deze geweldige racebanen staan in dit boek, en elk zorgt op zijn eigen manier voor bijzondere herinneringen. Ik heb de Nürburgring Nordschleife ooit terecht de 'groene hel' genoemd. De originele baan van Spa-Francorchamps ging ook onlosmakelijk gepaard met gevaren. Deze circuits vormden echter het fundament voor de geschiedenis van de sport. Ter ere van de traditie zou de nieuwste generatie van deze banen in gebruik moeten blijven.

Niet alle circuits geven een gevoel van voldoening. Zo heb ik bijvoorbeeld nooit iets gehad met Brands Hatch. Met welke auto ik ook reed, ik vond het een moeilijke baan, die me een zware rit bezorgde en die slechts over één bocht met karakter beschikte: Paddock Hill Bend.

Anderzijds heb ik, om allerlei redenen, juist heel veel met Silverstone. Dit circuit was niet alleen de locatie van de allereerste race van het wereldkampioenschap van 1950, maar bezat in zijn oorspronkelijke vorm ook prachtige hogesnelheidsbochten, zoals Woodcote, Maggots en Becketts. Silverstone heeft in belangrijke mate bijgedragen aan het unieke karakter van Groot-Brittannië als organisator van een jaarlijkse F1-race. Daarnaast heeft het circuit het snelle tempo van de technologie bijgebeend, zodat het het wereldcentrum van uitmuntende autosport werd. Wat mij betreft, is het echt het *Home of British Motor Sport*, de thuisbasis van de Britse motorsport.

Als je me zou vragen om een favoriet uit de lijst met locaties te kiezen, antwoord ik zonder aarzelen Monaco. Dat is een circuit dat zich op zoveel manieren onderscheidt. De baan vereist een buitengewone discipline en de geringste verslapping van de concentratie wordt afgestraft. Het bevredigende gevoel dat je krijgt als je op dit circuit wint, is daardoor heel bijzonder. Maar naast de uitdaging van het racen zorgt Monaco ook nog steeds voor hetzelfde gevoel van kleur, cachet en opwinding als altijd. In deze veranderlijke tijden gaat dat voor veel banen niet op.

Als ik de verschillende circuits doorneem, roepen sommige ervan uiteraard trieste herinneringen op. Toch hebben de soms vreselijke gevolgen van racen met grote risico's mijn respect en mijn plezier niet aangetast wanneer ik deze racebanen bekijk.

Elk circuit speelt een cruciale rol in de geschiedenis van de autosport, en ik ben heel blij dat Maurice Hamilton ze in dit gedenkwaardige naslagwerk bij elkaar heeft gebracht.

Sir Jackie Stewart (Officier in de Orde van het Britse Rijk)

Inleiding

Toen ik student was en eigenlijk hoorde te studeren, droomde ik ervan om verre plekken te bezoeken, in het bijzonder racebanen met namen die tot de verbeelding spraken. Autodromo Nazionale di Monza, Spa-Francorchamps, Rouen-les-Essarts: als ik die woorden alleen maar hoorde, gierde de adrenaline al door mijn lijf. Toch had ik nog nooit een van deze magische oorden van waaghalzerij in het echt gezien.

Dat ik me alles vanaf een grote afstand kon voorstellen, was de schuld van *Motor Racing Circuits of Europe*, een geliefd boek van de hand van Louis Klemantaski en Michael Frostick. Die laatste, een journalist, schreef de tekst bij de al net zo veelzeggende foto's van Klemantaski. Hun werk verplaatste me van de sleur achter mijn bureau naar de verrukking langs het circuit en vergrootte de fascinatie voor een sport waarvan ik al in de ban was.

Vijftig jaar geleden had ik geen flauw vermoeden dat mijn baan, als je het zo mag noemen, me uiteindelijk naar deze legendarische plekken van het autoracen zou leiden. In plaats van weg te ebben nam de fascinatie alleen maar toe. De eerlijkheid gebiedt me te zeggen dat de aantrekkingskracht de laatste jaren een beetje in slaap is gewiegd vanwege een standaardisatieproces, waardoor het ene nieuwe circuit wel heel erg op het andere lijkt. Toch behouden alle banen een zekere eigenheid en blijven ze het canvas waarop de autocoureurs hun kunst vertonen.

Vóór 1950 was er een verscheidenheid aan races en werd de term 'grand prix' vrijuit gebruikt om een evenement een naam te geven. Daarom leek de start van het Formule 1-wereldkampioenschap dat jaar het enige logische beginpunt voor het opsommen van circuits en het beschrijven van de feiten erbij.

Sir Jackie Stewart bevindt zich in de unieke positie dat hij op veel van deze banen heeft geracet. Hij won zijn drie wereldkampioenschappen tijdens een carrière die de kloof overbrugde tussen een nonchalante houding ten opzichte van het welzijn van de coureurs, en de geleidelijke acceptatie van de verantwoordelijken dat er behoefte was aan meer veiligheid. Dit laatste doel streefde Stewart met veel respect en daadkracht na. Ik was opgetogen en voelde me vereerd toen Sir Jackie ermee instemde om het voorwoord te schrijven. Alleen hij kan zich iets voorstellen bij het ware gevoel voor racebanen, die voor dagen van enorme vreugde kunnen zorgen, maar ook voor momenten van diep persoonlijk verdriet.

Ik stond ervan versteld dat er sinds 1950 maar liefst 71 verschillende circuits in gebruik zijn geweest. In dit boek staan de meest iconische daarvan. Het is een subjectieve keuze, maar wel een waarvan ik hoop dat die het essentiële karakter weergeeft van sommige echt uitzonderlijke plekken, die de ware kern van de sport vormen.

Maurice Hamilton

Legenda voor pagina's met tekst

Naam van de race
Jaar van de eerste grand prix
Naam van het circuit
Land

Vlag van het land

Samenvatting over het circuit

Hoofdtekst

Paginanummer

Monza 1922
Autodromo Nazionale di Monza

Bijschrift bij de afbeelding

Legenda voor de kaarten van de circuits

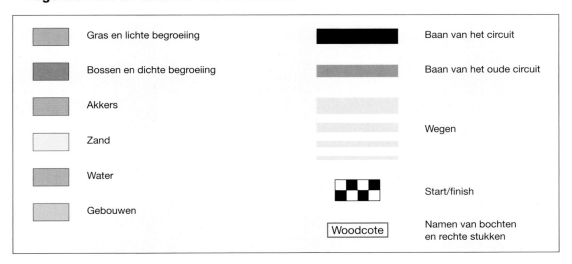

Gras en lichte begroeiing

Bossen en dichte begroeiing

Akkers

Zand

Water

Gebouwen

Baan van het circuit

Baan van het oude circuit

Wegen

Start/finish

Woodcote — Namen van bochten en rechte stukken

Feiten

De feiten omvatten informatie tot en met de Grand Prix van Abu Dhabi van 2023.

Kaart met de locaties van de circuits

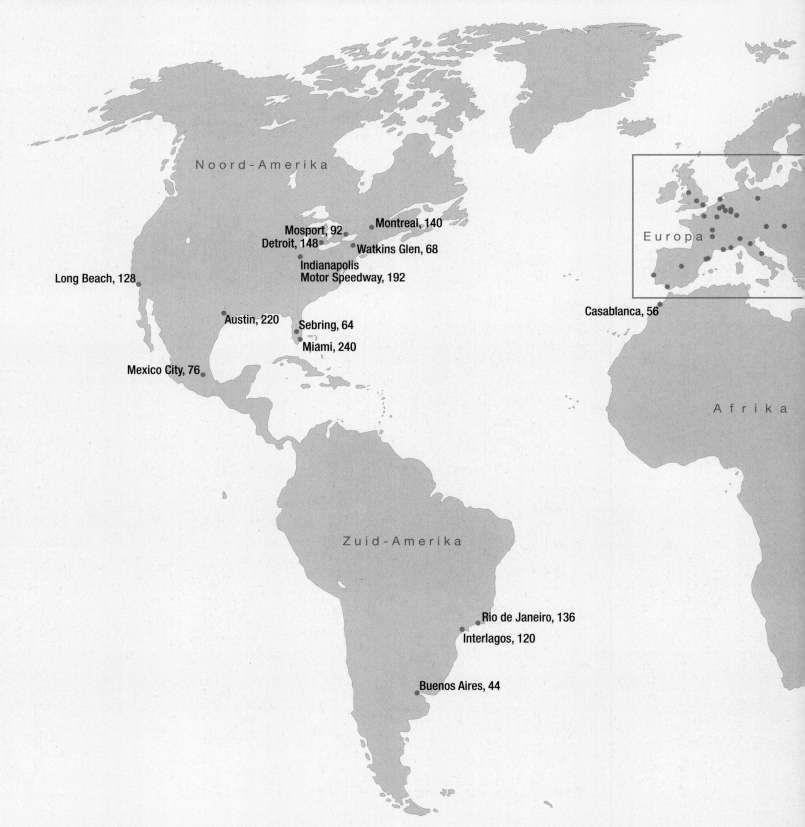

Noord-Amerika

Mosport, 92
Montreal, 140
Detroit, 148
Watkins Glen, 68
Indianapolis
Motor Speedway, 192

Long Beach, 128

Austin, 220
Sebring, 64
Miami, 240

Mexico City, 76

Europa

Casablanca, 56

Afrika

Zuid-Amerika

Rio de Janeiro, 136
Interlagos, 120

Buenos Aires, 44

Aintree, 48
Zandvoort, 40
Avus, 60
Silverstone, 32
Brands Hatch, 80
Zolder,124
Nieuwe Nürburgring, 152
Nivelles, 116
Spa-Francorchamps, 16
Nürburgring Nordschleife, 20
Rouen, 36
Reims, 28
Hockenheim, 104
Hungaroring, 168
Europa
Magny-Cours, 176
Österreichring, 108
Clermont-Ferrand, 84
Monza, 12
Imola, 144
Paul Ricard, 112
Monaco, 24
Pescara, 52
Barcelona Montmeló, 180
Jarama, 96
Barcelona Montjuïc, 100
Estoril, 156
Jerez, 164

Azië

Sotsji, 224
Bakoe, 228
Istanbul, 204
Fuji, 132
Suzuka, 172
Shanghai, 200
India, 216
Bahrein, 196
Lusail, 232
Abu Dhabi, 212
Jeddah, 236

Sepang, 188
Singapore, 208

Oceanië

Kyalami, 88

Oos-Londen, 72

Adelaide, 160
Melbourne, 184

11

Monza 1922

Autodromo Nazionale di Monza

 ITALIË

Dit is echt een theater van de autosport, dat meer dan 100 jaar geleden werd gebouwd. Het is gelegen in een park in een noordelijke buitenwijk van Milaan. Monza ademt karakter, traditie en passie, ondanks een relatief eenvoudig ontwerp, dat aanzet tot topprestaties. De baan wordt beschouwd als de thuisbasis van Ferrari en de fanatieke supporters van het Italiaanse team.

Vanaf het prille begin haalde de Monza-autodroom de krantenkoppen. De Italiaanse auto-industrie meende dat ze behoefte had aan een permanent en omsloten racecircuit. Ze koos een park (Parco Reale) dat grensde aan de koninklijke villa in de stad Monza als geschikte locatie. Een paar dagen nadat op 26 februari 1922 de eerste schop in de grond was gegaan, werd het werk door protesten van milieuactivisten en andere lobbygroepen stilgelegd. Nadat de plannen waren aangepast en uiteindelijk waren goedgekeurd, gingen meer dan 3000 mensen aan het werk. Ze klaarden de klus in amper 110 dagen.

Die enorm snelle inspanning zou symbool staan voor een opwindende combinatie van vlakke weg en kombaan met een totale lengte van 9,99 km. Er werden imposante hoofdtribunes en pits gebouwd en er werd een netwerk van dienstwegen aangelegd, wat toen een hele innovatie was voor een racecircuit.

Op 10 september 1922 kwamen maar liefst 100.000 toeschouwers opdagen om op Monza naar de eerste Grand Prix van Italië te kijken. De toekomst leek verzekerd, maar het vlakke karakter van de baan werd niet alleen Monza's handelsmerk, maar zou in de loop der jaren ook voor drama's en problemen zorgen. Toen in 1933 drie coureurs de dood vonden, werden de organisatoren gedwongen om van de oorspronkelijke combinatie met de kombaan af te stappen.

Er werden verschillende ontwerpen gebruikt tot 1955, toen er in de ronde van 9,99 km een vernieuwde kombaan werd opgenomen, wat leidde tot nog meer controverse. Het ruwe oppervlak en de hoge snelheden eisten hun tol van het materiaal, zodat de organisatoren algauw weer overschakelden naar het vlakke en bijzonder snelle wegparcours. Een beslissing uit 1960 om de oneffen kombaan opnieuw te gaan gebruiken, werd door de Britse F1-teams onthaald met afkeuring en een boycot. De Italiaanse autoriteiten weigerden halsstarrig om terug te krabbelen.

De druk werd opgevoerd in 1961, toen een botsing leidde tot de dood van Wolfgang von Trips en 15 toeschouwers nadat de Ferrari van de Duitser de lucht in was gekatapulteerd. Hoewel het incident niet op de ovale kombaan was gebeurd, benadrukte het wel de hoge snelheden op Monza. Het resulteerde in de blijvende goedkeuring van het kortere, pistoolvormige circuit dat de basis vormt van wat je tegenwoordig ziet.

De snelle verbetering van de prestaties van F1-auto's forceerde de invoering van chicanes op de lange rechte stukken, vooral nadat de Brit Peter Gethin de Grand Prix van Italië van 1971 had gewonnen met een gemiddelde snelheid van ruim 241 km/u.

Ondanks deze veiligheidsmaatregelen kwam er geen einde aan het drama. In 1978 stierf Ronnie Peterson aan de verwondingen die hij opliep bij een ongeluk in de eerste ronde. Ironisch genoeg was het een botsing met meerdere auto's op de plek waar het belangrijkste rechte stuk aan de voormalige ingang van de kombaan nauwer werd.

De verheven kombaan is nog zichtbaar op de achtergrond. Dit draagt alleen maar bij aan het alomtegenwoordige gevoel van traditie dat autoracen op Monza tot een onvergetelijke ervaring maakt. Andere circuits komen in de buurt, maar geen enkele kan de gespannen sfeer evenaren van de Autodromo Nazionale di Monza op een warme septembermiddag, vooral niet als Ferrari en zijn coureurs goed presteren.

De start van de Grand Prix van Italië op het brede oppervlak van het belangrijkste rechte stuk van Monza op 16 september 1951. De Alfa Romeo's van Fangio en Farina delen de eerste rij, met aan hun rechterkant de Ferrari's van Ascari en Gonzalez.

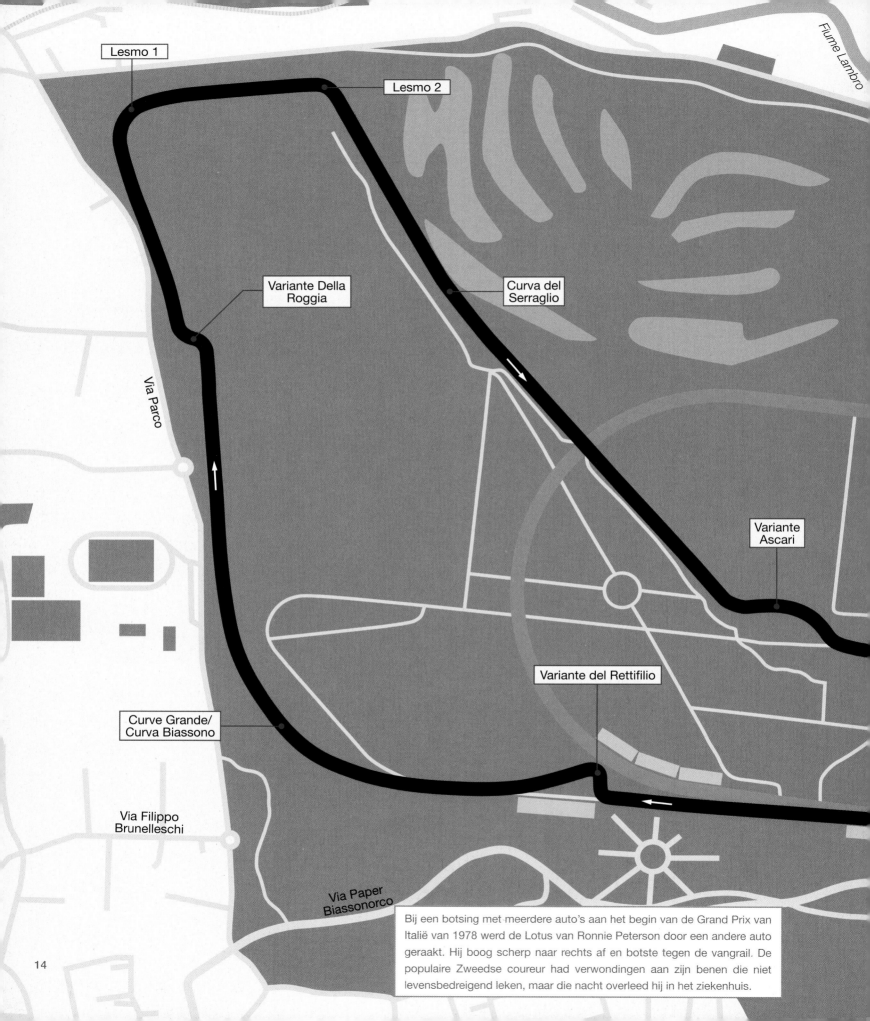

Lesmo 1

Lesmo 2

Variante Della Roggia

Curva del Serraglio

Via Parco

Variante Ascari

Curve Grande/ Curva Biassono

Variante del Rettifilio

Via Filippo Brunelleschi

Via Paper Biassonorco

Flume Lambro

Bij een botsing met meerdere auto's aan het begin van de Grand Prix van Italië van 1978 werd de Lotus van Ronnie Peterson door een andere auto geraakt. Hij boog scherp naar rechts af en botste tegen de vangrail. De populaire Zweedse coureur had verwondingen aan zijn benen die niet levensbedreigend leken, maar die nacht overleed hij in het ziekenhuis.

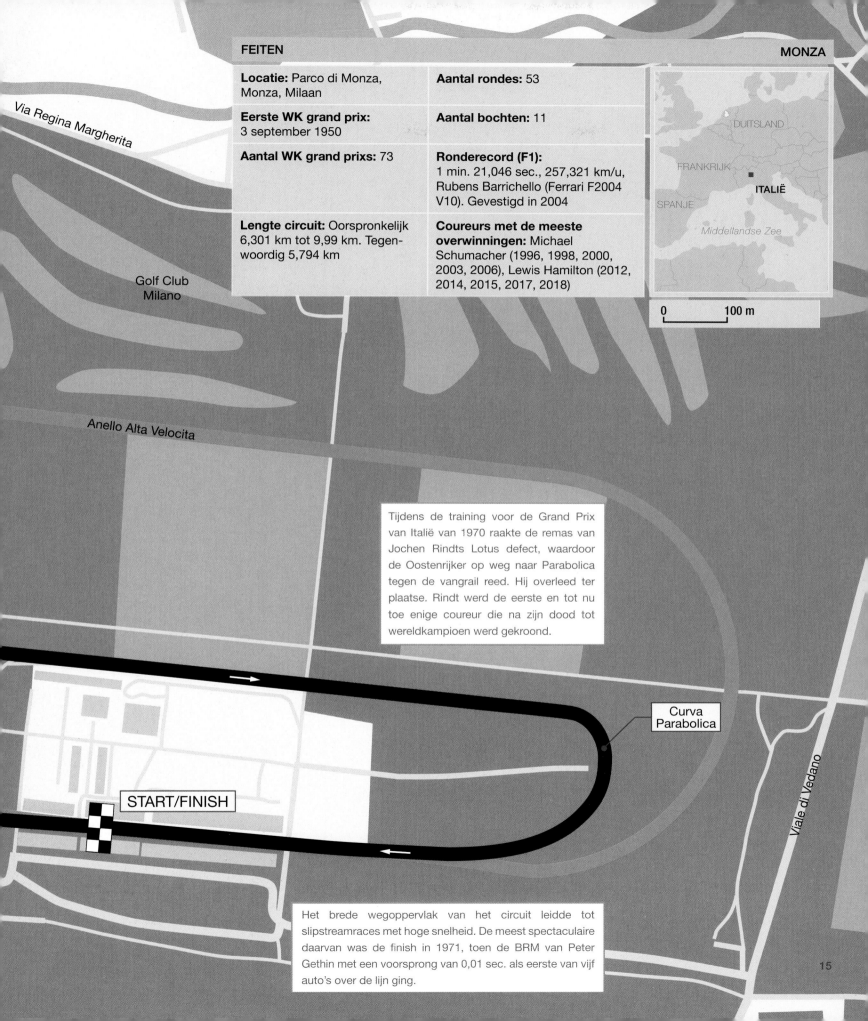

Locatie: Parco di Monza, Monza, Milaan

Eerste WK grand prix: 3 september 1950

Aantal WK grand prixs: 73

Lengte circuit: Oorspronkelijk 6,301 km tot 9,99 km. Tegenwoordig 5,794 km

Aantal rondes: 53

Aantal bochten: 11

Ronderecord (F1): 1 min. 21,046 sec., 257,321 km/u, Rubens Barrichello (Ferrari F2004 V10). Gevestigd in 2004

Coureurs met de meeste overwinningen: Michael Schumacher (1996, 1998, 2000, 2003, 2006), Lewis Hamilton (2012, 2014, 2015, 2017, 2018)

DUITSLAND

FRANKRIJK

ITALIË

SPANJE

Middellandse Zee

0   100 m

Via Regina Margherita

Golf Club Milano

Anello Alta Velocita

Tijdens de training voor de Grand Prix van Italië van 1970 raakte de remas van Jochen Rindts Lotus defect, waardoor de Oostenrijker op weg naar Parabolica tegen de vangrail reed. Hij overleed ter plaatse. Rindt werd de eerste en tot nu toe enige coureur die na zijn dood tot wereldkampioen werd gekroond.

Curva Parabolica

Viale di Vedano

START/FINISH

Het brede wegoppervlak van het circuit leidde tot slipstreamraces met hoge snelheid. De meest spectaculaire daarvan was de finish in 1971, toen de BRM van Peter Gethin met een voorsprong van 0,01 sec. als eerste van vijf auto's over de lijn ging.

15

Spa-Francorchamps 1925

Circuit de Spa-Francorchamps

 BELGIË

In 1983 werd Spa-Francorchamps ingekort en in overeenstemming gebracht met de vereiste veiligheidsnormen. Het circuit behield de uitdaging en het karakter van de 14,5 km lange oorspronkelijke baan van bijna 60 jaar eerder. Het was een schitterende combinatie van een speciaal aangelegde racebaan en openbare wegen in de Belgische Ardennen. Spa is zowel voor de coureurs als voor de toeschouwers altijd een van de favorieten gebleven.

Een groep Belgische autosportfanaten droomde ervan om een race te houden langs een reeks wegen die het dorp Francorchamps en de steden Malmedy en Stavelot met elkaar verbinden. De stad Spa kwam in het circuit zelf eigenlijk niet aan bod, maar de organiserende club zat daar. Aangezien Francorchamps het dichtst bij de locatie van de voorgestelde pits lag, werd voor de naam Spa-Francorchamps gekozen. In 1921 werd er een grand prix voor motors gehouden, gevolgd door een evenement voor toerwagens in 1924 en een race voor grand-prixauto's een jaar later.

De originele baan was bijna driehoekig van vorm en net iets meer dan 14,5 km lang. Ze steeg en daalde spectaculair langs adembenemende openbare wegen die beide kanten van een vallei omzoomden. Als kleine aanpassing werden twee krappe haarspeldbochten verwijderd. Dit droeg bij aan het snelle karakter van het circuit, dat bij de coureurs net zoveel enthousiasme opwekte als dat het hun angst inboezemde.

De gevaren van racen op Spa werden benadrukt door verschillende dodelijke ongevallen en nog versterkt door de regenbuien waarmee dit gebied in de Ardennen vaak te maken krijgt. In de Grand Prix van België van 1939 verloor Richard Seaman de controle over het stuur toen hij op een natte baan aan de leiding reed. Zijn Mercedes-Benz smakte tegen een boom en vatte vuur. De 26-jarige Engelsman overleed die nacht aan zijn brandwonden.

Twintig jaar later was Spa-Francorchamps het snelste wegcircuit dat in gebruik was. Zijn gevaarlijke kant bleef echter doorscheme-

ren, vooral in 1960, toen twee Britse coureurs bij afzonderlijke ongevallen omkwamen.

Zes jaar later werd het als een wonder beschouwd dat niemand dodelijk gewond raakte nadat verschillende auto's crashten tijdens de openingsronde van een grand prix. Die was verraderlijk omdat de eerste helft van het circuit kurkdroog was en de tweede helft helemaal onder water stond door een stortbui. Spa-Francorchamps werd als te gevaarlijk gezien, met een gemiddelde snelheid van circa 257,5 km/u (inclusief het nemen van de haarspeldbocht bij La Source aan 48,3 km/u). In zijn oorspronkelijke vorm werd het circuit voor het laatst gebruikt voor de grand prix van 1970.

De aantrekkingskracht van de locatie bleef nazinderen, en in 1983 keerde de grand prix naar Spa terug. Er was een enorme modernisering doorgevoerd. Het circuit werd nagenoeg in tweeën gesneden door een slim vormgegeven verbinding, die optimaal gebruikmaakte van de enorme hoogteverschillen tussen Les Combes en wat de terugweg bij Blanchimont was geweest. Het stuk voorbij Malmedy, richting Stavelot, was verdwenen. Er waren nieuwe pits en voorzieningen toegevoegd, maar opvallend genoeg was er niets van de uitdaging en de sfeer verloren gegaan.

Ondanks wijzigingen aan La Source en Eau Rouge blijft Spa-Francorchamps een klassieke locatie in een tijdperk van moderne racefaciliteiten. Het is een circuit dat de coureurs volop uitdaagt en dat voldoening schenkt, en de toeschouwers echt laat genieten.

Boven: De Ferrari 500 van Alberto Ascari vangt in 1953 de beklimming aan van Eau Rouge, met op de achtergrond de pits.

Onder: Michael Schumacher reageert op het publiek na zijn overwinning in 1996. De manager van het Ferrari-team, Jean Todt, verzamelt de trofeeën.

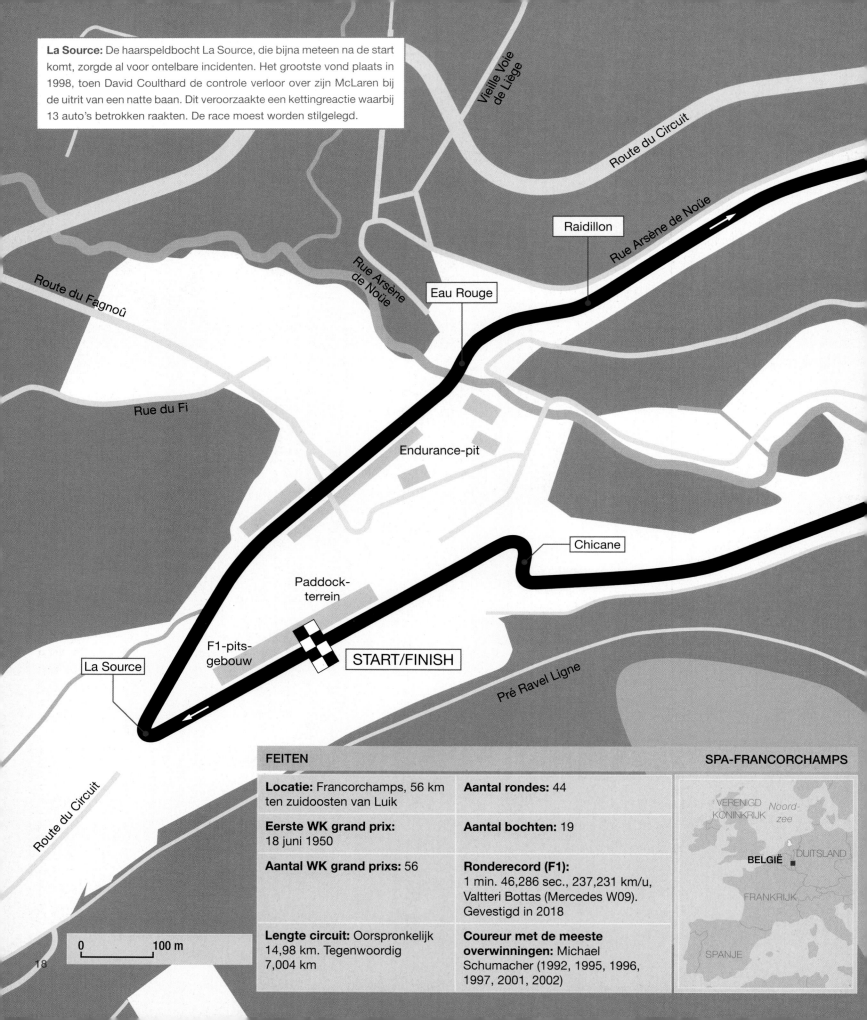

La Source: De haarspeldbocht La Source, die bijna meteen na de start komt, zorgde al voor ontelbare incidenten. Het grootste vond plaats in 1998, toen David Coulthard de controle verloor over zijn McLaren bij de uitrit van een natte baan. Dit veroorzaakte een kettingreactie waarbij 13 auto's betrokken raakten. De race moest worden stilgelegd.

Vieille Voie de Liège

Route du Circuit

Raidillon

Rue Arsène de Noüe

Rue Arsène de Noüe

Route du Fagnoû

Eau Rouge

Rue du Fi

Endurance-pit

Chicane

Paddock-terrein

La Source

F1-pits-gebouw

START/FINISH

Pré Ravel Ligne

Route du Circuit

0   100 m

18

FEITEN

SPA-FRANCORCHAMPS

Locatie: Francorchamps, 56 km ten zuidoosten van Luik	**Aantal rondes:** 44
Eerste WK grand prix: 18 juni 1950	**Aantal bochten:** 19
Aantal WK grand prixs: 56	**Ronderecord (F1):** 1 min. 46,286 sec., 237,231 km/u, Valtteri Bottas (Mercedes W09). Gevestigd in 2018
Lengte circuit: Oorspronkelijk 14,98 km. Tegenwoordig 7,004 km	**Coureur met de meeste overwinningen:** Michael Schumacher (1992, 1995, 1996, 1997, 2001, 2002)

VERENIGD KONINKRIJK

Noord-zee

BELGIË

DUITSLAND

FRANKRIJK

SPANJE

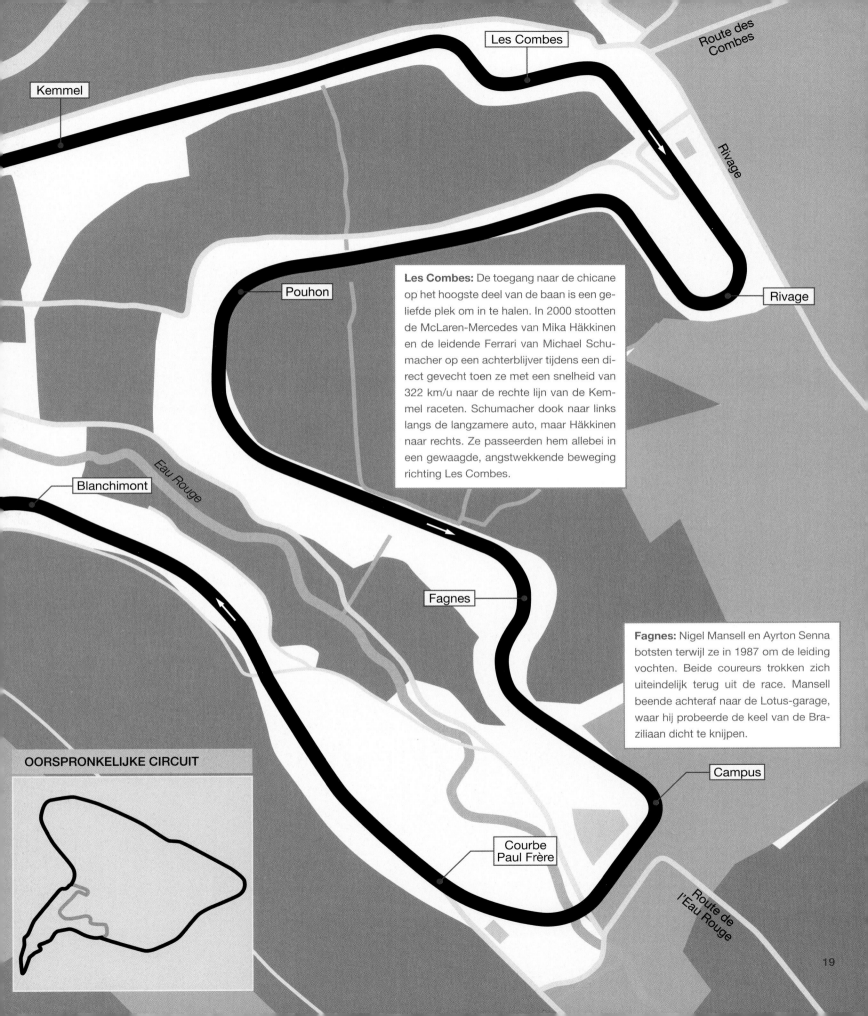

Kemmel

Les Combes

Route des Combes

Rivage

Rivage

Pouhon

Les Combes: De toegang naar de chicane op het hoogste deel van de baan is een geliefde plek om in te halen. In 2000 stootten de McLaren-Mercedes van Mika Häkkinen en de leidende Ferrari van Michael Schumacher op een achterblijver tijdens een direct gevecht toen ze met een snelheid van 322 km/u naar de rechte lijn van de Kemmel raceten. Schumacher dook naar links langs de langzamere auto, maar Häkkinen naar rechts. Ze passeerden hem allebei in een gewaagde, angstwekkende beweging richting Les Combes.

Blanchimont

Eau Rouge

Fagnes

Fagnes: Nigel Mansell en Ayrton Senna botsten terwijl ze in 1987 om de leiding vochten. Beide coureurs trokken zich uiteindelijk terug uit de race. Mansell beende achteraf naar de Lotus-garage, waar hij probeerde de keel van de Braziliaan dicht te knijpen.

Campus

OORSPRONKELIJKE CIRCUIT

Courbe Paul Frère

Route de l'Eau Rouge

Nürburgring Nordschleife 1926

Nürburg

 DUITSLAND

Dit circuit was bijna onmogelijk te beschrijven toen het in 1926 werd geopend om de werkloosheid te bestrijden en de macht van de Duitse auto-industrie in de jaren 1930 te laten zien. De baan van 22,5 km lang met scherpe bochten door het Eifelgebergte werd na het bijna fatale ongeval van Niki Lauda in 1976 uitgesloten van de F1.

De eerste steen van de Nürburgring werd gelegd op 27 september 1925. Het project in het Eifelgebergte was opgestart om de werkloosheid in de regio van Koblenz en Keulen te doen afnemen. Het zou later als het perfecte testterrein worden gezien voor de macht van de Duitse auto-industrie, aangevoerd door Mercedes-Benz en Auto Union.

De volledige Nürburgring was 28,29 km lang en bestond uit twee circuits: het zuiden (Sudschleife) en het noorden (Nordschleife). Ze maakten gebruik van dezelfde start/finish en pits, en hetzelfde paddockcomplex. Meer dan 130 bochten kronkelden rond Schloss Nürburg, een van de oudste kastelen in het Rijnland. Het slot torende uit boven het gehucht Nürburg, waaraan het circuit zijn naam ontleende. De dalende en stijgende kronkelingen en bochten bleven elkaar genadeloos opvolgen en geen twee bochten waren gelijk. Dat maakte van dit enorme circuit, dat zich een weg sneed door de bossen, een reusachtige en unieke uitdaging.

Op 17 juli 1927 kostte het Otto Merz bijna 5 uur om 18 rondes van de gecombineerde circuits af te leggen. Hij won samen met twee andere Mercedes-coureurs de tweede Grand Prix van Duitsland (de eerste werd gehouden op Avus). Door de combinatie van de Wall Street-beurscrash en de Tweede Wereldoorlog werd de Nürburgring grotendeels overbodig. Pas in 1951 werd er opnieuw een grand prix gehouden. Toen versloeg de Ferrari van Alberto Ascari op de 'slechts' 22,80 km van de Nordschleife de Alfa Romeo van Juan Manuel Fangio met ruim een halve minuut.

Alle elementen waren aanwezig om de Nürburgring permanent op te nemen in het kampioenschap. De per definitie gevaarlijke racebaan werd het toneel van waaghalzerij (Fangio's legendarische

comeback na een pitsstop in 1957 en Jackie Stewarts epische overwinning in de mist en de regen in 1968) en van niet geheel onverwachte drama's.

Zorgen over de veiligheid, vaak verergerd door aanhoudend guur weer, leidden in 1970 tot een boycot en een overstap naar Hockenheim. Toen de coureurs het jaar daarop terugkeerden, bleek de Nürburgring opgeschoond te zijn. Ironisch genoeg was hij ook veel sneller nadat bomen en hagen waren weggehaald, rotswanden waren neergehaald en sommige hobbels en ruggen waren afgezwakt.

Desondanks bleef het circuit een intimiderende plek, ook al werd de race teruggebracht tot 12 rondes (later uitgebreid tot 14). De grootste angst van de coureurs was om niet snel genoeg opgemerkt te worden als op een van de verafgelegen locaties een ongeval plaatsvond.

Die vrees werd in 1976 bewaarheid, toen Niki Lauda bij Bergwerk crashte. Zijn Ferrari vatte vlam en werd geramd door een andere auto. Het is een van de wonderen van de autosport dat de Oostenrijker, die in de cockpit bekneld zat, het op een of andere manier heeft overleefd. Dit kan niet worden gezegd van de Nürburgring zelf. Zijn plaats op de F1-kalender werd ingenomen door Hockenheim en later door de nieuwe Nürburgring, die ongeveer het traject van de Sudschleife volgde.

Door zijn lengte zou de Nordschleife nooit meer aan de moderne veiligheids- en beveiligingsnormen kunnen beantwoorden. De baan ligt er nog, in al zijn angstaanjagende glorie. Zo nu en dan wordt hij voor wedstrijden gebruikt en opengesteld voor het publiek, als monument om te tonen hoe het racen er vroeger aan toeging.

Boven: Op een luchtfoto uit 1957 is het lange, donkere dak van het Sport Hotel tegenover de pits zichtbaar. Op de achtergrond loopt de baan richting Hatzenbach. De keerlus naar de pits is duidelijk aangegeven voor coureurs die aan het opwarmen zijn en geen volledige ronde van ruim 22 km willen rijden. Op de voorgrond is de omsloten vierkante paddock met garageboxen te zien, in die tijd een nieuwigheid.

Onder: Nadat hij langs Ex-Mühle naar beneden is gereden, steekt Jackie Stewart de Adenau-brug over tijdens de training in 1971 met de reserve-Tyrrell (gemarkeerd met de 'T' van training). Stewart zou de race winnen.

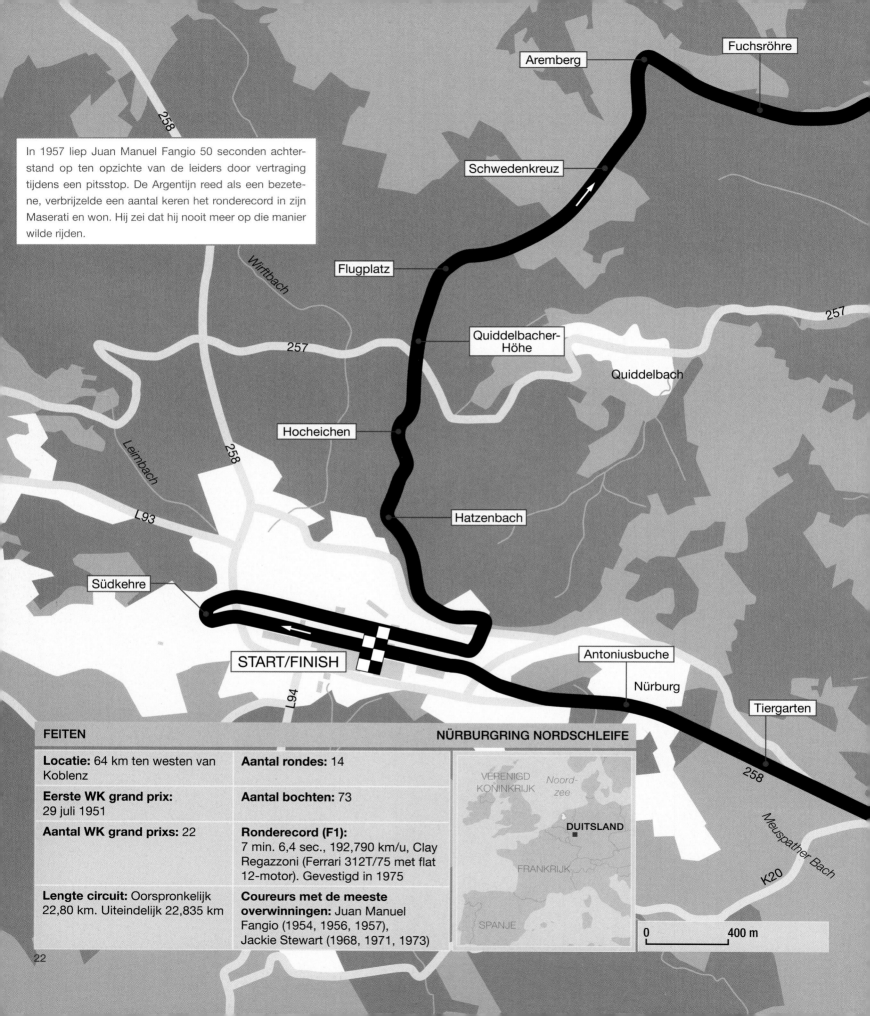

In 1957 liep Juan Manuel Fangio 50 seconden achterstand op ten opzichte van de leiders door vertraging tijdens een pitsstop. De Argentijn reed als een bezetene, verbrijzelde een aantal keren het ronderecord in zijn Maserati en won. Hij zei dat hij nooit meer op die manier wilde rijden.

Aremberg

Fuchsröhre

Schwedenkreuz

Flugplatz

Quiddelbacher-Höhe

Quiddelbach

Hocheichen

Hatzenbach

Südkehre

START/FINISH

Antoniusbuche

Nürburg

Tiergarten

FEITEN

NÜRBURGRING NORDSCHLEIFE

Locatie: 64 km ten westen van Koblenz

Aantal rondes: 14

Eerste WK grand prix: 29 juli 1951

Aantal bochten: 73

Aantal WK grand prixs: 22

Ronderecord (F1): 7 min. 6,4 sec., 192,790 km/u, Clay Regazzoni (Ferrari 312T/75 met flat 12-motor). Gevestigd in 1975

Lengte circuit: Oorspronkelijk 22,80 km. Uiteindelijk 22,835 km

Coureurs met de meeste overwinningen: Juan Manuel Fangio (1954, 1956, 1957), Jackie Stewart (1968, 1971, 1973)

VERENIGD KONINKRIJK

Noord-zee

DUITSLAND

FRANKRIJK

SPANJE

0   400 m

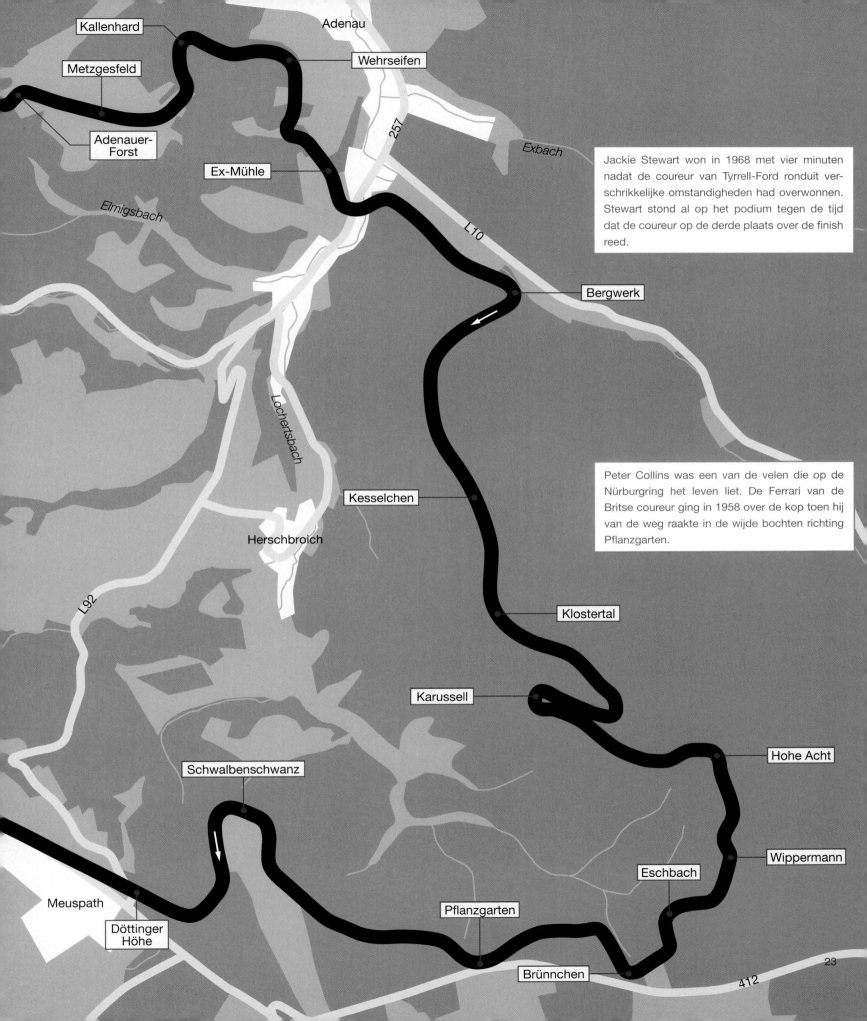

Kallenhard

Metzgesfeld

Adenauer-
Forst

Ex-Mühle

Elmigsbach

Lochertsbach

L92

Herschbroich

Kesselchen

Schwalbenschwanz

Meuspath

Döttinger
Höhe

Adenau

Wehrseifen

257

Exbach

L10

Bergwerk

Jackie Stewart won in 1968 met vier minuten
nadat de coureur van Tyrrell-Ford ronduit verschrikkelijke omstandigheden had overwonnen.
Stewart stond al op het podium tegen de tijd
dat de coureur op de derde plaats over de finish
reed.

Peter Collins was een van de velen die op de
Nürburgring het leven liet. De Ferrari van de
Britse coureur ging in 1958 over de kop toen hij
van de weg raakte in de wijde bochten richting
Pflanzgarten.

Klostertal

Karussell

Hohe Acht

Wippermann

Eschbach

Pflanzgarten

Brünnchen

412

23

Monaco 1929

Circuit de Monaco

 MONACO

Dit is het thuis van een van de bekendste evenementen in de sportwereld. De glamoureuze omgeving spreekt tot de verbeelding én biedt een unieke uitdaging voor de coureurs. Drie kwart van het stratencircuit is nog exact hetzelfde als toen het voor het eerst werd gebruikt voor de Grand Prix van Monaco van 1929.

De beslissing om een autorace door de straten te organiseren had niets te maken met sport op zich. Ze was gebaseerd op de behoefte om bezoekers naar Monte Carlo te lokken en de status en onafhankelijkheid van Monaco in de ogen van de wereld naar een hoger niveau te tillen.

Het kleine vorstendom kon niet beter gelegen zijn voor een circuit in de tijd dat autoraces op openbare wegen werden gehouden in plaats van op afgesloten banen: boven op een rotswand die uitkeek op de Middellandse Zee. De Grand Prix van Monaco werd de eerste autorace die in een stad werd verreden.

Het circuit steeg steil vanaf zeeniveau naar een nauwe opening tussen het Hôtel de Paris en het al net zo imposante casino. Daarna dook en kronkelde het heuvelafwaarts naar de kust en de terugweg liep door een tunnel en langs de haven. Het grootste deel van de baan, waaronder het gedeelte van de start en finish, was te zien vanaf het koninklijke paleis. Hierdoor moest deze unieke sportieve aangelegenheid wel intrigeren en charmeren, ondanks de zorgen over een autorace in zo'n nauw gebied.

Deze natuurlijke beperkingen zouden voor het evenement een bijzondere uitdaging zijn. De eerste grand prix in 1929 werd gewonnen door een Bugatti bestuurd door William Grover. Hij was een uitgeweken Engelsman die bekendstond als Williams en reed met een pet op die hij achterstevoren droeg. Met maar twee lichtgewonden in een race die bijna vier uur duurde, werd de Grand Prix van Monaco als een groot succes beschouwd.

Nadat ze eerst bezwaren hadden geuit, berustten de Monegasken er uiteindelijk in dat hun dagelijkse leven eenmaal per jaar volledig op zijn kop stond. De race werd namelijk zowel op de kalender van de grand prixs als op de sociale agenda van de wereld een vast evenement. Op het commerciële vlak groeide het belang van de race met de komst van de sponsoring in de autosport eind jaren 1960. Monaco was de plek om mensen te vermaken en deals te sluiten.

In 1973 kwam er een belangrijke wijziging aan het ontwerp, toen een lus rondom het zwembad werd toegevoegd om de baan langer te maken en een noodzakelijke uitbreiding van de pits mogelijk te maken. Die bestonden voordien uit niet meer dan een verkeerseiland in het midden van een dubbele rijbaan, waar de auto's langs beide kanten raceten.

Niets van dit alles maakte Monaco minder tot een uitdaging. Het circuit blijft uniek door de stoepranden, muren, drempels en de moeilijkheid van gewone straatoppervlakken, die klaarliggen om de kleinste inschattingsfout gretig af te straffen. Het strijden in de straten van Monte Carlo draait niet om het wiel aan wiel racen in de algemeen aanvaarde betekenis van het woord. Toch blijft het een extreme test voor de concentratie en precisie van de coureurs, die proberen om hun krachtige bolides in een gevaarlijke omgeving in toom te houden.

Als de race nog niet zou bestaan en je het idee vandaag de dag zou opperen, zou het voorstel als onuitvoerbaar en waarschijnlijk krankzinnig worden gezien. Maar de wedstrijd bestaat wel, en is een uitgekiende gelegenheid om het publiek de brute kracht van F1-wagens van dichtbij te laten ervaren in een adembenemend decor.

In 1956 bevond de startlijn zich op de plaats waar nu de pitstraat ligt. De 'pits' waren niet meer dan het middenstuk onder de bomen links op de foto. De Maserati 250F van Stirling Moss, de uiteindelijke winnaar, neemt de leiding over terwijl de auto's naar de Gasworks Hairpin rijden voordat ze een bocht naar rechts nemen naar het huidige rechte stuk van de start en finish.

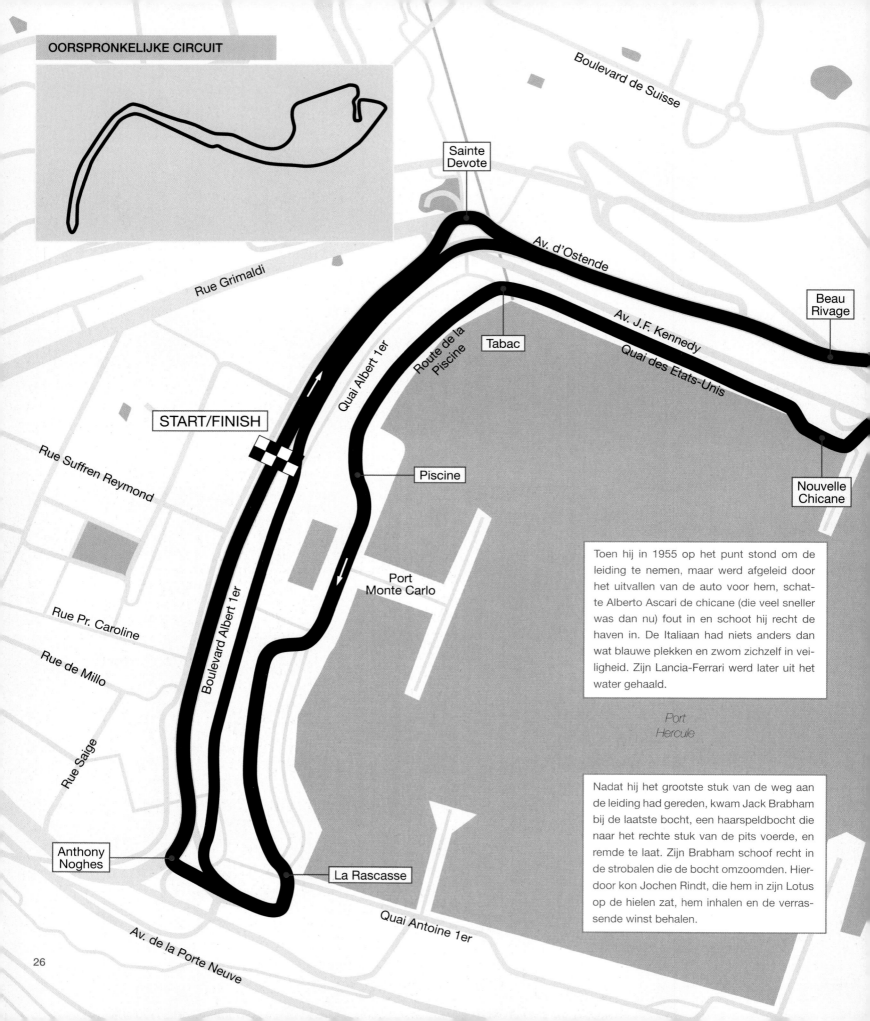

Sainte Devote

Av. d'Ostende

Boulevard de Suisse

Rue Grimaldi

Beau Rivage

Av. J.F. Kennedy

Quai des Etats-Unis

Tabac

Route de la Piscine

Quai Albert 1er

START/FINISH

Rue Suffren Reymond

Piscine

Nouvelle Chicane

Port Monte Carlo

Rue Pr. Caroline

Rue de Millo

Boulevard Albert 1er

Toen hij in 1955 op het punt stond om de leiding te nemen, maar werd afgeleid door het uitvallen van de auto voor hem, schatte Alberto Ascari de chicane (die veel sneller was dan nu) fout in en schoot hij recht de haven in. De Italiaan had niets anders dan wat blauwe plekken en zwom zichzelf in veiligheid. Zijn Lancia-Ferrari werd later uit het water gehaald.

Port Hercule

Rue Saige

Anthony Noghes

La Rascasse

Nadat hij het grootste stuk van de weg aan de leiding had gereden, kwam Jack Brabham bij de laatste bocht, een haarspeldbocht die naar het rechte stuk van de pits voerde, en remde te laat. Zijn Brabham schoof recht in de strobalen die de bocht omzoomden. Hierdoor kon Jochen Rindt, die hem in zijn Lotus op de hielen zat, hem inhalen en de verrassende winst behalen.

Quai Antoine 1er

Av. de la Porte Neuve

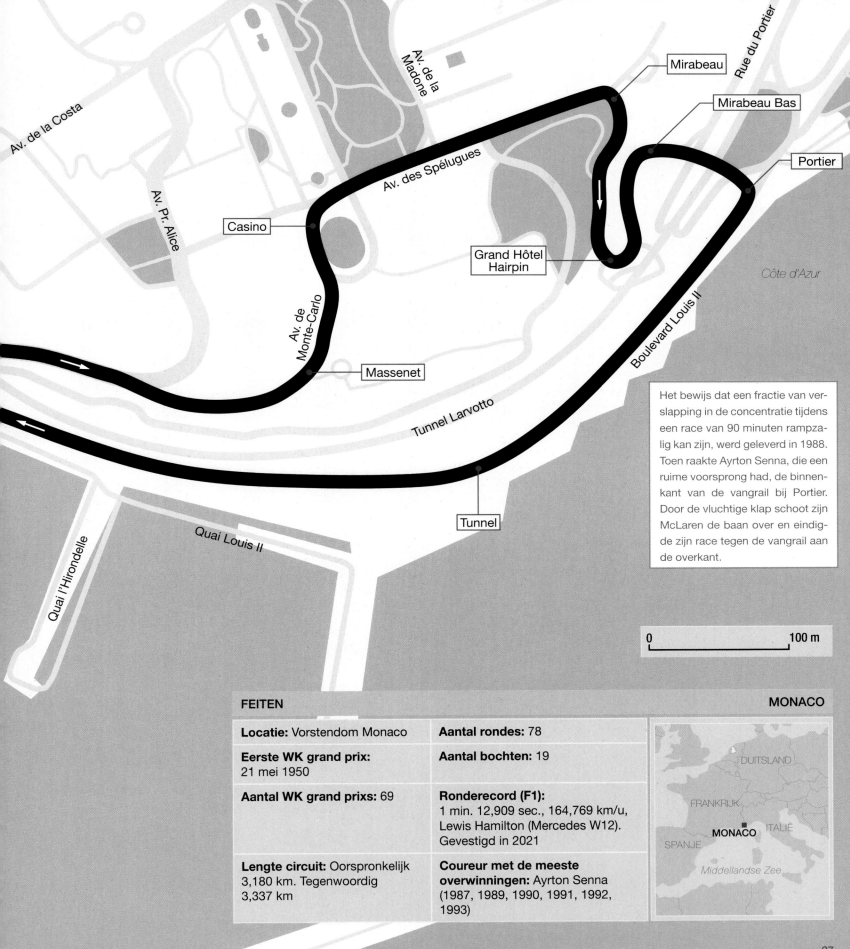

Av. de la Costa

Av. de la Madone

Rue du Portier

Mirabeau

Mirabeau Bas

Av. Pr. Alice

Portier

Av. des Spélugues

Casino

Grand Hôtel Hairpin

Côte d'Azur

Av. de Monte-Carlo

Massenet

Boulevard Louis II

Tunnel Larvotto

Het bewijs dat een fractie van verslapping in de concentratie tijdens een race van 90 minuten rampzalig kan zijn, werd geleverd in 1988. Toen raakte Ayrton Senna, die een ruime voorsprong had, de binnenkant van de vangrail bij Portier. Door de vluchtige klap schoot zijn McLaren de baan over en eindigde zijn race tegen de vangrail aan de overkant.

Quai l'Hirondelle

Quai Louis II

Tunnel

0   100 m

FEITEN

MONACO

Locatie: Vorstendom Monaco	**Aantal rondes:** 78
Eerste WK grand prix: 21 mei 1950	**Aantal bochten:** 19
Aantal WK grand prixs: 69	**Ronderecord (F1):** 1 min. 12,909 sec., 164,769 km/u, Lewis Hamilton (Mercedes W12). Gevestigd in 2021
Lengte circuit: Oorspronkelijk 3,180 km. Tegenwoordig 3,337 km	**Coureur met de meeste overwinningen:** Ayrton Senna (1987, 1989, 1990, 1991, 1992, 1993)

DUITSLAND

FRANKRIJK

ITALIË

MONACO

SPANJE

Middellandse Zee

Reims 1932

Circuit de Reims-Gueux

 FRANKRIJK

Dit is een klassiek Frans circuit, in de vorm van een driehoek, dat gebruikmaakt van drie hoofdwegen in de buurt van de stad Reims. Het werd voor het eerst gebruikt voor een grand prix in 1932. Het was misschien niet erg snel en niet bijzonder veeleisend, maar Reims was extreem populair, niet het minst door de pracht en de producten van de champagnestreek. In 1966 werd het voor het laatst gebruikt.

Frankrijk was sinds de eerste jaren van de vorige eeuw de bakermat van de autosport. Het was dus geen verrassing dat na de Eerste Wereldoorlog een aantal grand prixs werden gehouden op verschillende Franse wegcircuits, terwijl de rest van Europa langer nodig had om opnieuw races te organiseren.

In 1925 werd een circuit uitgewerkt dat het traditionele patroon volgde om een deel van een hoofdweg te gebruiken. In dit geval ging het om de RN31, tussen Reims en Soissons. De beide uiteindes van het snelle rechte stuk tussen La Garenne en Thillois waren verbonden door secundaire wegen, de D27 en de D26.

In 1932 stelde de Automobile Club de Champagne een grand prix voor. De pits bevonden zich op het lange rechte stuk van Thillois naar Gueux (vandaar de naam van de locatie, Reims-Gueux). Het circuit draaide scherp naar rechts het kleine dorpje in voordat het overging in open terrein, waar het bij La Garenne samenkwam met de weg tussen Reims en Soissons en op volle snelheid op de haarspeldbocht aan Thillois afstevende.

In de jaren 1950 werd er een snelle bocht ingevoerd na de pits, die Gueux oversloeg, de oorspronkelijke weg van Gueux tot La Garenne kruiste en verder naar beneden bij Muizon samenkwam met de RN31. Hierdoor werd het rechte stuk naar Thillois zelfs nog langer en sneller.

Andere verbeteringen waren een indrukwekkende permanente hoofdtribune, perstribune, restaurant en pits, met elkaar verbonden via een tunnel en een brug. Wat de groeiende populariteit van dit evenement midden in de zomer nog versterkte, was dat de Grand Prix van Frankrijk al snel de naam kreeg dat hij heel grondig georganiseerd was. Er was zelfs een kudde schapen om het gras op de openbare stukken voortdurend af te grazen. Het was waarschijnlijk geen toeval dat een constante stroom aan champagne in het weekend hielp om de populariteit van het evenement een boost te geven.

Een groot deel van de orde en efficiëntie was te danken aan de secretaris-generaal van de club, Raymond 'Toto' Roche. Hij was een gezette man die de reputatie had om als starter van de races in het midden van de weg te gaan staan, de vlag zonder waarschuwing naar beneden te zwaaien en het op een lopen te zetten. Het was elk jaar opnieuw een wonder dat Roche niet werd overreden, hoewel de coureurs, die door zijn capriolen geïrriteerd raakten, daar zeker toe in de verleiding werden gebracht.

Op het circuit werd dan wel bijna de hele afstand plankgas gegeven, maar de slipstreamgevechten werden legendarisch. Dat was vooral het geval in 1953, toen de jonge Engelsman Mike Hawthorn wiel aan wiel racete met Juan Manuel Fangio en de Argentijnse legende met een neuslengte versloeg.

Met zulke hoge snelheden was het onvermijdelijk dat er regelmatig ongevallen gebeurden. Het werk dat nodig was om Reims in 1967 qua veiligheid aan de moderne normen aan te passen, werd als buitensporig beschouwd, zelfs voor een rijke club als de AC de Champagne, en dus trok de Grand Prix van Frankrijk naar een andere plek.

Het was in sommige opzichten goed dat de absolute essentie van het racen op deze klassieke baan niet werd aangetast door chicanes en andere hulpmiddelen om de auto's af te remmen. Reims had genoten van zijn dagen van glorie vol slipstreams, en niet te vergeten memorabele katers.

Boven: Mike Hawthorn (links) kijkt opzij naar Juan Manuel Fangio terwijl ze allebei vol gas geven tijdens hun legendarische duel in 1953. Hawthorns Ferrari versloeg de Maserati van de Maestro met een neuslengte.

Onder: Het klassieke decor van Reims midden in de zomer, met volop zon en graanvelden. Jack Brabham rijdt in zijn Brabham-Repco op weg naar de overwinning in 1966. Het zou de eerste overwinning worden voor een coureur in een auto die zijn eigen naam droeg, en ook de laatste grand prix in Reims.

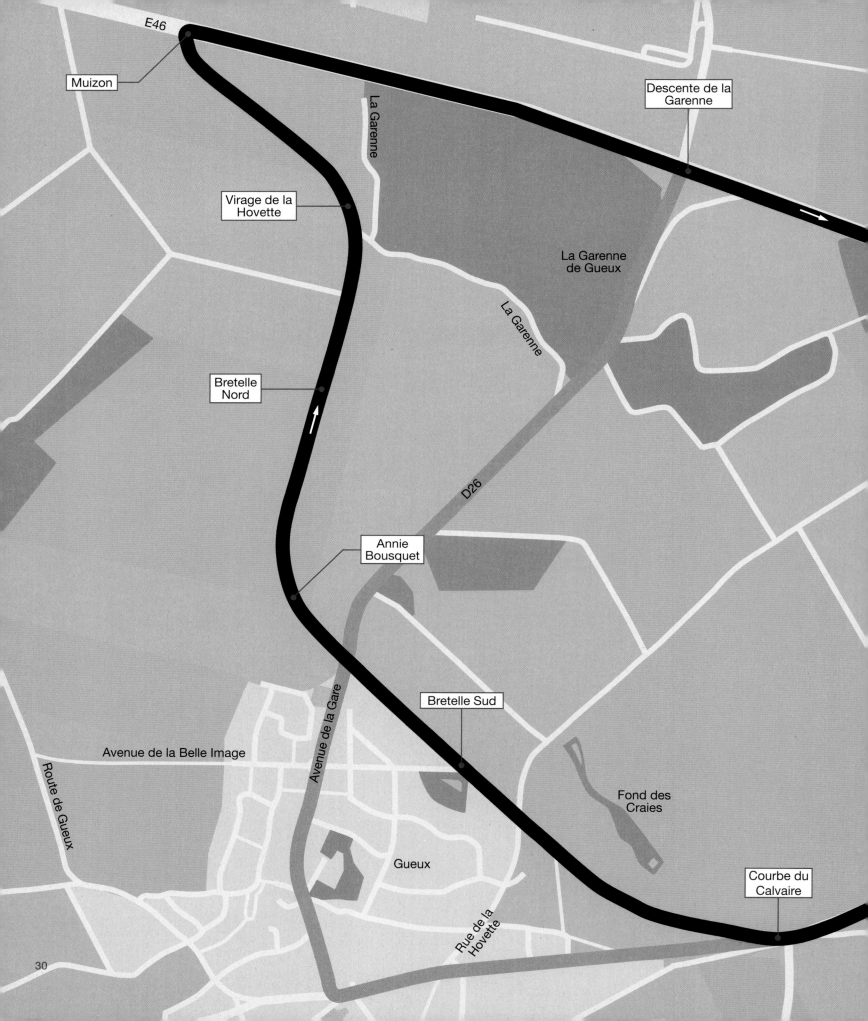

E46

Muizon

Descente de la Garenne

La Garenne

Virage de la Hovette

La Garenne de Gueux

La Garenne

Bretelle Nord

D26

Annie Bousquet

Bretelle Sud

Avenue de la Gare

Avenue de la Belle Image

Route de Gueux

Fond des Craies

Gueux

Courbe du Calvaire

Rue de la Hovette

30

Locatie: 8 km ten westen van Reims

Aantal rondes: 48

Eerste WK grand prix: 2 juli 1950

Aantal bochten: 5

Aantal WK grand prixs: 11

Ronderecord (F1): 2 min. 11,3 sec., 227,618 km/u, Lorenzo Bandini (Ferrari 312 V12). Gevestigd in 1966

Lengte circuit: Oorspronkelijk 7,823 km. Laatste maal in gebruik 8,301 km

Coureur met de meeste overwinningen: Juan Manuel Fangio (1950, 1951, 1954)

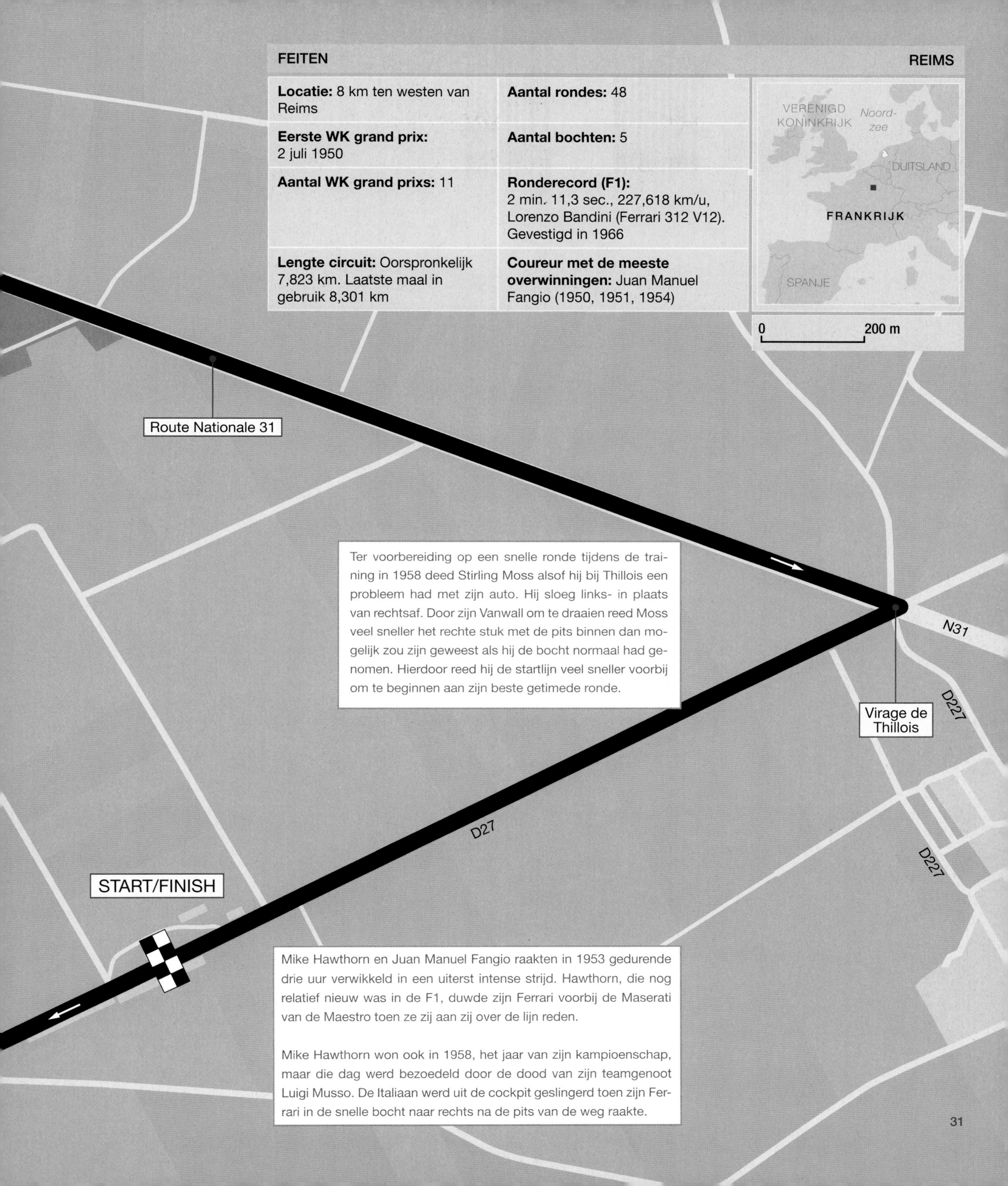

VERENIGD KONINKRIJK
Noord-zee
DUITSLAND
FRANKRIJK
SPANJE

0   200 m

Route Nationale 31

Ter voorbereiding op een snelle ronde tijdens de training in 1958 deed Stirling Moss alsof hij bij Thillois een probleem had met zijn auto. Hij sloeg links- in plaats van rechtsaf. Door zijn Vanwall om te draaien reed Moss veel sneller het rechte stuk met de pits binnen dan mogelijk zou zijn geweest als hij de bocht normaal had genomen. Hierdoor reed hij de startlijn veel sneller voorbij om te beginnen aan zijn beste getimede ronde.

N31

D227

Virage de Thillois

D27

D227

START/FINISH

Mike Hawthorn en Juan Manuel Fangio raakten in 1953 gedurende drie uur verwikkeld in een uiterst intense strijd. Hawthorn, die nog relatief nieuw was in de F1, duwde zijn Ferrari voorbij de Maserati van de Maestro toen ze zij aan zij over de lijn reden.

Mike Hawthorn won ook in 1958, het jaar van zijn kampioenschap, maar die dag werd bezoedeld door de dood van zijn teamgenoot Luigi Musso. De Italiaan werd uit de cockpit geslingerd toen zijn Ferrari in de snelle bocht naar rechts na de pits van de weg raakte.

Silverstone 1948

Silverstone Circuit

 GROOT-BRITTANNIË

Silverstone wordt terecht *The Home of British Motor Sport* – de thuisbasis van de Britse motorsport – genoemd. Deze titel zou kunnen worden uitgebreid tot de hele wereld, aangezien dit de baan is waar in 1950 de allereerste race van het Formule 1-wereldkampioenschap werd gehouden. Het voormalige oorlogsvliegveld is intussen onherkenbaar veranderd, en de Grand Prix van Groot-Brittannië blijft een van de meest gerespecteerde grand prixs op de F1-kalender.

Silverstone werd in 1943 gebouwd om de bemanning van bommenwerpers te trainen voor de oorlog. Toen de luchthaven aan het einde van de Tweede Wereldoorlog overbodig werd en de Britse autosportfanaten op zoek waren naar een geschikte plek om weer te racen, waren de verlaten start- en landingsbanen en randweg een voor de hand liggende keuze.

Nadat er in 1948 en 1949 twee internationale races waren gehouden, werd Silverstone uitgekozen als de locatie voor de eerste race van het nieuw ingerichte F1-wereldkampioenschap in mei 1950. Er werd afgestapt van de start- en landingsbanen en in plaats daarvan werd de randweg gebruikt. Hierdoor werd Silverstone een baan met hoge snelheid, met een snelste gemiddelde rondetijd van 151,3 km/u.

De bochten werden vernoemd naar plaatselijke bezienswaardigheden en plaatsen die verbonden waren met de Royal Automobile Club, de organisator van de eerste grand prixs: Stowe (Stowe School, ten zuiden van het circuit), Hangar Straight (liep voorbij twee grote vliegtuighangars, inmiddels gesloopt), Becketts and Chapel (naast de oude Chapel of St Thomas Becket) en Club and Woodcote (naar de gebouwen van de RAC in Pall Mall in Londen en Surrey). Silverstone bleef de Grand Prix van Groot-Brittannië organiseren, nu en dan afgewisseld met Aintree (op de wegen rondom de Grand National-paardenrenbaan) en in 1964 met een nieuwe locatie op Brands Hatch.

De technische ontwikkelingen aan de auto's zorgden voor steeds hogere snelheden op Silverstone, met Ronnie Petersons

Lotus-Ford die in 1973 de snelste ronde vestigde met een gemiddelde snelheid van 217,3 km/u. Om de snelheid af te remmen werd in 1975 een chicane ingevoerd bij Woodcote, voordien een wijde bocht naar rechts, net voor de pits.

De chicane deed een aantal jaren zijn werk, maar er moesten verdere stappen worden ondernomen voor de veiligheid. Dit nadat Keke Rosbergs Williams-Honda met turbocompressor de polepositie behaalde voor de Grand Prix van Groot-Brittannië van 1985 met een gemiddelde snelheid van 257,5 km/u. Een schuine bocht naar links voor Woodcote (en het wegwerken van de chicane) betekende de eerste belangrijke verandering sinds 1949.

Het strenger worden van de wereldwijde normen had tot gevolg dat Silverstone in 1988 de oude pits moest afbreken en vervangen. Belangrijke wijzigingen in 1992 veranderden de lay-out van het circuit, maar het essentiële karakter werd behouden, met een snelle opeenvolging van bochten bij Becketts en een lus over het middenveld bij Priory, waardoor het circuit 5,15 km lang werd.

De ingrijpendste wijziging van het ontwerp van de baan en de voorzieningen kwam in 2011, met een nieuwe, grote binnenlus waardoor de totale lengte op 5,79 km kwam. Verder werd het Wings-complex gebouwd, met pits en een paddock. De kosten bedroegen 27 miljoen pond.

De vorm van Silverstone mag in de loop van 60 jaar dan wel veranderd zijn, maar de uitdaging en de unieke sfeer die verbonden zijn met een van de beste racebanen ter wereld zijn zonder enige twijfel gebleven.

Boven: Een gedenkwaardig moment in 1991. Ayrton Senna, wiens McLaren zonder brandstof was komen te zitten, krijgt een lift terug naar de pits op de winnende Williams-Renault van Nigel Mansell.

Onder: De meest recente ontwikkeling aan het immer veranderende decor werd doorgevoerd in 2011. Toen werd bij Club Corner het Silverstone Wing-complex met pits en een paddock gebouwd. Achter de paddock is een stuk te zien van de start- en landingsbanen van het voormalige vliegveld (en een stuk van de originele racebaan).

Chapel Copse

0 100 m

Copse

Tribunes

Tribunes

Maggotts

Aintree

The Loop

Village

De supersnelle Copse-bocht vormde in 2021 het toneel voor een controversiële botsing tussen de Mercedes van Lewis Hamilton en de Red Bull van Max Verstappen op het hoogtepunt van hun strijd om het kampioenschap.

Pits

Wellington Straight

Priory

Hoofdtribune

Woodcote

Brooklands

Bridge

Abbey

Luffield

Farm Straight

Tribunes

Tribunes

Na een kettingbotsing vlak na Woodcote aan het einde van de eerste ronde in de Grand Prix van Groot-Brittannië van 1973 raakte slechts één coureur relatief licht gewond.

Hoofdingang

Dadford Road

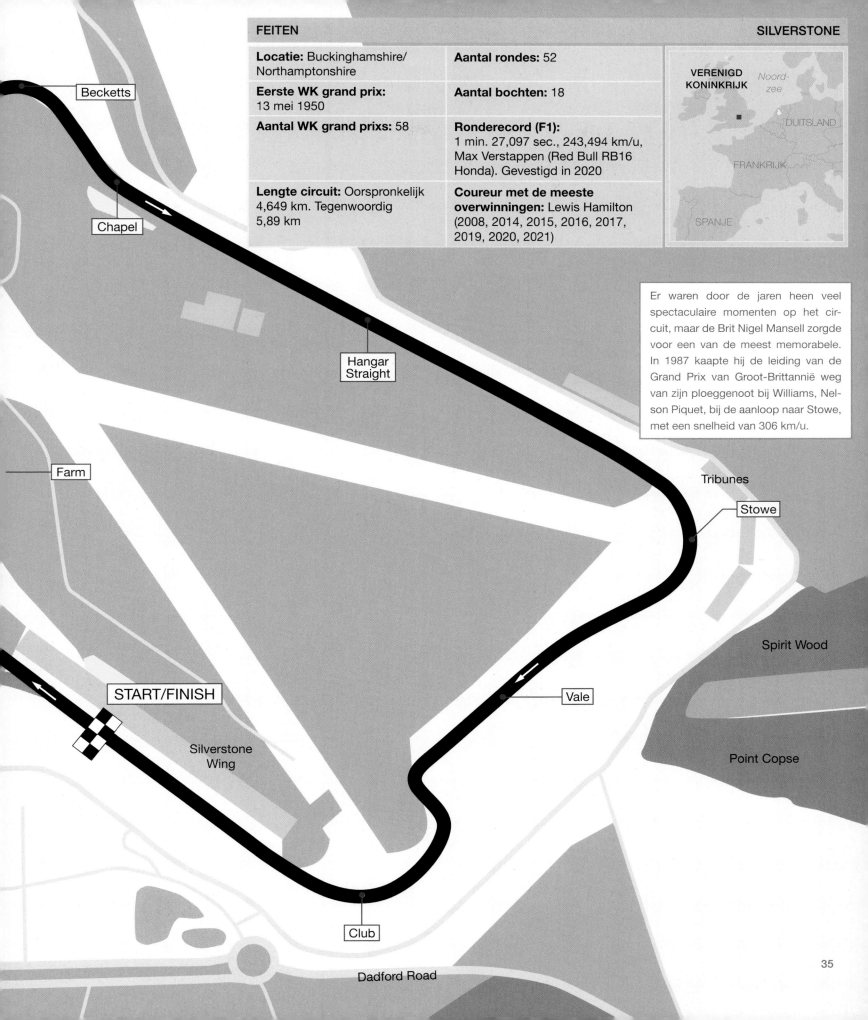

Becketts

Chapel

FEITEN

Locatie: Buckinghamshire/
Northamptonshire

Eerste WK grand prix:
13 mei 1950

Aantal WK grand prixs: 58

Lengte circuit: Oorspronkelijk
4,649 km. Tegenwoordig
5,89 km

Aantal rondes: 52

Aantal bochten: 18

Ronderecord (F1):
1 min. 27,097 sec., 243,494 km/u,
Max Verstappen (Red Bull RB16
Honda). Gevestigd in 2020

**Coureur met de meeste
overwinningen:** Lewis Hamilton
(2008, 2014, 2015, 2016, 2017,
2019, 2020, 2021)

VERENIGD
KONINKRIJK
*Noord-
zee*
DUITSLAND
FRANKRIJK
SPANJE

Er waren door de jaren heen veel
spectaculaire momenten op het circuit, maar de Brit Nigel Mansell zorgde
voor een van de meest memorabele.
In 1987 kaapte hij de leiding van de
Grand Prix van Groot-Brittannië weg
van zijn ploeggenoot bij Williams, Nelson Piquet, bij de aanloop naar Stowe,
met een snelheid van 306 km/u.

Hangar
Straight

Farm

Tribunes

Stowe

Spirit Wood

START/FINISH

Vale

Silverstone
Wing

Point Copse

Club

Dadford Road

Rouen 1952

Rouen-Les-Essarts

 FRANKRIJK

Dit was werkelijk een prachtig wegcircuit in een beboste vallei ten zuidwesten van Rouen. Het werd vijf keer gebruikt voor het grand-prixkampioenschap, voordat een fatale crash in 1968 het einde betekende van de locatie met een zeer snelle afdaling en onderaan een haarspeldbocht met kasseien.

Het was een kort circuit dat eerst werd gebruikt voor clubraces in een bebost gebied ten zuidwesten van Rouen. Het vormde de basis voor een grand-prixcircuit dat in 1950 voor het eerst werd gebruikt door de Automobile Club Normand.

Eén stuk liep langs de zijkant van een vallei voordat een haarspeldbocht naar rechts leidde naar de klim aan de andere kant, waarbij de twee stukken aan de top met elkaar verbonden werden door een relatief vlakke weg.

Op dit 5,10 km lange circuit werd in 1952 voor het eerst de Grand Prix van Frankrijk verreden, die werd gewonnen door Alberto Ascari's Ferrari. Daarna werd er een verlengingslus toegevoegd aan de bovenkant, die de deelnemers langs de RN138 voerde, voor de terugkeer van de grand prix in 1957.

Deze 6,542 km lange configuratie viel in de smaak bij de coureurs, vooral de afdaling die net na de pits begon. Een serie van vier bochten – geen van alle scherp of identiek – waren in het voordeel van de dapperen en de vaardigen. Nouveau Monde, het laagste punt van het parcours, was gedeeltelijk geplaveid, in tegenstelling tot het gladde oppervlak elders.

De terugweg, die bergopwaarts ging, passeerde de oorspronkelijke verbinding aan de top en leidde naar een bocht naar rechts bij Virage de Grésil en het enige echt rechte stuk, dat minder dan anderhalve kilometer lang was en langs de RN138 liep. Een bocht van negentig graden naar rechts bij Virage de la Scierie markeerde het begin van de terugkeer richting de pits, waar de coureurs zich schrap zetten voor de afdaling. De aantrekkelijke omgeving werd versterkt door hoge grasbanken die het lagere gedeelte van het circuit grotendeels omzoomden. Daardoor was Rouen-Les-Essarts (Les Essarts is een lokale gemeente) zowel bij de deelnemers als bij de toeschouwers erg populair.

Het was het perfecte terrein voor Juan Manuel Fangio om zijn ongeëvenaarde wagenbeheersing te tonen toen hij in 1957 zijn Maserati naar de overwinning reed. De Amerikaan Dan Gurney won in 1962 en 1964. In 1968 keerde de grand prix voor de vijfde en laatste keer terug. In een race onder drijfnatte omstandigheden reed de 22-jarige Jacky Ickx in zijn Ferrari weg van de tegenstanders. Die wedstrijd staat echter in het geheugen gegrift vanwege de dood van Jo Schlesser. De Fransman crashte zwaar in een luchtgekoelde Honda, een nieuwe auto die volgens velen nog niet klaar was om mee te racen.

Het stigma van dit dramatische ongeluk kleefde daarna aan Rouen en de grand prix keerde nooit meer terug. Het circuit, dat korter was geworden door de aanleg van een snelweg, bleef gebruikt worden voor races. Een aantal dodelijke crashes in de juniorcategorieën zorgde er evenwel voor dat het in 1994 definitief gesloten werd.

De Maserati van Jean Behra, die van de start was weggesprongen, gaat in 1957 aan de leiding door de eerste van de geweldige bochten naar beneden.

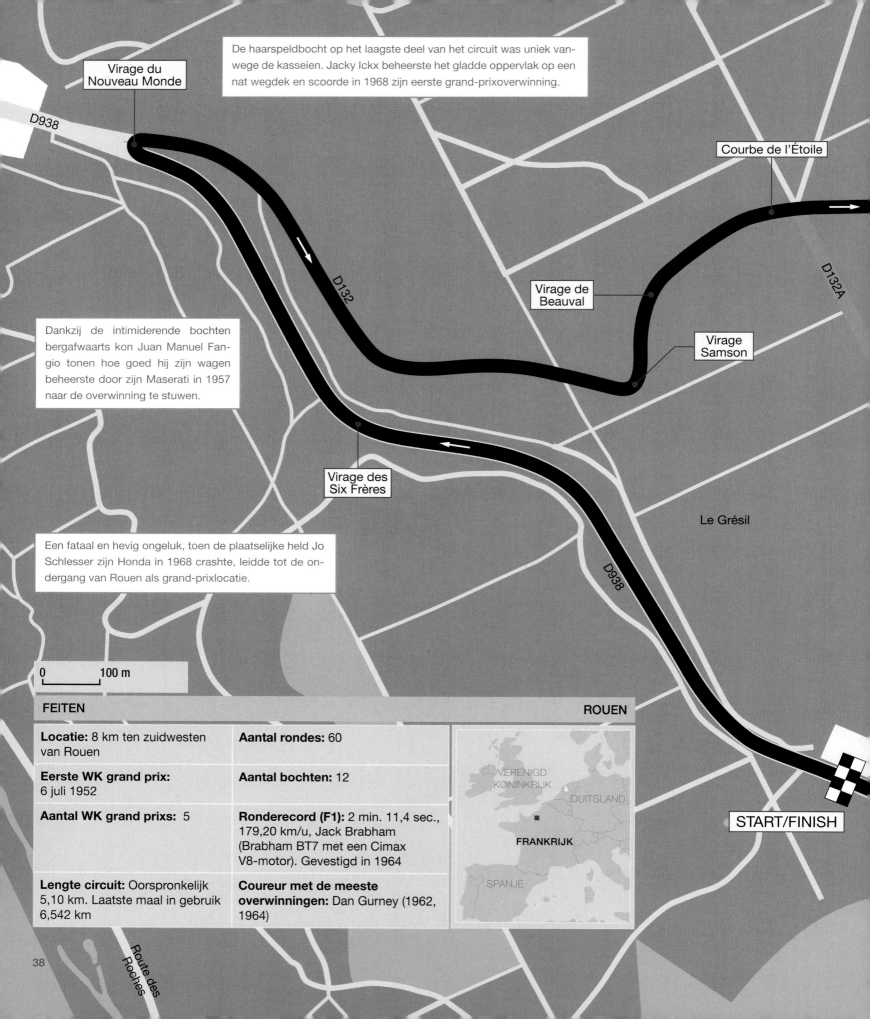

Virage du
Nouveau Monde

D938

De haarspeldbocht op het laagste deel van het circuit was uniek vanwege de kasseien. Jacky Ickx beheerste het gladde oppervlak op een nat wegdek en scoorde in 1968 zijn eerste grand-prixoverwinning.

Courbe de l'Étoile

D132

Virage de
Beauval

Virage
Samson

D132A

Dankzij de intimiderende bochten bergafwaarts kon Juan Manuel Fangio tonen hoe goed hij zijn wagen beheerste door zijn Maserati in 1957 naar de overwinning te stuwen.

Virage des
Six Frères

Le Grésil

Een fataal en hevig ongeluk, toen de plaatselijke held Jo Schlesser zijn Honda in 1968 crashte, leidde tot de ondergang van Rouen als grand-prixlocatie.

D938

0   100 m

FEITEN

ROUEN

Locatie: 8 km ten zuidwesten van Rouen

Aantal rondes: 60

Eerste WK grand prix:
6 juli 1952

Aantal bochten: 12

Aantal WK grand prixs: 5

Ronderecord (F1): 2 min. 11,4 sec., 179,20 km/u, Jack Brabham (Brabham BT7 met een Cimax V8-motor). Gevestigd in 1964

Lengte circuit: Oorspronkelijk 5,10 km. Laatste maal in gebruik 6,542 km

Coureur met de meeste overwinningen: Dan Gurney (1962, 1964)

VERENIGD
KONINKRIJK

DUITSLAND

FRANKRIJK

SPANJE

START/FINISH

Route des
Roches

N138

D132

Route Forestière du Grésil

Chemin de l'Étoile

Chêne
Tata

Virage
du Paradis

Rue du
Paradis

D13A

N138

Zandvoort 1952

Circuit Park Zandvoort

 NEDERLAND

Zandvoort, uniek gelegen tussen de zandduinen aan de Noordzeekust, bleef een zeer gewaardeerde locatie als gastheer voor grand prixs tussen 1952 en 1985. Een combinatie van snelle bochten zorgde regelmatig voor veelbewogen races, die werden voortgezet toen in 2021 een ingekorte versie van het circuit werd geïntroduceerd.

John Hugenholtz, een van de weinige specialisten in circuitontwerp in de jaren 1940 en een fervent autosportliefhebber, wist precies wat er nodig was om een racebaan succesvol te maken vanuit het oogpunt van de coureur. De Nederlander koos een locatie in de zandduinen vlak bij Haarlem en legde een circuit aan dat van alles een beetje had.

Een lange rechte lijn aan de pitstraat met een licht hellende haarspeldbocht aan het einde garandeerde dat coureurs zouden proberen elkaar in te halen bij het remmen vanuit hoge snelheid. Vanaf daar kregen ze te maken met een snelle bocht naar links en de krappe maar redelijk snelle rechtse Gerlachbocht, voordat ze op de rem gingen staan voor een bocht van 180 graden naar links. Dit was direct achter de pitstraat en daarom een populair uitkijkpunt voordat de auto's door nog een bocht naar links richting de duinen raasden. Er volgde een schitterende opeenvolging van wijde bochten die stegen en daalden. Vervolgens draaiden de coureurs geleidelijk landinwaarts, om tot slot een open bocht naar rechts in te zetten die een snelle overgang naar het rechte stuk vormde.

Het 4,2 km lange circuit werd gebouwd in de periode vlak na de Tweede Wereldoorlog. Na gastheer te zijn geweest voor grote races die bekendstonden als de Grand Prix van Nederland, werd Zandvoort in 1952 erkend als een wedstrijd voor het wereldkampioenschap. Die race werd gewonnen door de Ferrari van Alberto Ascari.

De Italiaan keerde het jaar daarop terug om zijn succes te herhalen, maar Zandvoort zelf was niet in staat om dezelfde conse-quentie te tonen. Een opeenvolging van financiële en politieke problemen leidde tot onderbroken optredens op de F1-kalender voordat het zich in de jaren 1960 werkelijk vestigde.

Jim Clark won er vier keer. Niki Lauda en James Hunt zouden er hun allereerste grand prix winnen in respectievelijk 1974 en 1975, maar de vreugde en het plezier door de jaren heen waren gekleurd door momenten van schokkend verdriet.

In 1970 kwam de Engelsman Piers Courage om het leven toen zijn De Tomaso, eigendom van Frank Williams Racing Cars, crashte en in brand vloog. Drie jaar later zou Zandvoort nog nauwgezetter in de gaten worden gehouden na de dood van Roger Williamson, de jonge Brit die vastzat onder zijn brandende March die gecrasht was door een lekke band.

Zandvoort, met de trein slechts 30 minuten van Amsterdam, bleef populair, ook onder Britse liefhebbers die de korte zeereis maakten. Financiële druk en problemen met geluidsoverlast zorgden er echter voor dat de grand prix van 1985 de laatste was die op het oorspronkelijke circuit werd gehouden.

Plannen voor een compacter clubcircuit werden uiteindelijk in 1989 gerealiseerd en 12 jaar later uitgebreid naar internationale standaarden. In 2019 werden verdere aanpassingen, waaronder een bocht met helling bij bocht 13 en 14, goedgekeurd voor F1-gebruik, maar de plannen voor een grand prix in 2020 werden in de koelkast gezet vanwege COVID-19. De Grand Prix van Nederland maakte uiteindelijk een succesvolle en welkome comeback in september 2021.

Boven: De zandduinen vormden een uitstekend natuurlijk uitkijkpunt. De BRM van Jackie Stewart rijdt voor de Cooper-Maserati van Jo Bonnier in de Hugenholtzbocht in 1966. Stewart eindigde als vierde. Bonnier werd zevende, zes rondes achter de winnaar, Jack Brabham.

Onder: Max Verstappen gaf zijn fans alles wat ze zich konden wensen met een overtuigende overwinning tijdens de terugkeer van de Grand Prix van Nederland naar Zandvoort in 2021.

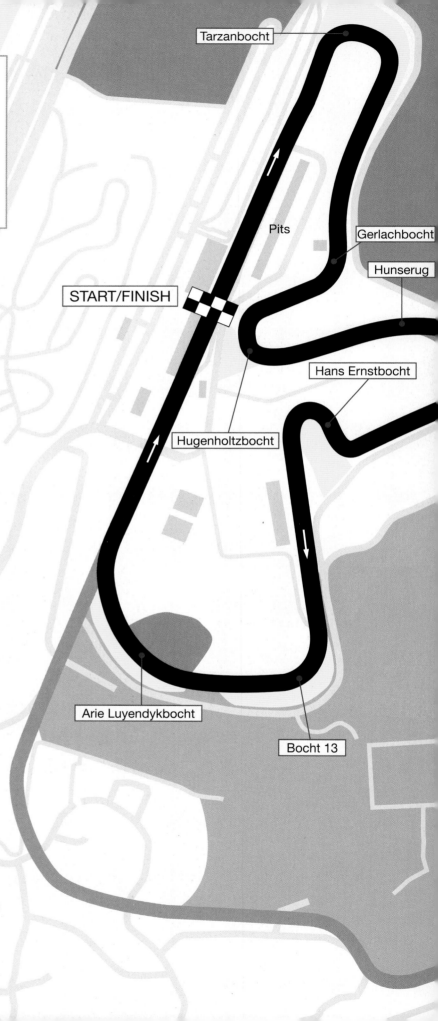

Noordzee

De Grand Prix van Nederland van 1961 werd de eerste kampioenschapsrace waarin elke starter finishte en geen van de 15 coureurs zelfs maar een pitsstop maakte. Dit was hoogst ongebruikelijk in de dagen van chronische mechanische onbetrouwbaarheid. De 75 rondes tellende race, die twee uur duurde, werd gewonnen door de Ferrari van Wolfgang von Trips.

In 1973 beleefde het grand-prixracen een van zijn verschrikkelijkste momenten qua veiligheid, toen Roger Williamson omkwam. De Engelsman zat vast onder zijn gekantelde March en de baanofficials waren niet in staat om de auto te kantelen of te voorkomen dat de vlammen oplaaiden. De race ging de hele tijd door.

Boulevard Barnaart

Tarzanbocht

Pits

Gerlachbocht

Hunserug

START/FINISH

Hans Ernstbocht

Hugenholtzbocht

Arie Luyendykbocht

Bocht 13

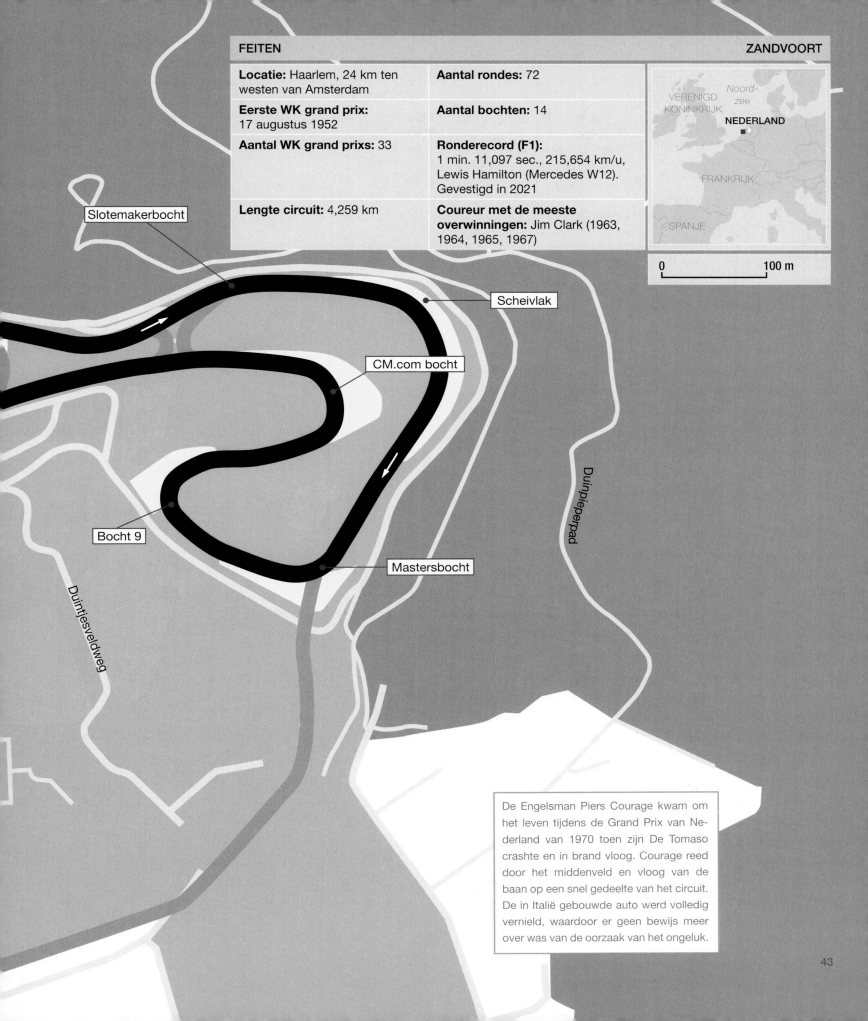

FEITEN

Locatie: Haarlem, 24 km ten westen van Amsterdam

Eerste WK grand prix: 17 augustus 1952

Aantal WK grand prixs: 33

Lengte circuit: 4,259 km

Aantal rondes: 72

Aantal bochten: 14

Ronderecord (F1): 1 min. 11,097 sec., 215,654 km/u, Lewis Hamilton (Mercedes W12). Gevestigd in 2021

Coureur met de meeste overwinningen: Jim Clark (1963, 1964, 1965, 1967)

VERENIGD KONINKRIJK

Noord-zee

NEDERLAND

FRANKRIJK

SPANJE

0   100 m

Slotemakerbocht

Scheivlak

CM.com bocht

Bocht 9

Mastersbocht

Duinpieperpad

Duintjesveldweg

De Engelsman Piers Courage kwam om het leven tijdens de Grand Prix van Nederland van 1970 toen zijn De Tomaso crashte en in brand vloog. Courage reed door het middenveld en vloog van de baan op een snel gedeelte van het circuit. De in Italië gebouwde auto werd volledig vernield, waardoor er geen bewijs meer over was van de oorzaak van het ongeluk.

43

Buenos Aires 1953

Autódromo Juan y Oscar Galvez

 ARGENTINIË

De Grand Prix van Argentinië werd, verspreid over vijf decennia, periodiek georganiseerd. De populariteit ervan is nooit afgenomen. De Buenos Aires-autodroom beschikte over verschillende banen en liep in 1952 voor op zijn tijd, maar de race zou geregeld het slachtoffer zijn van politieke onrust in het levendige land.

Argentinië was niet immuun voor de Zuid-Amerikaanse passie voor de autosport. Het enthousiasme van het land kende geen grenzen toen de thuisheld, Juan Manuel Fangio, in 1951 voor het eerst wereldkampioen werd.

President Juan Perón greep het moment aan om met Fangio en andere coureurs te overleggen wat er zou kunnen worden gedaan om het racen in Argentinië naar de buitenwereld toe te stimuleren. Er waren in het hele land al races gehouden op afgesloten openbare wegen. Toch was het duidelijk dat een permanent circuit grotendeels tegemoet zou komen aan de behoeften van het land.

Perón koos hiervoor onmiddellijk een stuk moerasgebied uit in de Lugano-wijk van Buenos Aires, dicht bij luchthavens en met de oprukkende skyline als achtergrond. De autodroom legde de lat erg hoog, met maar liefst 12 mogelijke ontwerpen met een grote hoofdtribune en permanente pitsgebouwen. De locatie stond bekend als Parque Almirante Brown. De ingang werd gekenmerkt door een indrukwekkende witte boog als eerbetoon aan Brown, de stichter van de Argentijnse marine.

De autodroom werd in een recordtijd voltooid en op 9 maart 1952 werd de eerste autorace er georganiseerd. Met Fangio als heersend kampioen en het aanzien van Perón was het bijna vanzelfsprekend dat Argentinië in 1953 de openingsrace van het seizoen kreeg toegewezen. Het was de eerste keer dat er buiten Europa een grand-prixwereldkampioenschap werd gehouden (afgezien van de vreemde uitzondering van de race van 500 mijl in Indianapolis, de Indy 500, die toen werd gezien als een onderdeel van het kampioenschap).

Op de dag van de race was het drukkend warm, en een enorme menigte werd meegevoerd op een golf van emotie. De mensen lieten de drukke omheinde publieke ruimtes achter zich en belandden op de racebaan. President Perón leek op een verontrustende manier de greep op de werkelijkheid kwijt. Hij zorgde voor nog meer chaos met de volgende woorden: 'Mijn kinderen, mijn kinderen! Laat hen binnen!'

Tegen de tijd dat de coureurs in de late namiddag naar de grid gingen, was de baan omzoomd door een solide mensenmuur. De officials gaven het startschot voor de race omdat ze bang waren dat er anders rellen zouden uitbreken. Toen door de mensenmassa markeringsborden en uiteindelijk ook de bochten zelf minder goed zichtbaar werden, gebeurde het onvermijdelijke. Een toeschouwer rende vlak voor de wielen van Giuseppe Farina de baan over. De Italiaan moest uitwijken, verloor de controle over het stuur van zijn Ferrari en reed zijwaarts de massa in. Er stierven 9 mensen en er vielen 40 gewonden.

De wedstrijd had het echter wel overleefd, en Fangio behaalde zijn vierde overwinning op rij voordat hij in 1958 met de Formule 1 stopte. Drie jaar later was de race verdwenen van de internationale kalender. Toen hij in 1972 weer werd verreden, viel dit samen met de komst van Carlos Reutemann. De Argentijnen waren verrukt toen hij tijdens zijn F1-debuut de polepositie behaalde. Twee jaar later was Reutemann op weg naar een heel emotionele overwinning totdat een deel van zijn Brabham losraakte en hij uiteindelijk zonder brandstof kwam te zitten.

De Falklandoorlog maakte gedurende het grootste gedeelte van de jaren 1980 de grand prix onmogelijk. In de jaren 1990 werd de terugkeer van de race warm onthaald. De baan was gewijzigd: een lange lus rondom een meer was weggehaald en lussen op het binnenterrein waren toegevoegd, wat vrij saaie races opleverde. De Grand Prix van Argentinië van 1998 zou de laatste zijn. Het circuit, dat een aantal namen had gehad, werd uiteindelijk vernoemd naar Juan en Oscar Galvez, twee Argentijnse broers die in de jaren 1950 en 1960 internationaal hadden geracet.

Na 2 uur en 20 minuten koersen in de hitte reed Stirling Moss in 1958 2,7 seconden vóór Luigi Musso voorbij de geblokte vlag. Met zijn volledig opgereden achterbanden had Moss het Ferrari-team misleid. Zij dachten dat de door Rob Walker privé ingeschreven Cooper-Climax zou moeten stoppen voor een bandenwissel. Zoals steeds leek het weer niet te lukken om de menigte onder controle te houden.

Camino de la Rivera Sud

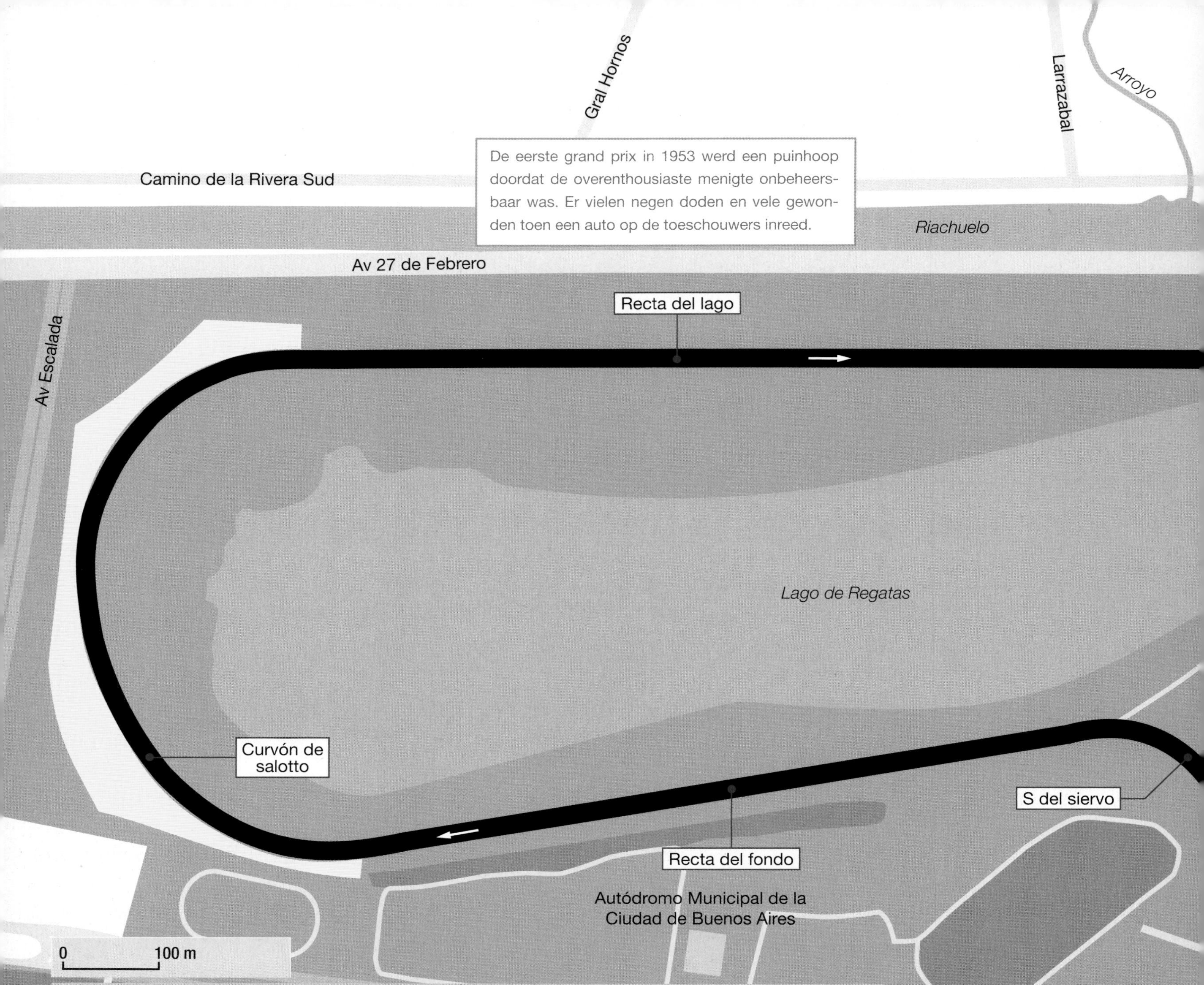

Gral Hornos

Larrazabal

Arroyo

De eerste grand prix in 1953 werd een puinhoop doordat de overenthousiaste menigte onbeheersbaar was. Er vielen negen doden en vele gewonden toen een auto op de toeschouwers inreed.

Riachuelo

Av 27 de Febrero

Recta del lago

Av Escalada

Lago de Regatas

Curvón de salotto

S del siervo

Recta del fondo

Autódromo Municipal de la Ciudad de Buenos Aires

0   100 m

FEITEN

BUENOS AIRES

Locatie: 19 km ten zuidwesten van het centrum van Buenos Aires	**Aantal rondes:** 72
Eerste WK grand prix: 18 januari 1953	**Aantal bochten:** 16
Aantal WK grand prixs: 20	**Ronderecord (F1):** 1 min. 27,981 sec., 174,269 km/u, Gerhard Berger (Benetton B197 met een Renault V10-motor). Gevestigd in 1997
Lengte circuit: Oorspronkelijk 4,02 km. Laatste maal in gebruik 4,258 km	**Coureur met de meeste overwinningen:** Juan Manuel Fangio (1954, 1955, 1956, 1957)

CHILI

BRAZILIË

ARGENTINIË

Atlantische Oceaan

Contraalmte Martin Guerrico

Av Larrazabal

Av Soldado de la Frontera

Golf Club Jose Jurado

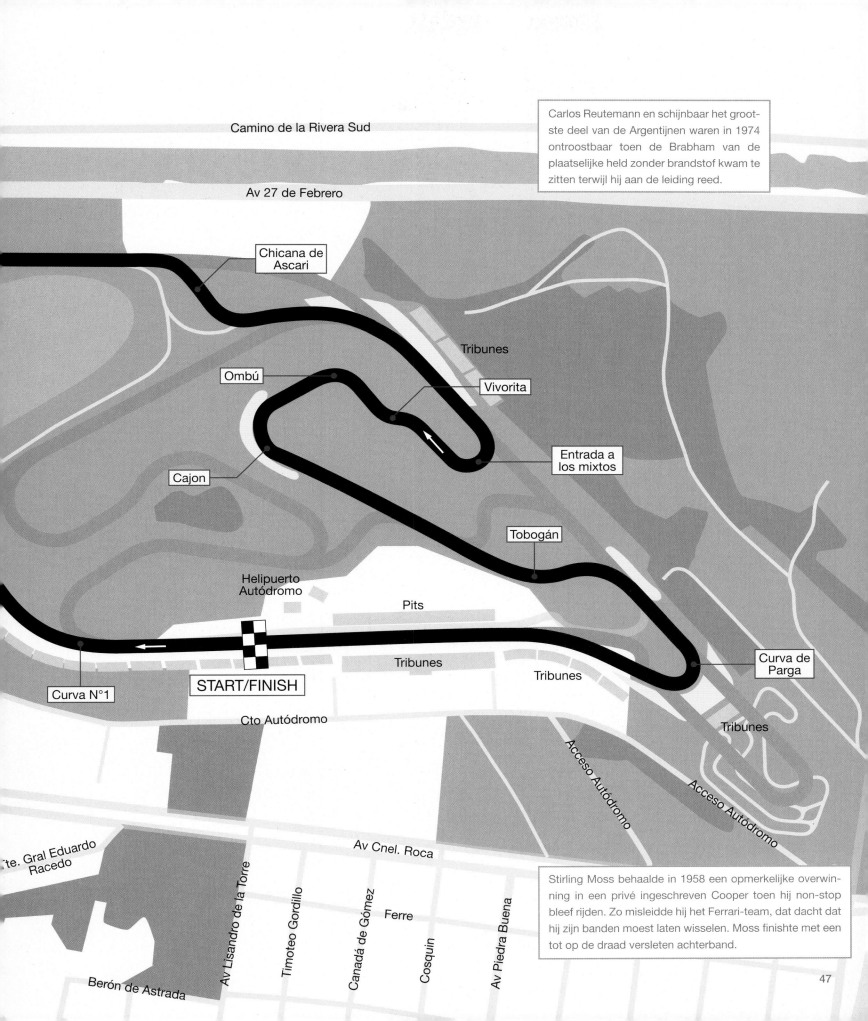

Camino de la Rivera Sud

Av 27 de Febrero

Chicana de Ascari

Tribunes

Ombú

Vivorita

Cajon

Entrada a los mixtos

Tobogán

Helipuerto Autódromo

Pits

Tribunes

Curva de Parga

Tribunes

START/FINISH

Curva N°1

Cto Autódromo

Tribunes

Tribunes

Acceso Autódromo

Acceso Autódromo

te. Gral Eduardo Racedo

Av Cnel. Roca

Berón de Astrada

Av Lisandro de la Torre

Timoteo Gordillo

Canadá de Gómez

Ferre

Cosquin

Av Piedra Buena

Carlos Reutemann en schijnbaar het grootste deel van de Argentijnen waren in 1974 ontroostbaar toen de Brabham van de plaatselijke held zonder brandstof kwam te zitten terwijl hij aan de leiding reed.

Stirling Moss behaalde in 1958 een opmerkelijke overwinning in een privé ingeschreven Cooper toen hij non-stop bleef rijden. Zo misleidde hij het Ferrari-team, dat dacht dat hij zijn banden moest laten wisselen. Moss finishte met een tot op de draad versleten achterband.

47

Aintree 1955

Aintree

 GROOT-BRITTANNIË

De wegen rondom de Grand National-paardenrenbaan werden vijf keer gebruikt voor de Grand Prix van Groot-Brittannië. De indrukwekkende en permanente voorzieningen staken met kop en schouders uit boven de tijdelijke faciliteiten op andere circuits.

Het was aan de vooruitziende blik en de inzet van Mirabel Topham te danken dat Aintree werd omgebouwd voor paardenkracht van een andere soort. De eigenares van de beroemde Grand National-steeplechasebaan werkte meer dan een jaar aan verschillende problemen met vergunningen, wegen, voetpaden en parochieraden om een autorace te kunnen organiseren.

Toen ze eenmaal van start waren gegaan, voltooiden de aannemers het 4,83 km lange circuit in slechts drie maanden voor ongeveer 100.000 pond. Hoewel Aintree vlak was, was het circuit een redelijke mix van lange rechte stukken en bochten met een gemiddelde snelheid. Melling Crossing – een van de twee plekken waar de baan de Grand National-renbaan kruiste – was een lastige, snelle bocht naar links en meteen weer naar rechts.

Het project werd goed ontvangen. Dit was een speciaal gebouwd racecircuit (in tegenstelling tot een omgebouwd vliegveld, de gebruikelijke keuze in die tijd), maar een grote bonus waren de bestaande tribunes en faciliteiten van de paardenrenbaan. Dit was een enorme stap voorwaarts ten opzichte van de stellages en tenten die elders te vinden waren.

De eerste race werd gehouden op 29 mei 1954, waarbij de auto's tegen de klok in reden. De rijrichting werd omgekeerd voor een F1-race in de herfst buiten het kampioenschap. Het was een voorbode van een succesvolle poging om de Grand Prix van Groot-Brittannië van 1955 te organiseren op 16 juli, wanneer thuisheld Stirling Moss voor Mercedes zou rijden.

Zoals verwacht gaf het Duitse team een demonstratie door de eerste vier plaatsen te bezetten. De geschatte 150.000 toeschouwers gingen blij naar huis toen Moss won, hoewel het een kwestie van gissen blijft of de Maestro Fangio de Britse coureur na een nipt gevecht in eigen land liet winnen.

Toen de grand prix twee jaar later terugkeerde, had Mercedes zich teruggetrokken en reed Moss voor Vanwall. Hij startte opnieuw vanaf de poleposition en reed aan de leiding tot er een probleem opdook met zijn ontsteking. In de jaren 1950 konden coureurs tijdens een race nog van auto wisselen. Tony Brooks, die nog aan het herstellen was van verwondingen die hij had opgelopen bij een ongeval op Le Mans, werd binnengeroepen om zijn Vanwall over te dragen. Moss kwam terug op de negende plaats en zette de achtervolging in. Met minder dan 20 rondes te gaan lag hij aan de leiding, maar de vrees was dat ook deze auto kwetsbaar zou blijken. De Vanwall hield echter stand en Brooks werd samen met Moss dolenthousiast onthaald door het publiek omdat ze de eerste Britse coureurs waren die een grand-prixkampioenschap wonnen in een Britse auto.

Twee jaar later kreeg Groot-Brittannië meer grip op de F1 dankzij de komst van Cooper, met auto's met de motor achterin. Jack Brabham domineerde met een van deze auto's de Grand Prix van Groot-Brittannië van 1959, terwijl Moss in Aintree een vergeefse achtervolging inzette achter het stuur van een BRM met een voorin geplaatste motor.

In 1961 was het de beurt aan Italië. Wolfgang von Trips reed als eerste van een trio rode auto's in de striemende regen, doordat Ferrari optimaal profiteerde van een belangrijke wijziging in de technische reglementen. Tegen de tijd dat de F1-auto's een jaar later voor de laatste keer terugkeerden naar Aintree, hadden de Britten hun achterstand ruimschoots ingehaald, zoals Jim Clark liet zien toen hij het weekend domineerde in zijn Lotus-Climax.

Het grand-prixcircuit bleef tot 1964 in dienst voor F1-races die geen deel uitmaakten van het kampioenschap, waarna een ingekorte versie werd gebruikt voor verschillende clubevenementen.

Boven: Toeschouwers maken optimaal gebruik van de fantastische faciliteiten van Aintree om de start van de Grand Prix van Groot-Brittannië van 1955 bij te wonen. Het Mercedes-Benz-duo Stirling Moss (12) en Juan Manuel Fangio rijdt voor de Maserati van Jean Behra bij de start.

Onder: Er wordt geschiedenis geschreven in 1957 als Stirling Moss de eerste Britse coureur wordt die een grand-prixkampioenschap wint achter het stuur van een Britse auto, de Vanwall, die hij deelde met Tony Brooks.

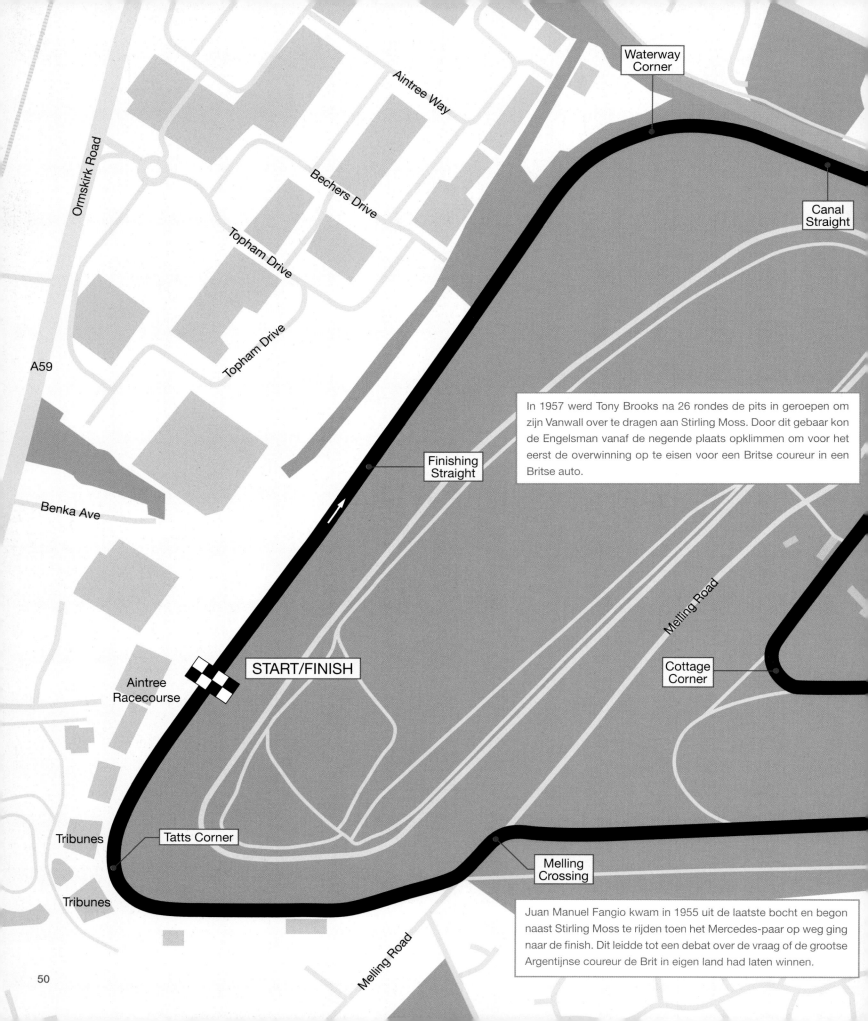

Waterway
Corner

Aintree Way

Bechers Drive

Ormskirk Road

Canal
Straight

Topham Drive

Topham Drive

A59

In 1957 werd Tony Brooks na 26 rondes de pits in geroepen om zijn Vanwall over te dragen aan Stirling Moss. Door dit gebaar kon de Engelsman vanaf de negende plaats opklimmen om voor het eerst de overwinning op te eisen voor een Britse coureur in een Britse auto.

Benka Ave

Finishing
Straight

Melling Road

Cottage
Corner

START/FINISH

Aintree
Racecourse

Tatts Corner

Melling
Crossing

Tribunes

Tribunes

Juan Manuel Fangio kwam in 1955 uit de laatste bocht en begon naast Stirling Moss te rijden toen het Mercedes-paar op weg ging naar de finish. Dit leidde tot een debat over de vraag of de grootse Argentijnse coureur de Brit in eigen land had laten winnen.

Melling Road

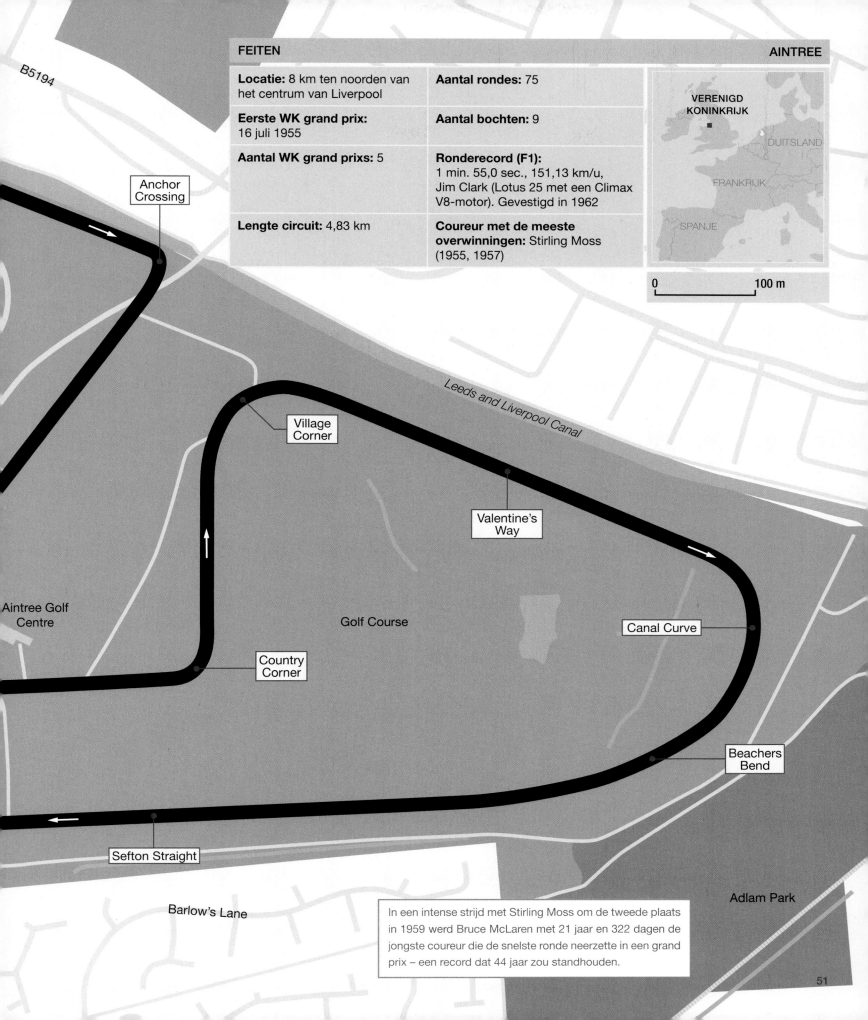

B5194

Anchor
Crossing

Locatie: 8 km ten noorden van
het centrum van Liverpool

Eerste WK grand prix:
16 juli 1955

Aantal WK grand prixs: 5

Lengte circuit: 4,83 km

Aantal rondes: 75

Aantal bochten: 9

Ronderecord (F1):
1 min. 55,0 sec., 151,13 km/u,
Jim Clark (Lotus 25 met een Climax
V8-motor). Gevestigd in 1962

**Coureur met de meeste
overwinningen:** Stirling Moss
(1955, 1957)

VERENIGD
KONINKRIJK

DUITSLAND

FRANKRIJK

SPANJE

0   100 m

Leeds and Liverpool Canal

Village
Corner

Valentine's
Way

Aintree Golf
Centre

Golf Course

Canal Curve

Country
Corner

Beachers
Bend

Sefton Straight

Barlow's Lane

Adlam Park

In een intense strijd met Stirling Moss om de tweede plaats
in 1959 werd Bruce McLaren met 21 jaar en 322 dagen de
jongste coureur die de snelste ronde neerzette in een grand
prix – een record dat 44 jaar zou standhouden.

Pescara 1957

Pescara Circuit

 ITALIË

Dit is een schitterend wegcircuit, ruwweg driehoekig van vorm, dat van de stad Pescara naar de heuvels van de Abruzzen loopt, voordat het terugkeert voor een snelle, rechte rit langs de Adriatische kust. Het langste circuit in de geschiedenis van de F1 werd slechts één keer gebruikt voor een grand prix.

Het circuit begon in het centrum van Pescara, een bruisende stad aan de Adriatische kust, om na ruim een halve kilometer rechtsaf te slaan en het binnenland in te gaan via de buitenwijken Montani en Villa Raspa. Daarna begon een klim door open land naar het dorp Spoltore en verder, nog hoger, naar de gehuchten Pornace en Villa Santa Maria. Een steile afdaling door een haarspeldbocht van 180 graden bracht de deelnemers op een vlakke weg, die gedurende 8 km min of meer rechtdoor door Mulino en richting de zee liep. In het centrum van Montesilvano ging het parcours scherp rechtsaf de kustweg op en liep het nog eens acht kilometer langs de Via Adriatica richting de start/finish in Pescara. Met 25,83 km was en is dit het langste circuit dat ooit voor een grand prix van het wereldkampioenschap werd gebruikt.

De race stond oorspronkelijk bekend als de Coppa Acerbo, een trofee die vernoemd was naar Tito Acerbo. Hij was een held uit de Eerste Wereldoorlog, die geboren was in de omgeving. Enzo Ferrari, die later meer bekendheid zou krijgen als fabrikant van mooie sportauto's dan als bekwaam coureur, won de eerste race op 13 juli 1924. De race was zo'n succes dat hij een jaarlijks evenement werd, dat in de jaren 1930 ook grote spelers als Mercedes-Benz en Auto Union aantrok.

Toen het racen na de vijandelijkheden in Europa terugkeerde, zorgde de verschuiving in de regering en de politiek ook voor een naamsverandering van het evenement naar Gran Premio di Pescara, aanvankelijk voor sportauto's en later voor de Formule 1.

Uiteindelijk werd de vijfentwintigste Grand Prix van Pescara in 1957 een race van het F1-wereldkampioenschap.

Slechts zestien auto's werden ingeschreven, mede doordat Ferrari aanstoot had genomen aan de verontwaardiging over het feit dat een van zijn sportauto's was gecrasht en negen toeschouwers had gedood. Dat gebeurde tijdens de Mille Miglia, die werd verreden over 1000 mijl (1609 km) aan Italiaanse openbare wegen. Pas na een smeekbede van zijn Italiaanse coureur, Luigi Musso, stemde Ferrari ermee in om één niet-officiële auto te sturen met een minimale bemanning. Daardoor beleven de vaste coureurs Mike Hawthorn en Peter Collins dat weekend werkloos.

De Brit Stirling Moss startte zijn Vanwall vanaf de eerste rij, tussen Musso en de polepositie van de Maserati van Juan Manuel Fangio. Het had de vijfvoudig wereldkampioen iets minder dan tien minuten gekost om de ronde te voltooien, maar Fangio werd door zowel de Ferrari als de Vanwall op de startlijn verslagen.

Musso bracht een geschatte 200.000 toeschouwers, die genoten van de toenemende warmte van de augustusochtend, in vervoering toen hij de eerste ronde leidde. Maar hun vreugde zou van korte duur zijn, want Moss haalde de Ferrari in toen ze 282 km/u haalden op het rechte stuk naar Montesilvano. De groene auto zou de resterende zestien rondes op kop blijven rijden en het beste verslaan wat de Italianen te bieden hadden. Tegen lunchtijd was de enige race van het wereldkampioenschap op dit werkelijk schitterende stratencircuit voorbij.

Dit toont de essentie van Pescara: een ontspannen Fangio die in 1957 met zijn Maserati 250F door een van de vele dorpjes rijdt. Hij zou als tweede eindigen na de Vanwall van Stirling Moss in wat de enige grand prix van het kampioenschap zou worden op het langste circuit dat ooit voor de F1 is gebruikt.

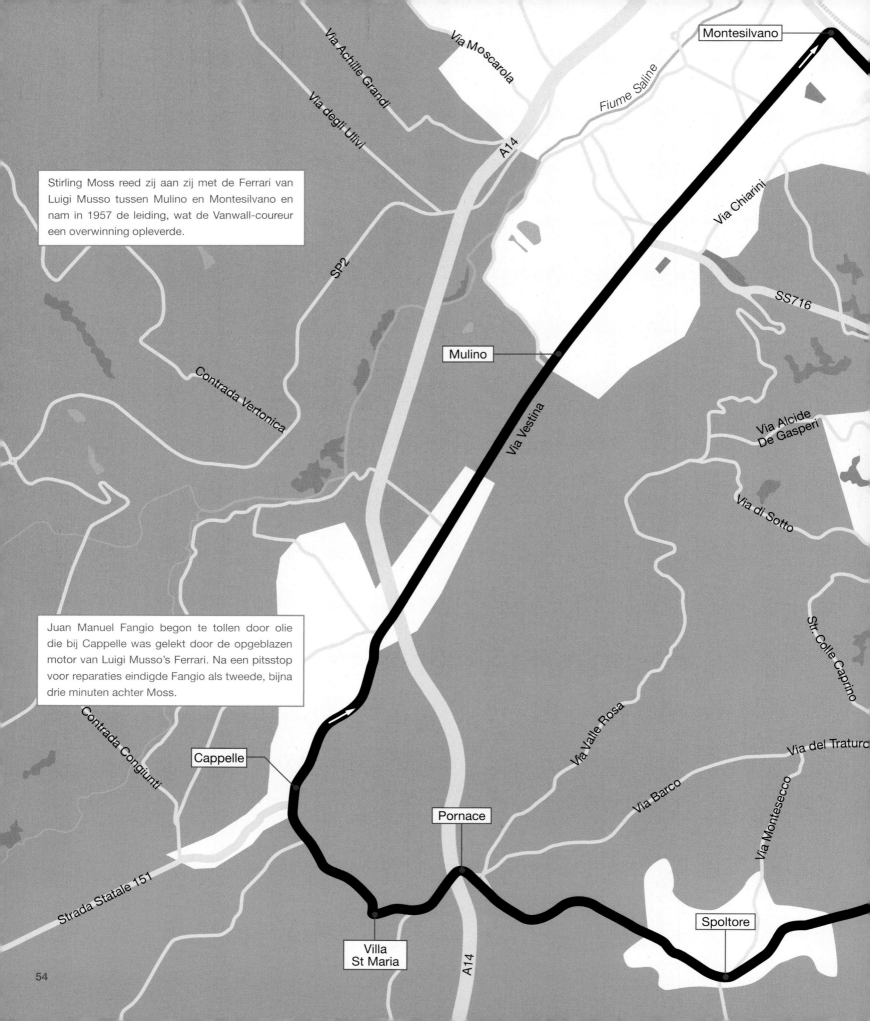

Stirling Moss reed zij aan zij met de Ferrari van Luigi Musso tussen Mulino en Montesilvano en nam in 1957 de leiding, wat de Vanwall-coureur een overwinning opleverde.

Juan Manuel Fangio begon te tollen door olie die bij Cappelle was gelekt door de opgeblazen motor van Luigi Musso's Ferrari. Na een pitsstop voor reparaties eindigde Fangio als tweede, bijna drie minuten achter Moss.

Montesilvano

Mulino

Cappelle

Pornace

Spoltore

Villa St Maria

Via Moscarola

Via Achille Grandi

Via degli Ulivi

Fiume Saline

Via Chiarini

A14

SS716

SP2

Via Vestina

Via Alcide De Gasperi

Contrada Vertonica

Via di Sotto

Str. Colle Capirino

Via Valle Rosa

Via del Traturo

Contrada Congiunti

Via Barco

Via Montesecco

Strada Statale 151

A14

54

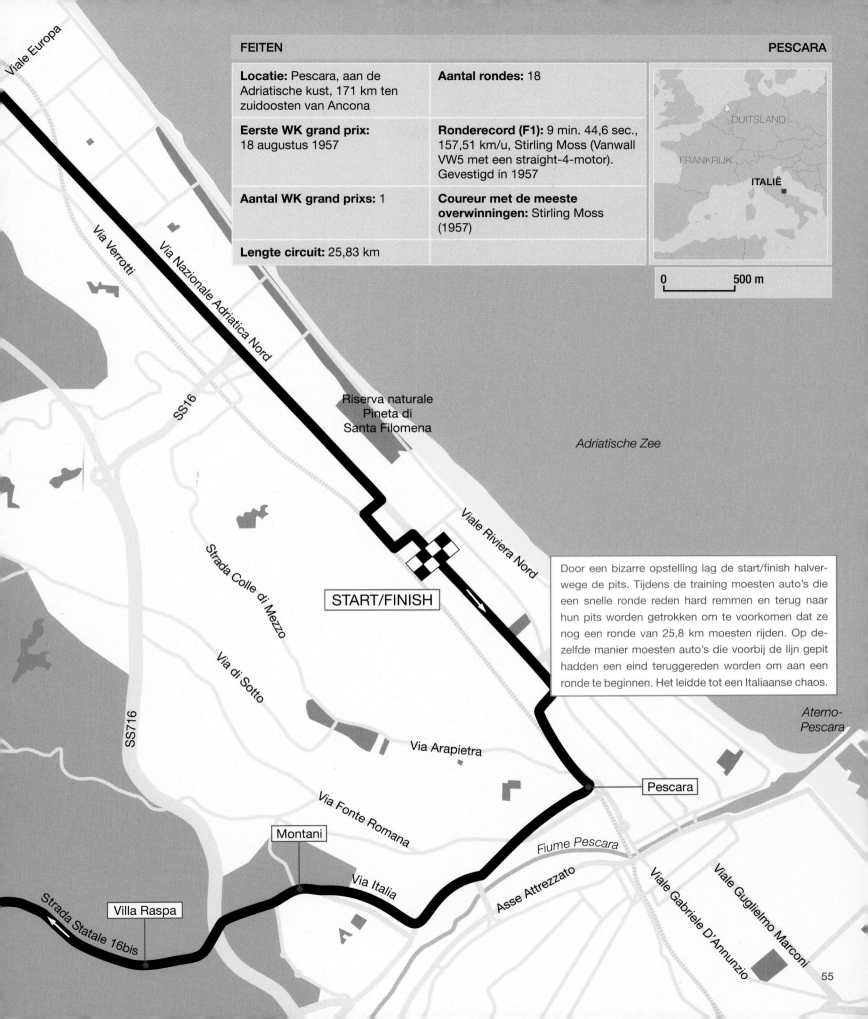

Locatie: Pescara, aan de Adriatische kust, 171 km ten zuidoosten van Ancona

Aantal rondes: 18

Eerste WK grand prix: 18 augustus 1957

Ronderecord (F1): 9 min. 44,6 sec., 157,51 km/u, Stirling Moss (Vanwall VW5 met een straight-4-motor). Gevestigd in 1957

Aantal WK grand prixs: 1

Coureur met de meeste overwinningen: Stirling Moss (1957)

Lengte circuit: 25,83 km

DUITSLAND

FRANKRIJK

ITALIË

0   500 m

Viale Europa

Via Verrotti

Via Nazionale Adriatica Nord

SS16

Riserva naturale Pineta di Santa Filomena

Adriatische Zee

Viale Riviera Nord

Strada Colle di Mezzo

Via di Sotto

START/FINISH

Door een bizarre opstelling lag de start/finish halverwege de pits. Tijdens de training moesten auto's die een snelle ronde reden hard remmen en terug naar hun pits worden getrokken om te voorkomen dat ze nog een ronde van 25,8 km moesten rijden. Op dezelfde manier moesten auto's die voorbij de lijn gepit hadden een eind teruggereden worden om aan een ronde te beginnen. Het leidde tot een Italiaanse chaos.

Aterno-Pescara

Via Arapietra

Pescara

SS716

Via Fonte Romana

Montani

Fiume Pescara

Via Italia

Asse Attrezzato

Viale Gabriele D'Annunzio

Viale Guglielmo Marconi

Strada Statale 16bis

Villa Raspa

Casablanca 1958

Ain-Diab

 MAROKKO

Dit is een snel, rechthoekig parcours van 7,6 km aan de zuidwestelijke rand van Ain-Diab, over een kustweg en een deel van de hoofdroute van Casablanca naar Azemmour. Hier werd in 1958 de wereldtitel beslist, tijdens het enige jaar dat de Grand Prix van Marokko deel uitmaakte van het kampioenschap.

Vastbesloten om zijn land te promoten na de recente onafhankelijkheid, legde de koning van Marokko zijn gewicht in de schaal om grand-prixraces naar de regio te halen. Al werd het idee om zo ver te reizen aan het einde van het seizoen door de Formule 1-teams niet meteen met open armen ontvangen. Een race buiten het kampioenschap in 1957 was succesvol genoeg om oliemaatschappijen in Marokko financiële steun te laten bieden voor een aanvraag om een race in het F1-wereldkampioenschap te organiseren.

Toen een datum voor oktober 1958 werd toegekend, zouden de organisatoren in Casablanca een extra bonus krijgen nadat duidelijk werd dat de tiende en laatste grand prix van het seizoen de strijd om het kampioenschap tussen Mike Hawthorn (Ferrari) en Stirling Moss (Vanwall) zou beslechten. Beide Engelsen mikten op hun eerste titel. Moss moest de race winnen (acht punten waard) en de snelste ronde neerzetten (één punt), terwijl de tweede plaats (zes punten) sowieso voldoende zou zijn voor Hawthorn, ongeacht de score van Moss.

Hawthorn pakte de polepositie, een tiende van een seconde vóór Moss, aan het einde van de 7,602 km lange ronde. Ondanks zijn eenvoudige uiterlijk vormde het circuit een behoorlijke uitdaging. De goed geasfalteerde, glooiende weg werd omzoomd door strobalen, waardoor bochten moeilijk te herkennen waren en het circuit zonder kenmerken moeilijk uit het hoofd te leren was. Het achterste stuk, waar de auto's 274 km/u reden, had een knik naar links, en vervolgens haalden ze 241 km/u op het kortere rechte

stuk langs de pits aan de kustweg. Alleen in de eerste bocht, naar rechts, moest er hard worden geremd.

Terwijl Hawthorn steun zocht bij teamgenoten Phil Hill en Olivier Gendebien, vertrouwde Moss op Stuart Lewis-Evans (de jonge Engelsman die zich aan de buitenkant van de eerste rij kwalificeerde) en Tony Brooks. In werkelijkheid wist Moss echter dat hij geen andere keuze had dan voluit te gaan en de rest het zelf te laten uitzoeken.

Na een receptie de avond voordien in de residentie van de Britse consul in Casablanca begon de racedag vorstelijk toen de koning arriveerde en werd voorgesteld aan de 25 coureurs. Het veld werd versterkt door Formule 2-auto's.

Moss ging meteen aan de leiding en verdedigde zijn positie tegen een felle aanval van Hill, die maar kort leidde voordat hij in de derde ronde op een vluchtweg terechtkwam. Brooks ging naar de tweede plaats om zijn teamgenoot te ondersteunen, maar toen de motor van de Vanwall ontplofte, liet Hill Hawthorn de tweede plaats innemen die hij nodig had.

Moss deed wat hij kon door de snelste ronde neer te zetten op weg naar zijn vierde overwinning van het seizoen. Zijn teleurstelling zou zes dagen later in schril perspectief worden geplaatst, toen Lewis-Evans overleed aan brandwonden die hij opliep nadat zijn motor was vastgelopen en de Vanwall crashte en in brand vloog. Het was een vreselijke voetnoot voor een circuit dat nooit meer een grand prix voor het kampioenschap zou organiseren.

Een grand prix voor het kampioenschap verstoorde slechts één keer het dagelijkse leven in Marokko. Stirling Moss won op de wegen van Ain-Diab, met Mike Hawthorn als tweede. Hawthorn won daardoor het wereldkampioenschap van 1958.

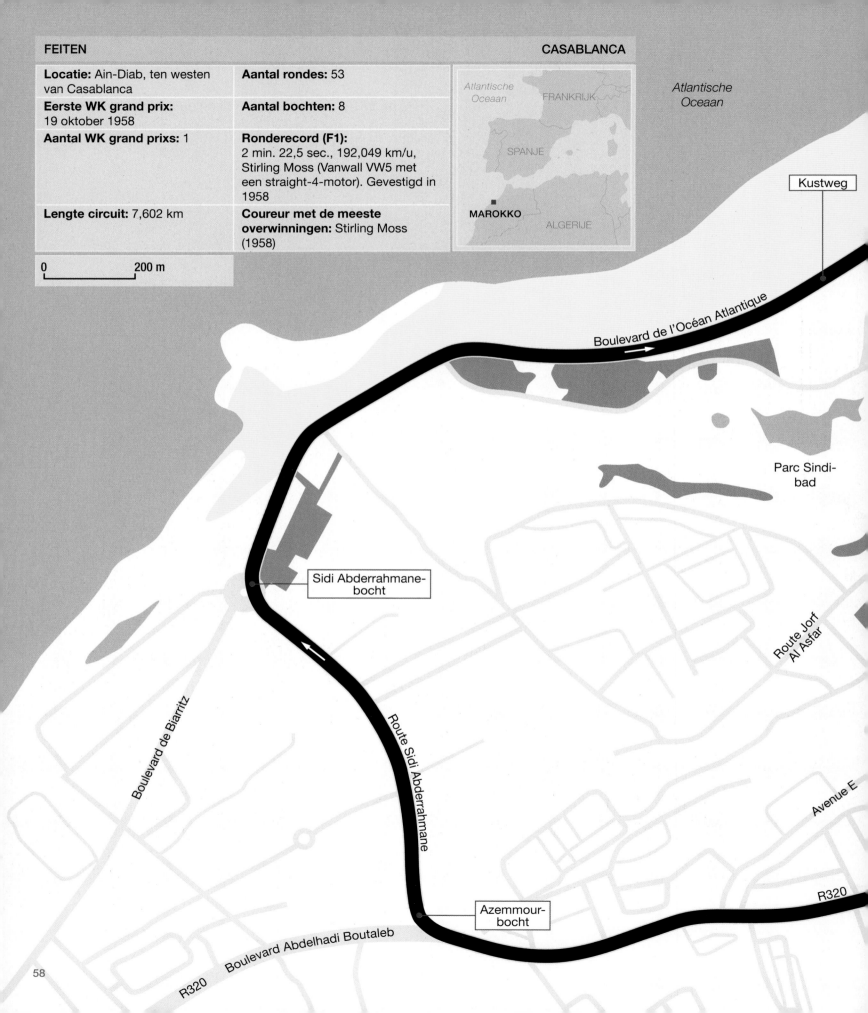

FEITEN

Locatie: Ain-Diab, ten westen van Casablanca

Eerste WK grand prix: 19 oktober 1958

Aantal WK grand prixs: 1

Lengte circuit: 7,602 km

Aantal rondes: 53

Aantal bochten: 8

Ronderecord (F1): 2 min. 22,5 sec., 192,049 km/u, Stirling Moss (Vanwall VW5 met een straight-4-motor). Gevestigd in 1958

Coureur met de meeste overwinningen: Stirling Moss (1958)

CASABLANCA

Atlantische Oceaan

FRANKRIJK

SPANJE

MAROKKO

ALGERIJE

Atlantische Oceaan

0   200 m

Kustweg

Boulevard de l'Océan Atlantique

Parc Sindi-bad

Sidi Abderrahmane-bocht

Route Jorf Al Asfar

Boulevard de Biarritz

Route Sidi Abderrahmane

Avenue E

R320

Azemmour-bocht

Boulevard Abdelhadi Boutaleb

R320

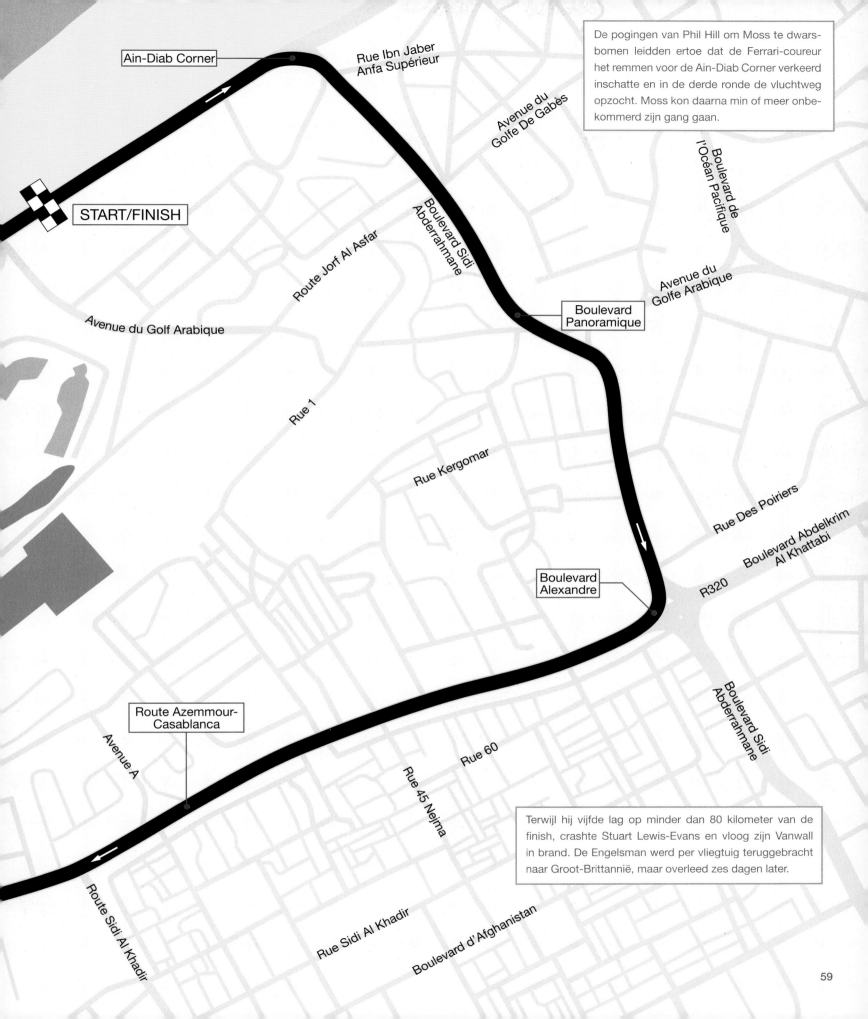

Ain-Diab Corner

Rue Ibn Jaber
Anfa Supérieur

Avenue du
Golfe De Gabès

START/FINISH

Route Jorf Al Asfar

Boulevard Sidi
Abderrahmane

Boulevard de
l'Océan Pacifique

Avenue du
Golfe Arabique

Avenue du Golf Arabique

Boulevard
Panoramique

Rue 1

Rue Kergomar

Rue Des Poiriers

Boulevard Abdelkrim
Al Khattabi

Boulevard
Alexandre

R320

Route Azemmour-
Casablanca

Boulevard Sidi
Abderrahmane

Avenue A

Rue 60

Rue 45 Nejma

Route Sidi Al Khadir

Rue Sidi Al Khadir

Boulevard d'Afghanistan

De pogingen van Phil Hill om Moss te dwars-bomen leidden ertoe dat de Ferrari-coureur het remmen voor de Ain-Diab Corner verkeerd inschatte en in de derde ronde de vluchtweg opzocht. Moss kon daarna min of meer onbe-kommerd zijn gang gaan.

Terwijl hij vijfde lag op minder dan 80 kilometer van de finish, crashte Stuart Lewis-Evans en vloog zijn Vanwall in brand. De Engelsman werd per vliegtuig teruggebracht naar Groot-Brittannië, maar overleed zes dagen later.

Avus 1959

Avus

 DUITSLAND

Dit circuit is gelegen in het zuidwestelijke district van Berlijn. Het is slechts één keer gebruikt voor een race in het wereldkampioenschap, in 1959. Een bijzonder eenvoudige lay-out werd gedomineerd door twee kanten van een bijna rechte dubbele rijbaan, die aan het ene uiteinde waren verbonden door een vlakke bocht van 180 graden en aan het andere uiteinde door een hellende bocht bestaande uit klinkers.

Avus was bedoeld als testfaciliteit voor de Duitse auto-industrie en als racecircuit, en werd geopend in 1921. Het circuit was ongeveer 19,3 km lang en bestond uit niets meer dan parallelle rechte stukken die aan beide uiteinden werden verbonden door vlakke bochten met een grote straal. Om de uitdaging in 1936 te vergroten en aanspraak te kunnen maken op de titel 'snelste racecircuit ter wereld', bouwden de autoriteiten de noordelijke bocht om tot een bocht met een steile helling van klinkers. Dezelfde helling die gepland was voor de zuidelijke bocht werd nooit gebouwd en de rechte stukken werden onderdeel van het groeiende Duitse autosnelwegnetwerk.

Na de Tweede Wereldoorlog werden de rechte stukken ingekort, en een nieuwe zuidelijke bocht verkortte de lengte tot iets meer dan 8 km. De zogenaamde *Avusrennen* werden onderdeel van de internationale racescene, hoewel ze geen race van het wereldkampioenschap waren. Die eer viel uiteindelijk te beurt aan Avus voor de 21ste Grand Prix van Duitsland in augustus 1959. De organisatoren verdeelden de race in twee heats van een uur om de vrees voor bandenproblemen bij een gemiddelde van 241 km/u weg te nemen.

Voor nieuwkomers op het circuit was het niet zo eenvoudig als het leek. Waar de grote lus aan de zuidkant de middenberm kruiste, was het gras vervangen door beton. Er waren ook verlengingen aan de buitenranden van de tweebaansweg om de bocht te openen en meer snelheid mogelijk te maken. De snelweg zelf was bedekt met asfalt, waardoor de bestuurders te maken hadden met veranderingen in het wegdek, omdat ze ook drie keer over beton reden. Daarnaast vereiste de bocht met grote straal bij het naderen een zachte draai naar rechts, precies op het punt waar

geremd moest worden van 282 km/u naar 80 km/u. Op dezelfde manier ging een bocht naar rechts over in de inrit van de hellende bocht naar het noorden. Al lag daar de snelheid met 177-193 km/u wel hoger bij het inrijden.

Eenmaal op de helling van 43 graden ontdekten de coureurs dat er weinig wetenschap was gebruikt bij het ontwerp en dat de auto's geen natuurlijke flow kregen, zoals op de helling van Monza. Daardoor moesten ze fysiek sturen alsof ze een normale bocht namen. Aan de bovenkant liepen de stenen een halve meter tot een meter omhoog voordat ze een brede richel vormden.

Onuitgesproken angsten over de veiligheid werden bewaarheid tijdens een sportwagenrace die op vrijdag tussen de F1-trainingen door werd gehouden. Jean Behra, een getalenteerd en populair lid van het F1-circus, verloor de controle over zijn Porsche op een helling die nog verraderlijker was geworden door de regen. De auto vloog over de kop en raakte een gebouw. Behra werd uit de cockpit geworpen, raakte een vlaggenmast en was op slag dood.

Hans Herrmann kwam als bij wonder met de schrik vrij toen zijn remmen tijdens de grand prix haperden bij het naderen van de zuidelijke bocht. De BRM werd de lucht in gekatapulteerd, maar de Duitser slingerde het voertuig uit en bleef ongedeerd terwijl zijn auto vernield werd door verschillende keren om zijn as te draaien.

De race zelf bleek een Ferrari-demonstratie te zijn, waarbij Tony Brooks uit Groot-Brittannië beide heats won. Van de oorspronkelijke vijftien starters waren er aan het eind nog maar zeven over; negen hadden de start van de tweede heat gehaald.

De nationale races werden voortgezet op Avus, maar de helling werd in 1967 ontmanteld. Later werd de baan ingekort voordat er in 1999 een afscheidsevenement werd gehouden.

Boven: Hans Herrmann kijkt vol ongeloof toe hoe hij aan het ergste is ontsnapt nadat hij uit zijn BRM werd geslingerd op de vluchtweg bij het naderen van de Sudkurve.

Onder: De Ferrari van de uiteindelijke winnaar Tony Brooks leidt het veld van de helling in 1959, de enige keer dat Avus werd gebruikt voor een grand prix in het kampioenschap.

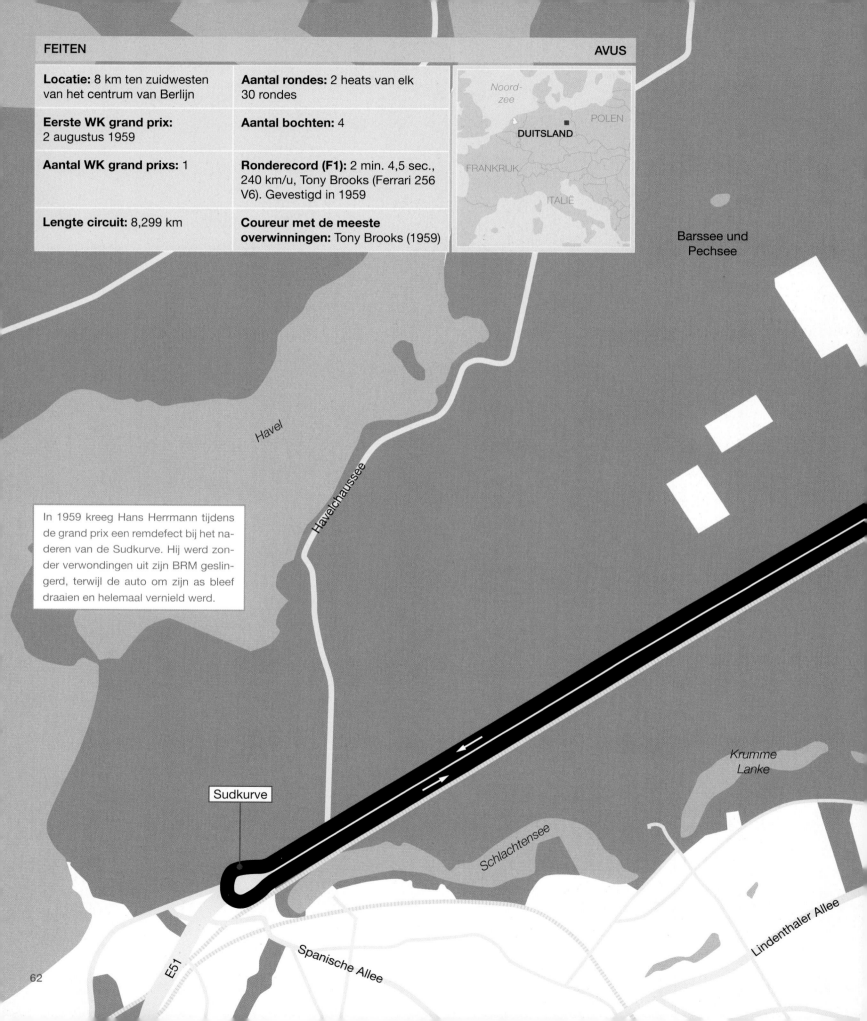

FEITEN

Locatie: 8 km ten zuidwesten van het centrum van Berlijn

Eerste WK grand prix: 2 augustus 1959

Aantal WK grand prixs: 1

Lengte circuit: 8,299 km

Aantal rondes: 2 heats van elk 30 rondes

Aantal bochten: 4

Ronderecord (F1): 2 min. 4,5 sec., 240 km/u, Tony Brooks (Ferrari 256 V6). Gevestigd in 1959

Coureur met de meeste overwinningen: Tony Brooks (1959)

Noord-zee
DUITSLAND
POLEN
FRANKRIJK
ITALIË

Barssee und Pechsee

Havel

Havelchaussee

In 1959 kreeg Hans Herrmann tijdens de grand prix een remdefect bij het naderen van de Sudkurve. Hij werd zonder verwondingen uit zijn BRM geslingerd, terwijl de auto om zijn as bleef draaien en helemaal vernield werd.

Krumme Lanke

Sudkurve

Schlachtensee

E51

Spanische Allee

Lindenthaler Allee

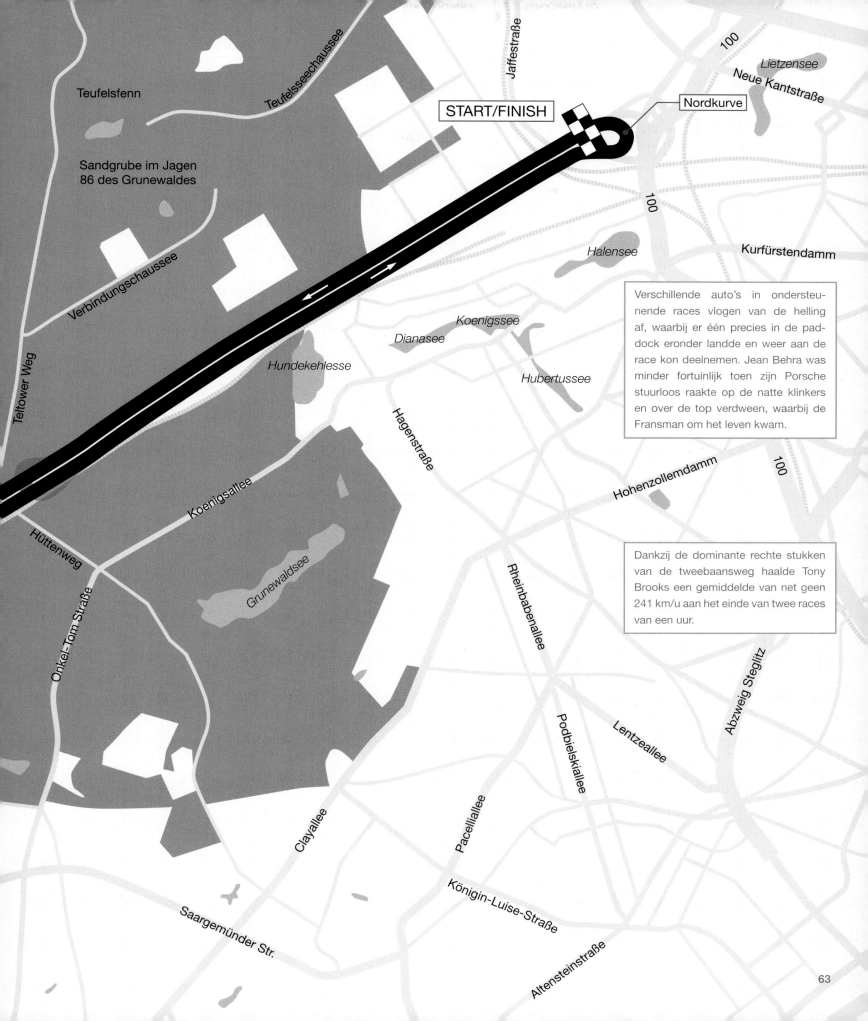

START/FINISH

Nordkurve

Teufelsfenn

Sandgrube im Jagen
86 des Grunewaldes

Teufelsseechaussee

Verbindungschaussee

Teltower Weg

Hüttenweg

Onkel-Tom-Straße

Koenigsallee

Hundekehlesse

Grunewaldsee

Clayallee

Saargemünder Str.

Hagenstraße

Dianasee

Koenigssee

Hubertussee

Halensee

Lietzensee

Jaffestraße

Neue Kantstraße

Kurfürstendamm

100

100

100

Hohenzollemdamm

Rheinbabenallee

Podbielskiallee

Pacelliallee

Königin-Luise-Straße

Altensteinstraße

Lentzeallee

Abzweig Steglitz

Verschillende auto's in ondersteunende races vlogen van de helling af, waarbij er één precies in de paddock eronder landde en weer aan de race kon deelnemen. Jean Behra was minder fortuinlijk toen zijn Porsche stuurloos raakte op de natte klinkers en over de top verdween, waarbij de Fransman om het leven kwam.

Dankzij de dominante rechte stukken van de tweebaansweg haalde Tony Brooks een gemiddelde van net geen 241 km/u aan het einde van twee races van een uur.

Sebring 1959

Sebring International Raceway

 VERENIGDE STATEN VAN AMERIKA

Dit circuit werd in 1959 gebruikt voor de Grand Prix van de Verenigde Staten. Het ligt in Florida, en is aangelegd op de start- en landingsbanen van een voormalige trainingsbasis van de Amerikaanse luchtmacht in de buurt van de stad Sebring. Het circuit is de thuisbasis geweest van een jaarlijkse sportwagenklassieker, maar werd slechts één keer gebruikt voor de F1.

Hendricks Field werd gebouwd in 1941 en was een trainingsbasis voor de Amerikaanse luchtmacht. Vier jaar later werd de basis inactief en werd ze het vliegveld van Sebring.

Alec Ulmann raakte geïnspireerd door een bezoek aan de 24 uur van Le Mans in 1950. De in Rusland geboren alumnus van MIT (Massachusetts Institute of Technology) besloot iets soortgelijks te organiseren in de VS. Ulmann was een voorvechter van de Automobile Racing Club of America. Hij zag de start- en landingsbanen van het vliegveld van Sebring als een kant-en-klare locatie en organiseerde al snel een zes uur durende endurancerace voor sportauto's op 31 december van hetzelfde jaar.

Tegen 1952 was het evenement uitgebreid tot twaalf uur, en een jaar later werd het een race van het wereldkampioenschap voor sportwagens. Vooraanstaande teams en coureurs waren dan ook bekend met Sebring toen het circuit naar voren werd geschoven als gastheer voor de allereerste Grand Prix van de Verenigde Staten in 1959. Deze race, die op 12 december werd verreden, zou de laatste en beslissende wedstrijd in het kampioenschap worden tussen Jack Brabham, Stirling Moss en Tony Brooks.

Door gebruik te maken van de uitgestrekte start- en landingsbanen was de baan overwegend snel, recht en hobbelig door het beton met brede voegen. De overgangen tussen de start- en landingsbanen waren erg ruw en de bochten werden slechts summier aangegeven. Afgezien van de lus in het parcours, waar de pits zich bevonden, was het ook een groot probleem voor coureurs die niet bekend waren met het vlakke en karakterloze circuit, om de werkelijke grenzen ervan te bepalen.

Typerend voor Moss was dat hij het 8,7 km lange circuit sneller dan wie dan ook kon afleggen en de polepositie opeiste in de Cooper-Climax van Rob Walker. Brabham parkeerde zijn constructeurs-Cooper ernaast, in het midden van een eerste rij van drie auto's met de Ferrari van Brooks aan de buitenkant. De combinatie

van de eerste rij in het kampioenschap werd echter kort voor de start verstoord.

Terwijl majorettes marcheerden, gebeden werden gepreveld en het volkslied met gepaste plechtigheid werd gezongen, ontstond er een felle ruzie op de grid. Harry Schell beweerde dat hij een tijd had neergezet die goed genoeg was voor de eerste rij, maar dat de organisatoren zijn ronde, die aan het einde van de kwalificatie onder controversiële omstandigheden was neergezet, niet hadden erkend. Schell won het pleit, zijn Cooper werd naar de eerste rij geduwd en de ongelukkige Brooks werd verbannen naar rij twee.

Moss nam de leiding, maar niet ver in de eerste ronde schatte Wolfgang von Trips zijn remmen verkeerd in en raakte de achterkant van teamgenoot Brooks. Omdat het zijn persoonlijke principe was om geen onnodige risico's te nemen met zijn bolides, reed Brooks naar de pits om zijn Ferrari te laten nakijken. Afgezien van een deuk aan de achterkant was er niets aan de hand en hij kwam terug op de vijftiende plaats.

Moss trok zich terug met een kapotte versnellingsbak, waardoor Brabham ongestoord aan kop reed en op weg was naar de titel. In de laatste ronde kwam Brabham zonder brandstof te zitten, waardoor zijn jonge teamgenoot Bruce McLaren zijn eerste grand-prixoverwinning scoorde. Brabham duwde zijn auto 400 meter licht bergopwaarts en stortte in toen hij over de streep kwam. Hij werd als vierde geklasseerd en claimde zijn eerste wereldkampioenschap. Brooks eindigde als derde. Zonder de pitsstop had hij de race kunnen winnen, en daarmee ook de titel.

De race was geen financieel succes geweest. En volgens mensen in de F1 was hij ook niet goed georganiseerd. Er werden weinig tranen vergoten toen Riverside in Californië werd aangekondigd als gastheer voor de Grand Prix van de VS van 1960. Ingekorte versies van Sebring werden ondertussen een vast onderdeel van de internationale sportwagenracerij.

Jack Brabham rijdt over de smallere verbindingswegen weg van de uitgestrekte start- en landingsbanen voordat zijn brandstof opraakt. De Australiër duwde zijn Cooper-Climax over de finish om de vierde plaats en zijn eerste wereldtitel op te eisen.

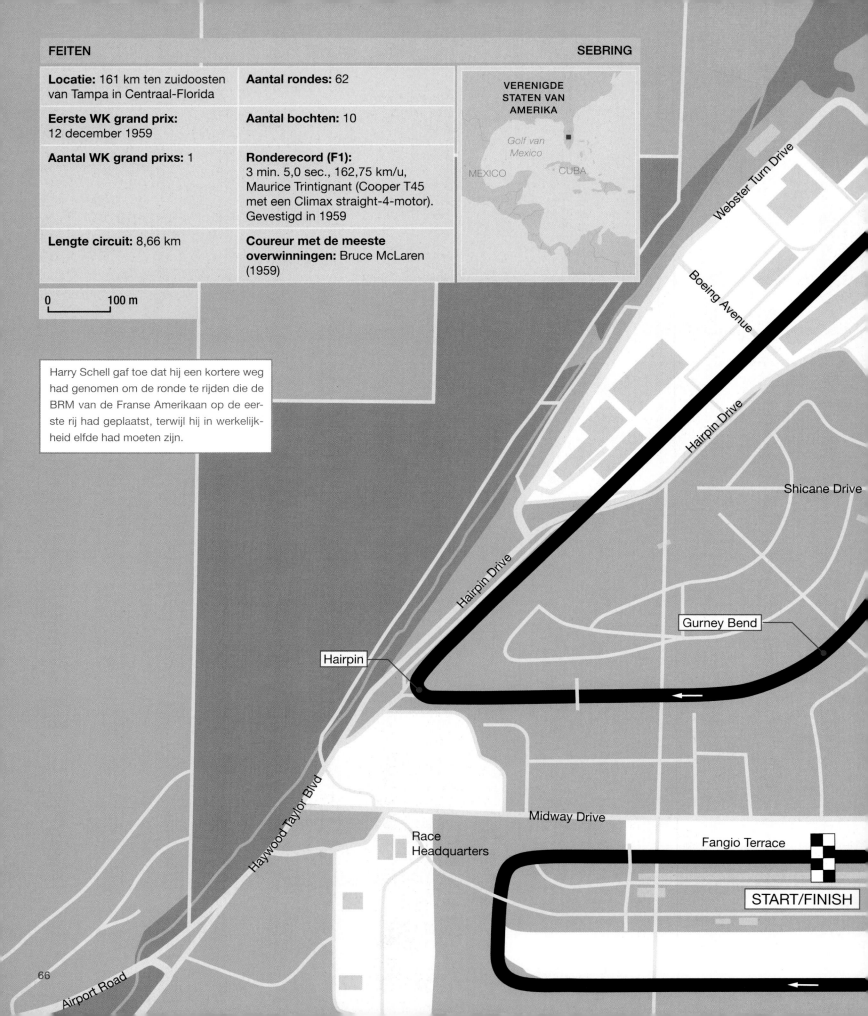

Locatie: 161 km ten zuidoosten van Tampa in Centraal-Florida

Aantal rondes: 62

Eerste WK grand prix: 12 december 1959

Aantal bochten: 10

Aantal WK grand prixs: 1

Ronderecord (F1): 3 min. 5,0 sec., 162,75 km/u, Maurice Trintignant (Cooper T45 met een Climax straight-4-motor). Gevestigd in 1959

Lengte circuit: 8,66 km

Coureur met de meeste overwinningen: Bruce McLaren (1959)

VERENIGDE STATEN VAN AMERIKA

Golf van Mexico

MEXICO   CUBA

0   100 m

Harry Schell gaf toe dat hij een kortere weg had genomen om de ronde te rijden die de BRM van de Franse Amerikaan op de eerste rij had geplaatst, terwijl hij in werkelijkheid elfde had moeten zijn.

Webster Turn Drive

Boeing Avenue

Hairpin Drive

Shicane Drive

Hairpin Drive

Gurney Bend

Hairpin

Haywood Taylor Blvd

Midway Drive

Race Headquarters

Fangio Terrace

START/FINISH

Airport Road

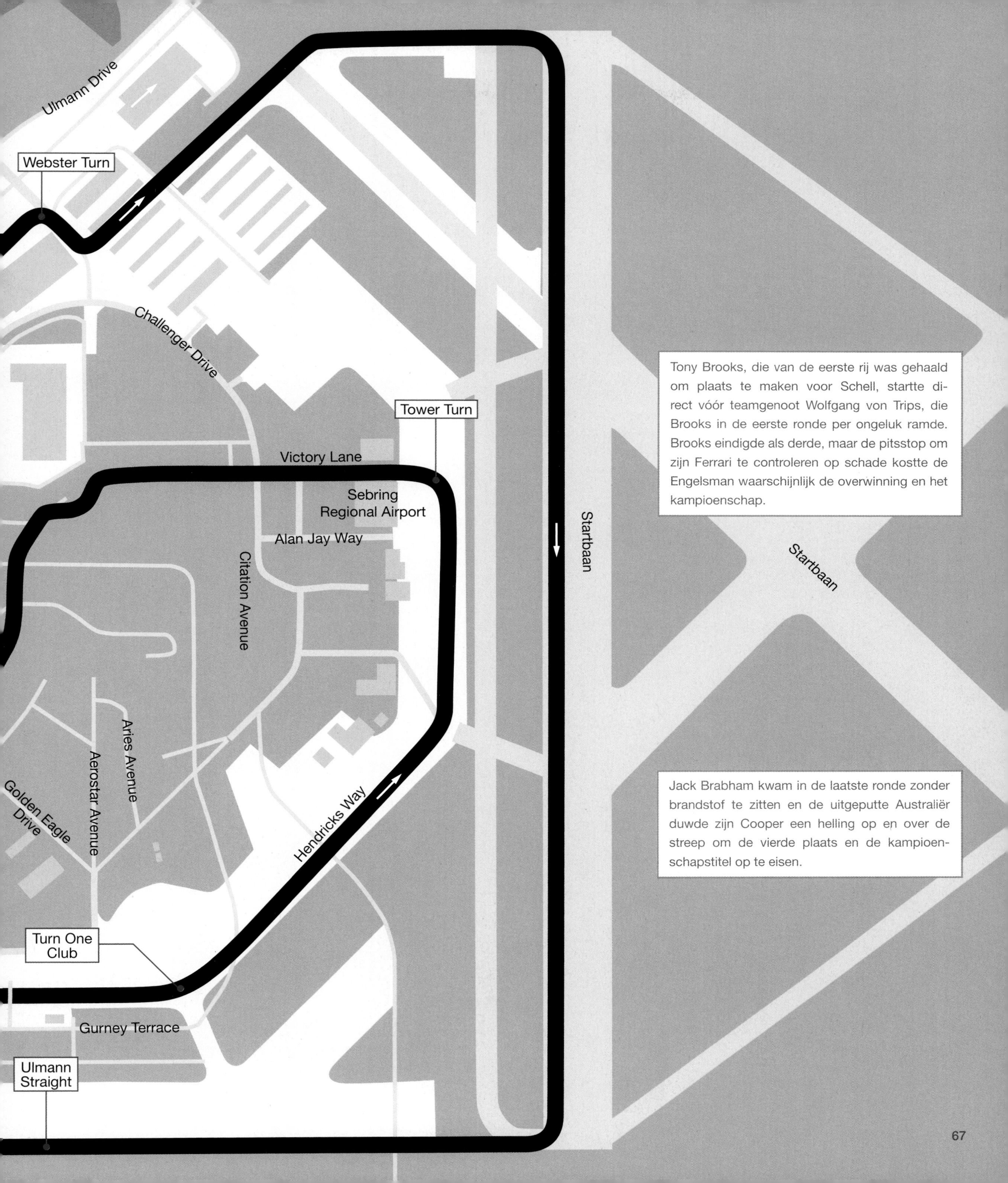

Ulmann Drive

Webster Turn

Challenger Drive

Tower Turn

Victory Lane

Sebring
Regional Airport

Alan Jay Way

Citation Avenue

Aries Avenue

Aerostar Avenue

Golden Eagle
Drive

Hendricks Way

Turn One
Club

Gurney Terrace

Ulmann
Straight

Startbaan

Startbaan

Tony Brooks, die van de eerste rij was gehaald om plaats te maken voor Schell, startte direct vóór teamgenoot Wolfgang von Trips, die Brooks in de eerste ronde per ongeluk ramde. Brooks eindigde als derde, maar de pitsstop om zijn Ferrari te controleren op schade kostte de Engelsman waarschijnlijk de overwinning en het kampioenschap.

Jack Brabham kwam in de laatste ronde zonder brandstof te zitten en de uitgeputte Australiër duwde zijn Cooper een helling op en over de streep om de vierde plaats en de kampioenschapstitel op te eisen.

Watkins Glen 1961

Watkins Glen

 VERENIGDE STATEN VAN AMERIKA

Twee decennia lang was dit circuit de thuisbasis van de Grand Prix van de Verenigde Staten. Het vestigde een goede reputatie als een uitdagend en aantrekkelijk racecircuit in het prachtige Finger Lakes-gebied van de staat New York. Het permanente circuit kon zich niet de nodige aanpassingen veroorloven op het gebied van veiligheid en faciliteiten en werd in 1981 van de F1-kalender geschrapt.

De eerste naoorlogse wegraces in de Verenigde Staten werden in 1948 gehouden over 9,7 km aan openbare wegen door en rond de plaats Watkins Glen in de staat New York. Toen in 1952 een auto van de weg raakte en toeschouwers stierven en gewond raakten, werd het parcours geschrapt.

In 1956 werd een circuit van 3,7 km aangelegd als gemeenschapsproject in het glooiende landschap boven de stad. Aangezien de locatie slechts 322 km ten noordwesten van Manhattan lag, was de redenering dat er wel voldoende publiek gevonden zou worden als Watkins Glen in 1961 een succesvolle Grand Prix van de Verenigde Staten zou organiseren.

De Formule 1 was nieuw voor de regio, en zelfs voor heel Noord-Amerika, want dit zou pas de derde Grand Prix van de VS worden (de vorige twee waren op Sebring in Florida en Riverside in Californië).

Het was de bedoeling dat er nog een extra bonus zou zijn met de deelname van Phil Hill. De eerste Amerikaanse wereldkampioen had echter de titel gewonnen onder tragische omstandigheden na de dood van zijn teamgenoot en leider in het kampioenschap, Wolfgang von Trips, tijdens de voorafgaande Grand Prix van Italië op Monza. Nu het kampioenschap op deze manier beslist was, koos Ferrari ervoor om niet naar Noord-Amerika af te reizen, waardoor Hill noodgedwongen teleurgesteld moest toekijken tijdens de grand prix in zijn thuisland.

Dat weerhield de F1-teams er niet van om onder de indruk te zijn van zowel het ontwerp van de baan als de gastvrijheid van de plaatselijke bevolking. De teams en coureurs kwamen dan ook graag terug in 1962, samen met genoeg toeschouwers om van de race een financiële meevaller te maken.

Een investering in de faciliteiten van het circuit leidde tot de bouw van het Technical Centre, een voor die tijd unieke centrale werkruimte om alle F1-teams onder één dak te huisvesten. Er waren nog meer voordelen, niet in de laatste plaats het hoogste prijzengeld op de F1-kalender en het prachtige landschap dat hoorde bij wat een traditionele herfstontmoeting zou worden. In 1968 was er het extra voordeel dat de Amerikaan Mario Andretti de polepositie pakte voor Lotus in zijn eerste grand prix.

De Grand Prix van de VS was een vast onderdeel geworden van de Noord-Amerikaanse sociale agenda, met tot 90.000 toeschouwers, van wie velen de Canadese grens overstaken. De organisatoren reageerden hierop door in 1971 een nieuwe lus (bekend als The Boot) toe te voegen om het circuit uit te breiden tot 5,42 km, waarbij de eerste prijs van 50.000 dollar dat jaar naar Jackie Stewart ging. In 1975 werd de Esses toegevoegd om de snelheid op Back Straight te verminderen.

Tegen 1980 was er veel veranderd in de F1-wereld. Watkins Glen had, met al zijn oprechte warmte en inzet, het tempo niet kunnen bijhouden. Het Technical Centre, ooit het summum qua arbeidsomstandigheden, voldeed niet meer en de pits evenmin. Het circuit zelf werd te hobbelig gevonden en de tribunes voor de toeschouwers werden bij het minste regenbuitje een modderpoel.

In de loop der jaren was The Bog, een modderig toeschouwersgebied net buiten de piste, erg berucht geworden. De dolgedraaide 'boglodytes', zoals de mensen die daar naar de race keken werden genoemd, hadden de gewoonte om onder de invloed van drank en drugs autowrakken naar The Bog te slepen, er stenen naar te gooien en ze dan in brand te steken. De Grand Prix van de VS van 1980 zou de laatste worden op Watkins Glen.

Tex Hopkins onthaalt Jim Clark uitbundig na een verrassende overwinning van de Lotus-BRM in 1966.

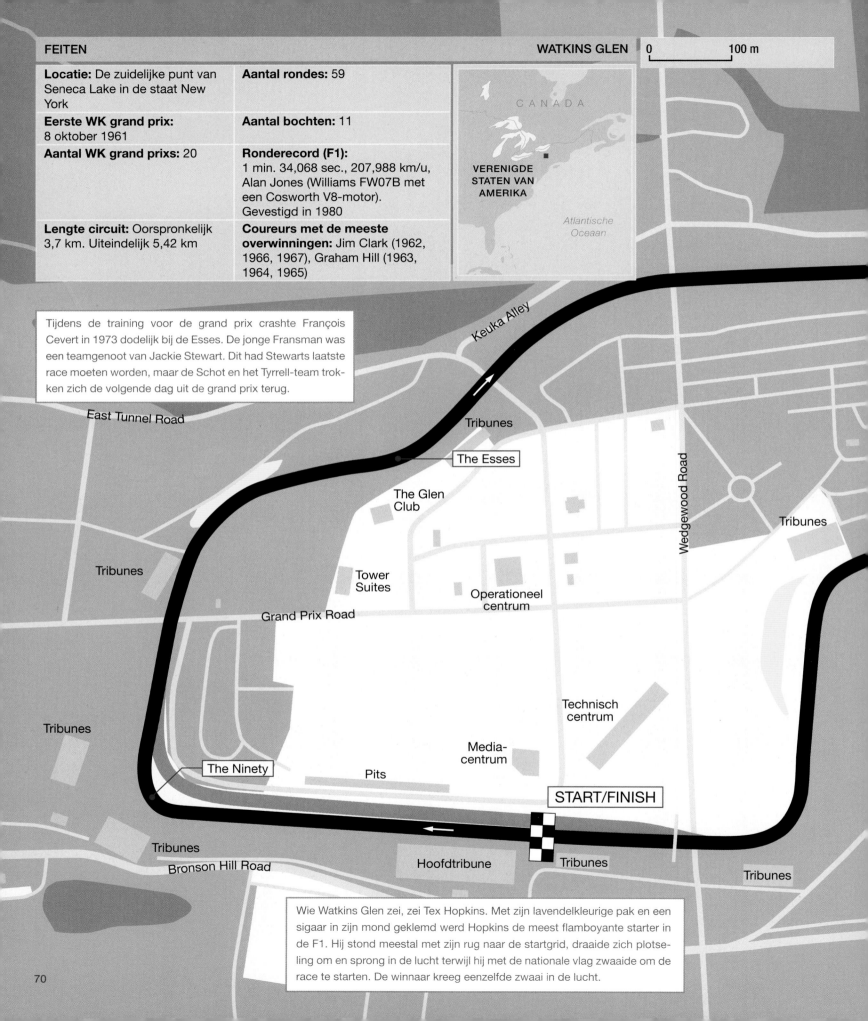

FEITEN

0   100 m

Locatie: De zuidelijke punt van Seneca Lake in de staat New York

Eerste WK grand prix: 8 oktober 1961

Aantal WK grand prixs: 20

Lengte circuit: Oorspronkelijk 3,7 km. Uiteindelijk 5,42 km

Aantal rondes: 59

Aantal bochten: 11

Ronderecord (F1): 1 min. 34,068 sec., 207,988 km/u, Alan Jones (Williams FW07B met een Cosworth V8-motor). Gevestigd in 1980

Coureurs met de meeste overwinningen: Jim Clark (1962, 1966, 1967), Graham Hill (1963, 1964, 1965)

CANADA

VERENIGDE STATEN VAN AMERIKA

Atlantische Oceaan

Tijdens de training voor de grand prix crashte François Cevert in 1973 dodelijk bij de Esses. De jonge Fransman was een teamgenoot van Jackie Stewart. Dit had Stewarts laatste race moeten worden, maar de Schot en het Tyrrell-team trokken zich de volgende dag uit de grand prix terug.

Keuka Alley

East Tunnel Road

Tribunes

The Esses

The Glen Club

Tower Suites

Grand Prix Road

Operationeel centrum

Wedgewood Road

Tribunes

Tribunes

Tribunes

Technisch centrum

Media-centrum

The Ninety

Pits

START/FINISH

Tribunes

Tribunes

Bronson Hill Road

Hoofdtribune

Tribunes

Tribunes

Wie Watkins Glen zei, zei Tex Hopkins. Met zijn lavendelkleurige pak en een sigaar in zijn mond geklemd werd Hopkins de meest flamboyante starter in de F1. Hij stond meestal met zijn rug naar de startgrid, draaide zich plotseling om en sprong in de lucht terwijl hij met de nationale vlag zwaaide om de race te starten. De winnaar kreeg eenzelfde zwaai in de lucht.

In 1974 vochten Emerson Fittipaldi en Ferrari's Clay Regazzoni het wereldkampioenschap uit. Regazzoni probeerde Fittipaldi's McLaren in de eerste ronde het gras op te jagen toen ze 241 km/u bereikten op Back Straight. Fittipaldi hield stand en won de titel.

Back Straight

Keuka Alley

Richardson Road

Camping

Canisteo Road

Chute

Camping

West Tunnel Road

The Boot

Toe

Oneida Road

Bronson Hill Road

Hedden Road

Oos-Londen 1962

Prince George Circuit

 ZUID-AFRIKA

Dit was oorspronkelijk een 24 km lang parcours dat in de jaren 1930 werd gebruikt voor de Grand Prix van Zuid-Afrika. In 1960 werd het ingekort tot 3,93 km. Het was in eerste instantie het belangrijkste van een aantal circuits die Zuid-Afrika internationaal een nieuw gezicht gaven. Drie keer werd op het circuit een race van het F1-wereldkampioenschap gereden, en in 1962 werd de titel er beslecht.

Zuid-Afrika had vanaf het begin groots gedacht. De eerste grand prix in 1934 maakte gebruik van 24 km snelle wegen aan de zuid-westelijke rand van Oos-Londen en trok een indrukwekkend internationaal deelnemersveld aan. Het Prince George-circuit – zo genoemd omdat het een deel van Prince George Road langs de Indische Oceaan gebruikte – werd teruggebracht tot 18,8 km voor de grand prix van 1936. De overwinning van Luigi Villoresi's Maserati drie jaar later markeerde de laatste Grand Prix van Zuid-Afrika vóór het uitbreken van de Tweede Wereldoorlog.

Pas op 1 januari 1960 maakten internationale races een comeback en werd het Prince George Circuit teruggebracht tot 3,9 km. De laatste versie, die een deel van Prince George Road en Molteno Drive (gebruikt in het oorspronkelijke circuit van 24 km) als twee zijden van een driehoek bevatte, maakte een lus door een schietterrein en een park voordat het via een haarspeldbocht naar rechts ('Beacon Bend') terugkeerde naar Prince George Road, waar de pits en de hoofdtribune zich bevonden.

De Cooper-Borgward van Stirling Moss voerde een karig internationaal deelnemersveld aan voor een Formula Libre-evenement dat bestond uit een vreemd assortiment eenzitters, sportauto's en uitzonderlijke voertuigen. Moss reed aan de leiding totdat een ontstekingsfout een pitsstop noodzakelijk maakte en een gemakkelijke overwinning opleverde voor de Cooper-Climax van de Belgische journalist-coureur Paul Frère. Moss maakte de teleurstelling in december goed toen hij terugkeerde om te winnen aan het stuur van een constructeurs-Porsche. De kwaliteit van het veld liet nog steeds te wensen over, want Moss dubbelde één bepaalde, eenvoudige auto maar liefst tienmaal.

Twaalf maanden later maakte de Grand Prix van Zuid-Afrika van 1961 op Oos-Londen deel uit van een vier races tellende Springbok-reeks op de circuits van Killarney, Westmead en Kyalami. Alle

vier de races werden gewonnen door Jim Clark, die toen in de lift zat met Lotus. De Schot beschreef het circuit in Oos-Londen als 'een goede mix. Er zijn twee snelle bochten naar rechts na het rechte stuk van de start/finish en twee langzame haarspeldbochten, en verraderlijke Esses in een gedeelte dat een beetje smal is en wel wat breder mag.'

De race op tweede kerstdag werd gezien als een goede oefening voor het daaropvolgende jaar, toen de Grand Prix van Zuid-Afrika op 29 december 1962 eindelijk een onderdeel van het wereldkampioenschap zou worden. Clark, verwikkeld in een tweestrijd om de titel, werd beschouwd als de favoriet nadat hij de Rand Grand Prix op Killarney had gewonnen en tweede was geworden in de Natal Grand Prix op Westmead.

Hij bevestigde dat door de polepositie te pakken en meteen aan de leiding te gaan in Oos-Londen voor 90.000 toeschouwers, het op één na grootste publiek dat ooit een sportwedstrijd in Zuid-Afrika bijwoonde. Clark lag op koers voor zijn eerste kampioenschapstitel tot ronde 59, toen er blauwe rookpluimen uit de achterkant van zijn Lotus verschenen. Er was een bout uit zijn auto gevallen, waardoor alle olie van de Climax V8 op de uitlaat terechtkwam. Hills BRM kwam tevoorschijn door wat een rookgordijn was geworden en won de race en de titel van het kampioenschap.

Clark won de volgende twee Grand Prixs van Oos-Londen, de eerste eind 1963, een jaar waarin hij alles won, en de tweede op 1 januari 1965, het begin van zijn tweede kampioenschap.

Gezien het succes van Oos-Londen wilden de eigenaars van Kyalami graag de grand prix organiseren. Die zet stuitte op weinig weerstand van de F1-teams omdat het Prince George Circuit, ondanks zijn aantrekkelijke locatie en efficiënte organisatie, intussen als te smal werd beschouwd. De grand prix keerde nooit meer terug naar Oos-Londen.

Jim Clark wint de race in 1963, nadat hij hier het jaar daarvoor het wereldkampioenschap had verloren toen een bout uit zijn auto viel en de olie uit de Climax-motor liep.

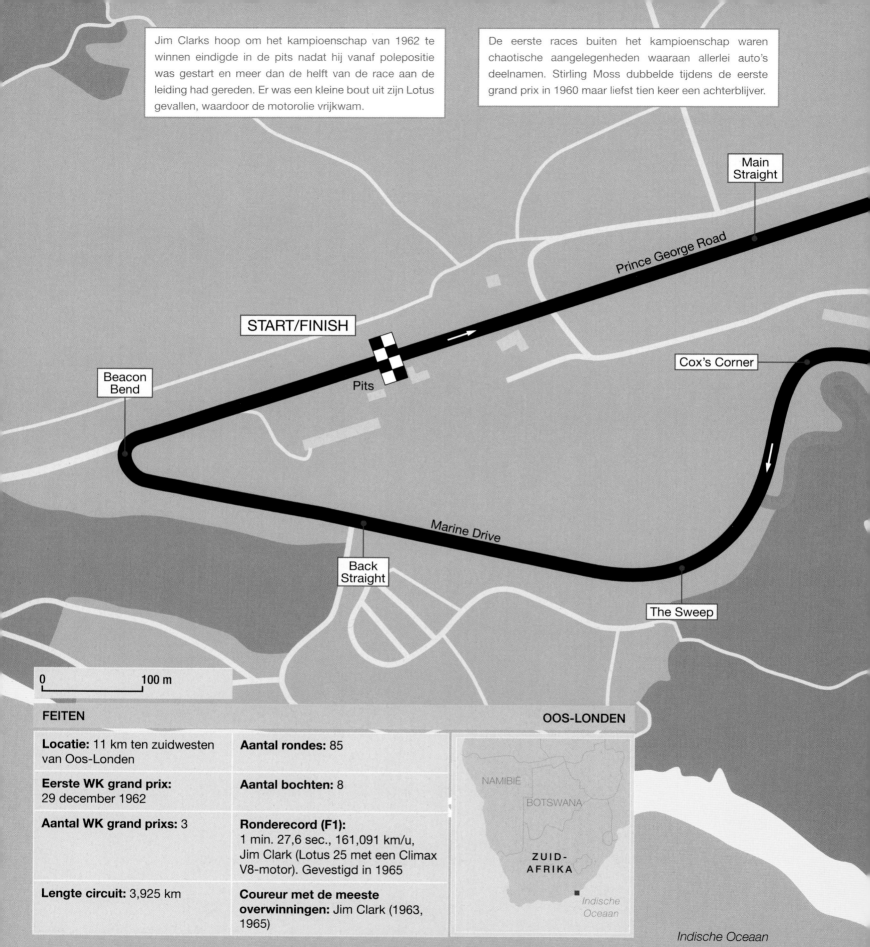

Jim Clarks hoop om het kampioenschap van 1962 te winnen eindigde in de pits nadat hij vanaf polepositie was gestart en meer dan de helft van de race aan de leiding had gereden. Er was een kleine bout uit zijn Lotus gevallen, waardoor de motorolie vrijkwam.

De eerste races buiten het kampioenschap waren chaotische aangelegenheden waaraan allerlei auto's deelnamen. Stirling Moss dubbelde tijdens de eerste grand prix in 1960 maar liefst tien keer een achterblijver.

Main Straight

Prince George Road

START/FINISH

Cox's Corner

Beacon Bend

Pits

Marine Drive

Back Straight

The Sweep

0   100 m

FEITEN

OOS-LONDEN

Locatie: 11 km ten zuidwesten van Oos-Londen

Aantal rondes: 85

Eerste WK grand prix: 29 december 1962

Aantal bochten: 8

Aantal WK grand prixs: 3

Ronderecord (F1): 1 min. 27,6 sec., 161,091 km/u, Jim Clark (Lotus 25 met een Climax V8-motor). Gevestigd in 1965

Lengte circuit: 3,925 km

Coureur met de meeste overwinningen: Jim Clark (1963, 1965)

NAMIBIË

BOTSWANA

ZUID-AFRIKA

Indische Oceaan

Indische Oceaan

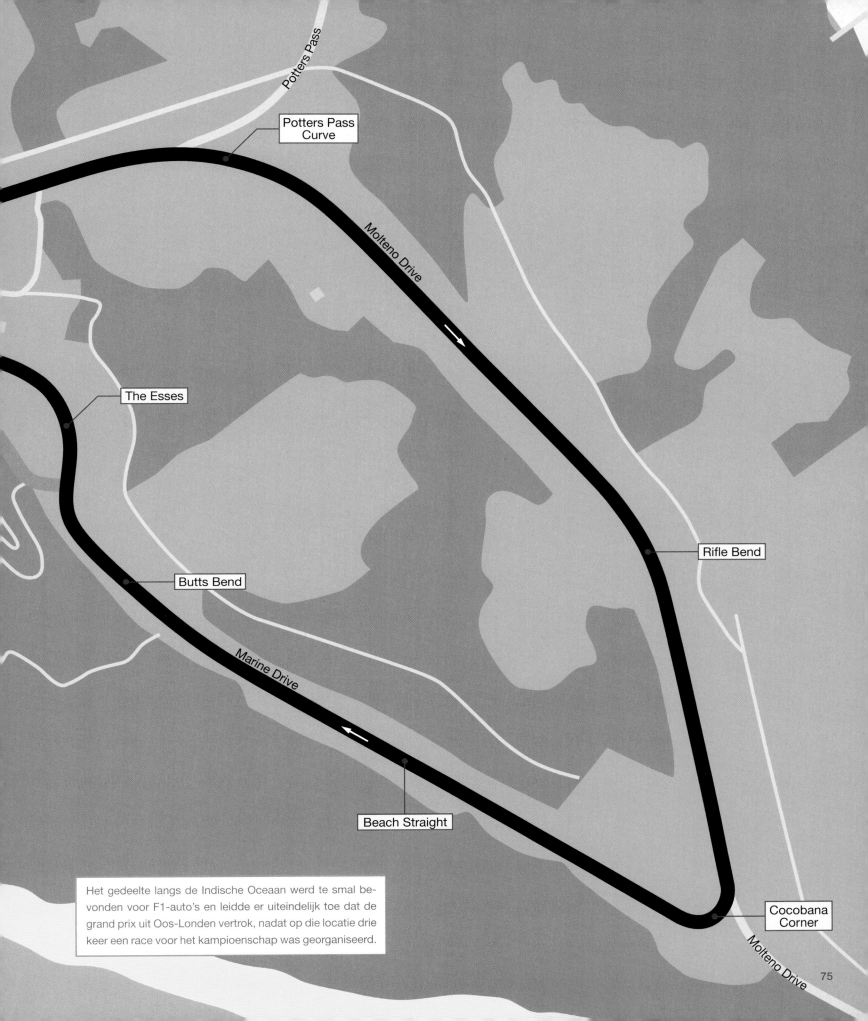

Potters Pass

Potters Pass
Curve

Molteno Drive

The Esses

Butts Bend

Rifle Bend

Marine Drive

Beach Straight

Cocobana
Corner

Molteno Drive

Het gedeelte langs de Indische Oceaan werd te smal bevonden voor F1-auto's en leidde er uiteindelijk toe dat de grand prix uit Oos-Londen vertrok, nadat op die locatie drie keer een race voor het kampioenschap was georganiseerd.

Mexico City 1963

Autódromo Hermanos Rodriguez

 MEXICO

Dit was een uitdagende baan in een park niet ver van het centrum van Mexico City. Ze was kleurrijk en controversieel vanaf de eerste grand prix in 1963 tot de laatste van dat tijdperk in 1970. Het circuit werd nieuw leven ingeblazen met een kortere versie tussen 1986 en 1992. Het keerde in 2015 terug met meer herzieningen.

Mexico heeft nooit een tekort gehad aan controverse en drama als het gaat om autosport. De Carrera Panamericana-wegraces in het begin van de jaren 1950 liepen van stad naar stad en van potentiële crisis naar potentiële crisis. De Mexicaanse regering steunde de autosport niet tot het begin van de jaren 1960, toen de nieuwe president, Adolfo Lopez Mateos, een liefhebber bleek te zijn. Het duurde niet lang voor er toestemming werd gegeven voor de aanleg van een circuit op wegen binnen Magdalena Mixhuca, een stadspark in de buitenwijken van Mexico City.

Het racen begon in januari 1961, maar de uitbreiding naar een internationale status kende in november 1962 een verschrikkelijke start tijdens de eerste oefendag voor een grand prix buiten het kampioenschap. Het circuit kreeg gemengde reacties van de F1-teams. De baan was vlak met een lang recht stuk en een interessante reeks bochten die in snelheid toenamen, maar het belangrijkste punt van kritiek was een bocht van 180 graden met een helling die naar het rechte stuk van de pits leidde. De coureurs vonden de hobbelige helling, bekend als Peraltada, te gevaarlijk. Hun vrees werd bewaarheid in de meest tragische omstandigheden.

Toen Ricardo Rodriguez, de jongste van twee getalenteerde Mexicaanse broers, Peraltada voluit probeerde te nemen, verloor hij de controle en raakte de vangrail op de top. De twintigjarige werd uit de Lotus geslingerd en overleed aan zijn verwondingen.

De start van de race drie dagen later was chaotisch omdat niet minder dan drie officials, die niet met elkaar communiceerden, de taak op zich namen om alles in beweging te krijgen terwijl er een auto in brand stond. Jim Clark, die was stilgevallen, kreeg een zwarte vlag omdat hij de auto duwde om opnieuw te kunnen starten. De Schot nam de Lotus over van zijn teamgenoot Trevor Taylor en heroverde de leiding.

Clark zou onder minder controversiële omstandigheden winnen toen de race in 1963 een race van het kampioenschap werd. De

Grand Prix van Mexico werd al snel een welkom onderdeel van de kalender. De organisatoren herbouwden Peraltada, waardoor die gladder en sneller werd, en voegden permanente pitsgebouwen aan de autodroom toe, die nu vernoemd was naar Ricardo Rodriguez om hem te herdenken.

Ricardo's oudere broer, Pedro, begon naam te maken. Hij werd zevende in zijn thuisrace in 1964 (toen John Surtees het kampioenschap won voor Ferrari) en vierde in 1968, een ander jaar waarin Mexico de titel beslechtte, deze keer ten gunste van Graham Hill en Lotus. Tegen die tijd was de Mexicaanse organisatie laks geworden en het circuit zelf in verval geraakt. Het einde zou komen tijdens een rampzalig weekend in oktober 1970.

Gehypnotiseerd door de overwinning van Rodriguez in de Grand Prix van België drong een massaal toegestroomde menigte voorbij de flinterdunne omheining tot op de rand van de baan. Ondanks smeekbeden van hun held en van Jackie Stewart bleven de toeschouwers staan, waardoor de organisatoren voor de keuze stonden om door te gaan of een rel tegemoet te zien. Ze kozen voor het eerste. Wonder boven wonder kwam er geen mens om het leven; het enige dodelijke slachtoffer was een grote hond die fataal was geraakt door Stewarts Tyrrell. Er was geen sprake van dat de grand prix in 1971 zou terugkeren.

Toen een consortium van zakenmensen in 1986 10 miljoen dollar investeerde, werd de eerste van zeven grand prixs verreden op het verbeterde Autodromo Hermanos Rodrigues (hernoemd nadat Pedro in 1971 in Duitsland was omgekomen). Uiteindelijk werd de race door problemen met vervuiling en de economie nog eens van de F1-kalender gehaald. Het racen ging door op een circuit met zware revisies, waaronder het doormidden snijden van Peraltada. Verdere belangrijke ingrepen en verbouwingen werden goed genoeg bevonden om de Grand Prix van Mexico een zeer populaire terugkeer te laten maken in 2015.

Mexico werd altijd gezien als een kleurrijke toevoeging aan de F1-kalender. Max Verstappen stevent in 2021 in zijn Red Bull op de overwinning af.

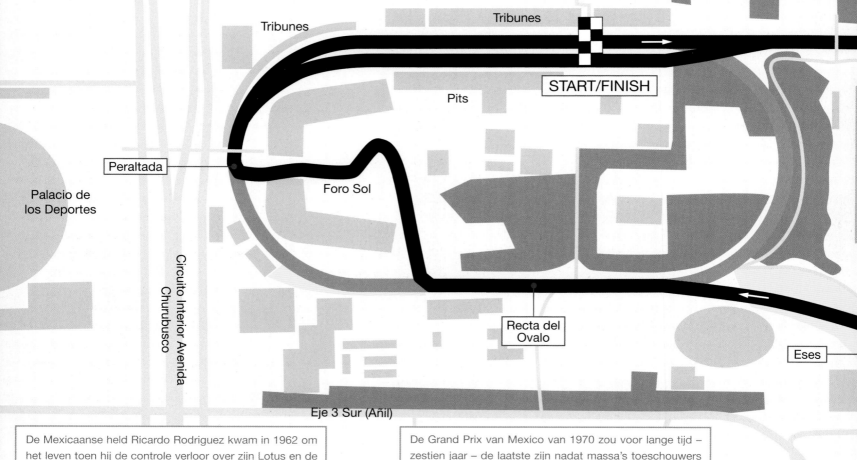

Tribunes

Tribunes

START/FINISH

Pits

Peraltada

Foro Sol

Palacio de
los Deportes

Circuito Interior Avenida
Churubusco

Recta del
Ovalo

Eses

Eje 3 Sur (Añil)

De Mexicaanse held Ricardo Rodriguez kwam in 1962 om
het leven toen hij de controle verloor over zijn Lotus en de
vangrail raakte boven op de helling van Peraltada tijdens
de training voor de grand prix buiten het kampioenschap.

De Grand Prix van Mexico van 1970 zou voor lange tijd –
zestien jaar – de laatste zijn nadat massa's toeschouwers
de dringende verzoeken om hun veiligheid in acht te nemen
negeerden en aan de rand van het circuit gingen zitten.

Avena

Resina

Azafrán

Azafrán

Centro

FEITEN

MEXICO CITY

Locatie: 13 km ten oosten van
het centrum van Mexico City

Aantal rondes: 71

Eerste WK grand prix:
3 november 1963

Aantal bochten: 17

Aantal WK grand prixs: 23

Ronderecord (F1):
1 min. 17,774 sec., 199,223 km/u,
Valtteri Bottas (Mercedes W12).
Gevestigd in 2021

Lengte circuit: 4,304 km

**Coureur met de meeste
overwinningen:** Max Verstappen
(2017, 2018, 2021, 2022, 2023)

VERENIGDE STATEN
VAN AMERIKA

MEXICO

Golf van
Mexico

CUBA

Caraïbische
Zee

Stille
Oceaan

COLOMBIA

Cafetal

Canela

0   100 m

Eje 4 Sur Avenida Té

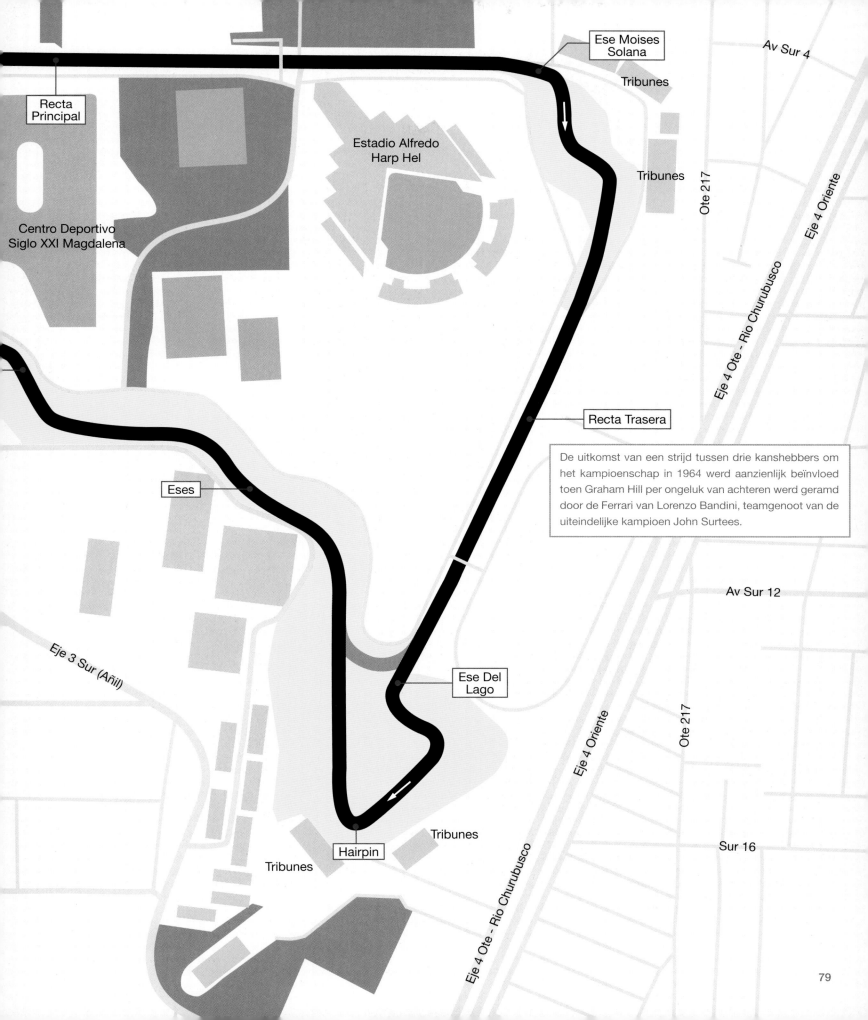

Recta
Principal

Ese Moises
Solana

Av Sur 4

Tribunes

Estadio Alfredo
Harp Hel

Tribunes

Ote 217

Eje 4 Oriente

Centro Deportivo
Siglo XXI Magdalena

Eje 4 Ote - Rio Churubusco

Recta Trasera

De uitkomst van een strijd tussen drie kanshebbers om
het kampioenschap in 1964 werd aanzienlijk beïnvloed
toen Graham Hill per ongeluk van achteren werd geramd
door de Ferrari van Lorenzo Bandini, teamgenoot van de
uiteindelijke kampioen John Surtees.

Eses

Av Sur 12

Eje 3 Sur (Añil)

Ese Del
Lago

Eje 4 Oriente

Ote 217

Tribunes

Sur 16

Hairpin

Tribunes

Tribunes

Eje 4 Ote - Rio Churubusco

Brands Hatch 1964

Brands Hatch Grand Prix Circuit

 GROOT-BRITTANNIË

Een klassiek circuit in een glooiende omgeving bij de A20, ten zuiden van Londen. Het was oorspronkelijk in de jaren 1950 gebouwd voor motorracers. De baan werd geleidelijk uitgebreid tot ze geschikt was voor de Grand Prix van Groot-Brittannië van 1964. Daarna werd ze om de twee jaar gebruikt, tot 1986.

Omdat Silverstone als de enige locatie voor de Grand Prix van Groot-Brittannië erkend was, werd Brands Hatch gezien als een welkom en verrassend alternatief. Het circuit werd aangelegd aan het eind van de jaren 1940 als grasbaan, en de motorcoureurs gebruikten een natuurlijke kom net naast de A20 van Londen naar Maidstone in Kent. Dit trok de aandacht van de 500 Club, zo genoemd vanwege de ranke kleine auto's aangedreven door motorfietsmotoren van 500 cc. Er werd een bedrag van 17.000 pond geïnvesteerd om omringende bomen te kappen en asfalt te leggen over de lengte van anderhalve kilometer. De eerste autorace, tegen de wijzers van de klok in, werd gehouden op zondag 16 april 1950.

Vier jaar later voegde een uitbreiding op de heuvel naar Druids Bend 0,39 km toe aan een circuit dat nu in de richting van de wijzers van de klok werd gebruikt. Maar het was pas in 1960 dat een serieuzere en langere uitbreiding de deelnemers wegvoerde van het origineel bij Kidney Bend. De route ging het bos in, liep door de bochten van Hawthorn en Westfield, dook naar beneden bij Dingle Dell, steeg snel om Dingle Dell Corner te kruisen, bijna onmiddellijk gevolgd door Stirling's Bend. Daarna sloot de nieuwe lus bij Clearways weer aan op de oude baan. Met 4,26 km was Brands Hatch nu bijna klaar voor grand-prixraces.

In april 1961 kondigde Grovewood Securities aan een meerderheidsbelang te hebben in Brands Hatch Circuit Limited en investeerde het bedrijf in restaurants, bars, hoofdtribunes en toiletgebouwen. Alle zitplaatsen voor de Grand Prix van Groot-Brittannië van 1964 waren binnen zeven weken verkocht. Een extra impuls kwam na de toekenning van de *Grand Prix d'Europe*, een eretitel van de FIA, het bestuursorgaan van de autosport.

Jim Clark won een race die de norm zou worden wat betreft de organisatie en voorafgaande parades en entertainment. Daar zou Brands Hatch terecht beroemd om worden, dankzij de tomeloze energie van circuitdirecteur John Webb. Het racen zelf zou ook goed zijn: in de grand prix van 1970 won Jochen Rindt van Jack Brabham toen Brabham in de laatste ronde zonder brandstof kwam te zitten. Hoewel iemand binnen het Brabham-team in de fout was gegaan, waren het bij de twee daaropvolgende gelegenheden de organisatoren die het moesten ontgelden.

Met nog één ronde te gaan in 1974 stopte Niki Lauda zijn aan de leiding rijdende Ferrari in de pits om een lekke band te vervangen, maar de uitgang van de pits werd geblokkeerd door meelopers en een dienstwagen. Twee jaar later zouden er kort na de start problemen uitbreken. Een botsing had ervoor gezorgd dat de race werd stilgelegd. James Hunt, de lieveling van het publiek, was verstrikt geraakt in de chaos. Toen bekend werd dat de Brit niet zou mogen herstarten in de reserve-McLaren, lieten 70.000 fans, badend in de hitte van een tropische zomer, van zich horen door bierblikjes op de baan te kletteren terwijl ze luidruchtig hun afkeuring lieten blijken. Uiteindelijk kon Hunt starten in zijn herstelde auto. Toen hij bij het ingaan van Druids de leiding overnam van aartsrivaal Lauda, was de wedstrijd voorbij. (Later zou er in de rechtbank een diskwalificatie volgen.)

Zo'n emotionele overwinning werd geëvenaard in 1985 toen de scherpzinnige Webb, die vermoedde dat er een annulering op de kalender kon komen, een aanvraag indiende om een grand prix te mogen organiseren in een jaar waarin Brands Hatch afwisselde met Silverstone (zoals het geval was sinds 1964). Webb kreeg de Grand Prix van Europa in oktober en Nigel Mansell maakte de dag voor zichzelf goed door zijn eerste grand prix in uitstekende stijl te winnen. Mansell en Williams zouden de Grand Prix van Groot-Brittannië in juli van het daaropvolgende jaar opnieuw winnen, maar het zou helaas de laatste keer op dit circuit worden. Silverstone had namelijk een langetermijncontract afgesloten.

Brands Hatch blijft een centrum van de Britse autosport. Goed georganiseerde evenementen bieden coureurs de rijke ervaring van racen op de voormalige grand-prixbaan en het korte maar drukke Indy-circuit.

Boven: Jochen Rindt deelt met zijn vrouw Nina een van de honderd flessen champagne voor de snelste ronde op de eerste trainingsdag in 1970. De Lotus-coureur zou worden onthaald met traditioneel getoeter vanaf de South Bank-parkeerplaats, te zien op de achtergrond, toen hij twee dagen later de Grand Prix van Groot-Brittannië won. Het gebied zou uiteindelijk autovrij worden.

Onder: Officials en medische teams begeleiden Jacques Laffite nadat een meervoudige botsing vlak na de start in 1986 de Ligier van de Fransman in de vangrail had geduwd bij de nadering van Paddock Hill Bend. Dit zou de laatste Grand Prix van Groot-Brittannië op Brands Hatch worden.

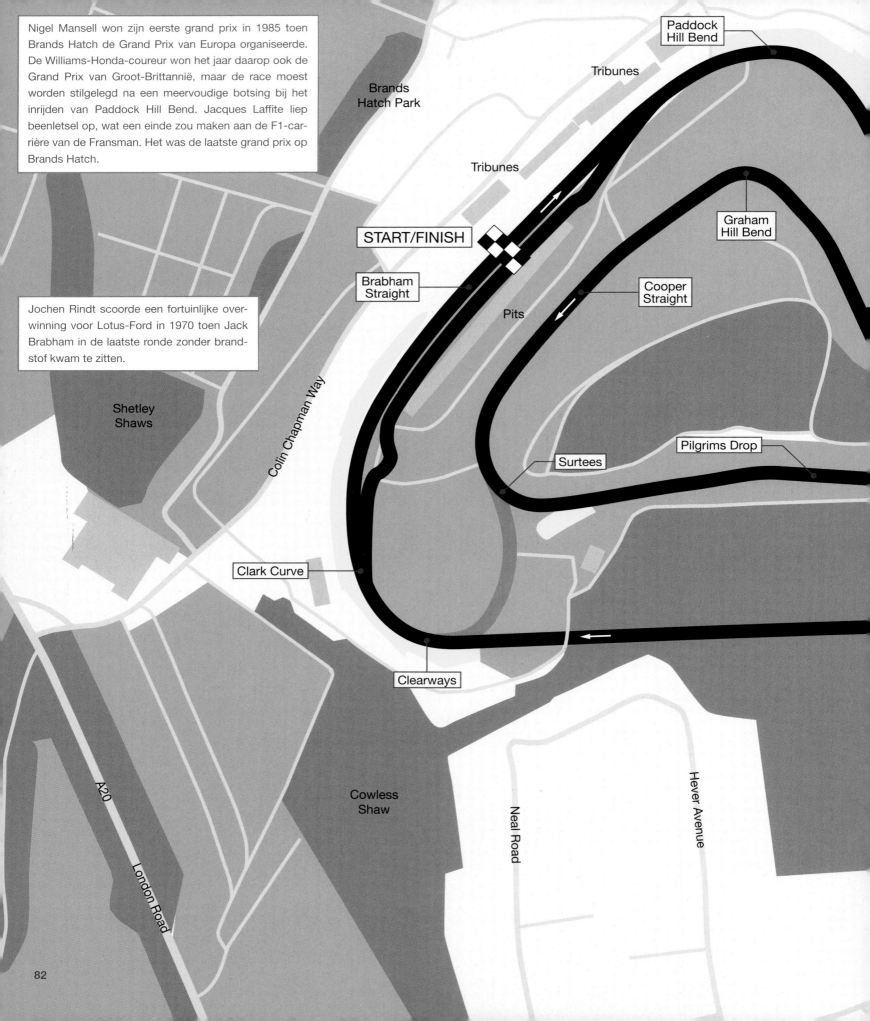

Nigel Mansell won zijn eerste grand prix in 1985 toen Brands Hatch de Grand Prix van Europa organiseerde. De Williams-Honda-coureur won het jaar daarop ook de Grand Prix van Groot-Brittannië, maar de race moest worden stilgelegd na een meervoudige botsing bij het inrijden van Paddock Hill Bend. Jacques Laffite liep beenletsel op, wat een einde zou maken aan de F1-carrière van de Fransman. Het was de laatste grand prix op Brands Hatch.

Jochen Rindt scoorde een fortuinlijke overwinning voor Lotus-Ford in 1970 toen Jack Brabham in de laatste ronde zonder brandstof kwam te zitten.

Paddock Hill Bend

Tribunes

Brands Hatch Park

Tribunes

Graham Hill Bend

START/FINISH

Brabham Straight

Cooper Straight

Pits

Shetley Shaws

Pilgrims Drop

Surtees

Colin Chapman Way

Clark Curve

Clearways

Cowless Shaw

A20

Neal Road

Hever Avenue

London Road

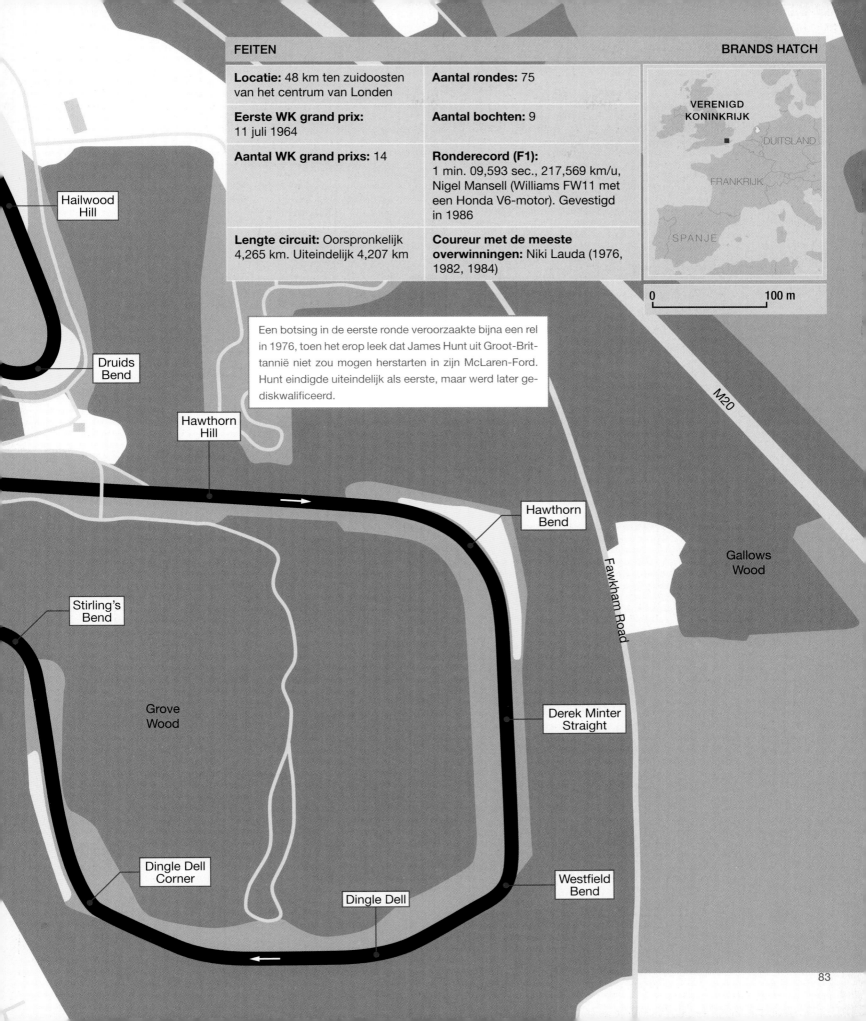

Locatie: 48 km ten zuidoosten van het centrum van Londen	**Aantal rondes:** 75
Eerste WK grand prix: 11 juli 1964	**Aantal bochten:** 9
Aantal WK grand prixs: 14	**Ronderecord (F1):** 1 min. 09,593 sec., 217,569 km/u, Nigel Mansell (Williams FW11 met een Honda V6-motor). Gevestigd in 1986
Lengte circuit: Oorspronkelijk 4,265 km. Uiteindelijk 4,207 km	**Coureur met de meeste overwinningen:** Niki Lauda (1976, 1982, 1984)

VERENIGD KONINKRIJK

DUITSLAND

FRANKRIJK

SPANJE

0   100 m

Een botsing in de eerste ronde veroorzaakte bijna een rel in 1976, toen het erop leek dat James Hunt uit Groot-Brittannië niet zou mogen herstarten in zijn McLaren-Ford. Hunt eindigde uiteindelijk als eerste, maar werd later gediskwalificeerd.

Hailwood Hill

Druids Bend

Hawthorn Hill

Hawthorn Bend

M20

Gallows Wood

Fawkham Road

Stirling's Bend

Grove Wood

Derek Minter Straight

Dingle Dell Corner

Dingle Dell

Westfield Bend

Clermont-Ferrand 1965

Charade Circuit

 FRANKRIJK

Dit was een prachtig wegcircuit rond uitgedoofde vulkanische bergen boven Clermont-Ferrand. Het telde 8 km aan bochten, stijgingen en dalingen. Het circuit werd beschreven als een mini-Nürburgring toen het in 1965 voor het eerst werd gebruikt voor de Grand Prix van Frankrijk. Het werd te gevaarlijk bevonden na de vierde grand prix in 1972.

De Automobile Club d'Auvergne plande dit circuit met behulp van iets meer dan 1,5 km speciaal hiervoor aangelegde baan om bijna 6,5 km aan openbare wegen te verbinden die rond de Puy de Charade (waar het circuit zijn naam aan ontleende) en de Puy de Gravenoire klimmen. De twee al lang uitgedoofde vulkanische bergen vormden de pittoreske achtergrond voor een circuit met één kort recht stuk en meer dan vijftig gevarieerde bochten. Het werd omschreven als een kleinere versie van de Nürburgring Nordschleife, maar dan beter.

Bij het verlaten van een kort recht stuk aan de pits leidde een bocht naar links met gemiddelde snelheid naar een klimmend recht stuk van 1,2 km dat overging in een bocht naar rechts en verder naar het hoogste punt in de buurt van het dorp Charade leidde. Een kronkelige afdaling ging door bochten met aan één kant ofwel een rotswand ofwel een steile helling naar beneden. Na de Puy de Gravenoire te hebben afgerond bereikte de terugweg uiteindelijk de haarspeldbocht van Petit Pont. De laatste korte klim over een berm lag in het zicht van de hoofdtribune een eind verderop op het rechte stuk aan de pits. De laatste bocht, een nauwe bocht naar rechts, werd vernoemd naar Louis Rosier, een inwoner van het nabijgelegen Clermont-Ferrand en een energieke sponsor en supporter van het circuit.

Het was een circuit met allesbehalve degelijke faciliteiten. De pits lagen opeengepakt aan de zijkant van een heuvel en werden zelfs in de jaren 1960 als bedroevend ontoereikend beschouwd. De eerste races op 27 juli 1958 waren voor GT- en F2-auto's. De zestigste verjaardag van de laatste van de befaamde Gordon Bennett Cup-races (opgericht ten voordele van een prille, wereldwijde auto-industrie en in 1905 verreden in de Auvergne) werd gezien als een goed excuus om de Grand Prix van Frankrijk te verplaatsen van Rouen en Reims naar Clermont-Ferrand en het Charade-circuit, of Circuit de Montagne d'Auvergne, de volledige naam.

De ironie wilde dat er voor de Grand Prix van Frankrijk van 1965 voor het eerst in decennia geen enkele Fransman was ingeschreven die in eigen land zou racen. Niet dat iemand dat leek te merken, want het kampioenschap was in volle gang toen deze vierde race werd gereden op 27 juni. Jim Clark, die twee van de drie voorgaande races had gewonnen, pakte de polepositie. Zijn Lotus had aan het eind van de 8,055 km lange ronde slechts een halve seconde voorsprong op de BRM van Jackie Stewart.

Clark zette meteen een nieuw ronderecord neer – waarmee hij het eerder door hem gevestigde ronderecord verbrak! – terwijl hij een voorsprong behaalde die hij nooit meer kwijt zou raken. Met Stewart op een halve minuut achterstand van zijn landgenoot was de race geen concurrent voor de prachtige omgeving. De grand prix zou pas terugkeren in 1969, toen Stewart het weekend zou domineren in zijn Matra-Ford.

Aangezien dit een circuit voor coureurs van de hoogste kwaliteit was, is het passend dat de lijst met winnaars alleen uit Clark, Stewart en Jochen Rindt bestaat. Hoewel de coureurs genoten van het bochtige, glooiende karakter van het circuit (ondanks dat Rindt in 1969 misselijkheid moest overwinnen), was een veelgehoorde klacht de aanwezigheid van scherpe vulkaanstenen langs de rand. Een van deze stenen deed Chris Amon de das om toen die zorgde voor een lekke band en de Matra-coureur in 1972 een zekere en welverdiende overwinning ontnam.

Tegen die tijd waren er serieuzere zorgen over de toekomst van de race, omdat de oprichting van het Charade-circuit samenviel met een nieuw veiligheidsbewustzijn. Omdat het onmogelijk was om de vereiste normen in te passen in de natuurlijke omgeving, zou de grand prix van 1972 de laatste worden.

Het circuit zou in zijn oorspronkelijke vorm blijven bestaan totdat het in 1988 te gevaarlijk werd bevonden. Op een ingekorte versie van 3,9 km worden nu nationale evenementen gehouden.

Boven: Jackie Stewart oogst in 1969 applaus als hij over de streep komt in de winnende Matra-Ford.

Onder: Door het landelijke karakter van de paddock moesten de monteurs hun materiaal via steile trappen naar de pits dragen.

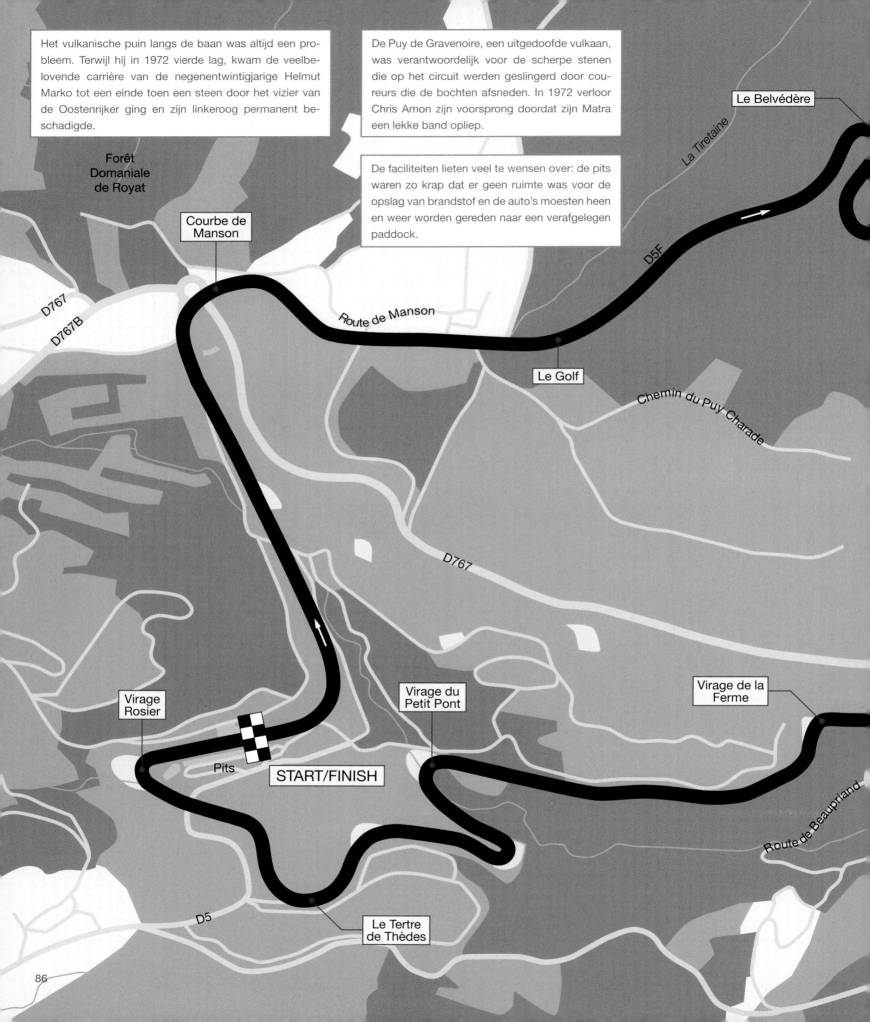

Het vulkanische puin langs de baan was altijd een probleem. Terwijl hij in 1972 vierde lag, kwam de veelbelovende carrière van de negenentwintigjarige Helmut Marko tot een einde toen een steen door het vizier van de Oostenrijker ging en zijn linkeroog permanent beschadigde.

De Puy de Gravenoire, een uitgedoofde vulkaan, was verantwoordelijk voor de scherpe stenen die op het circuit werden geslingerd door coureurs die de bochten afsneden. In 1972 verloor Chris Amon zijn voorsprong doordat zijn Matra een lekke band opliep.

De faciliteiten lieten veel te wensen over: de pits waren zo krap dat er geen ruimte was voor de opslag van brandstof en de auto's moesten heen en weer worden gereden naar een verafgelegen paddock.

Le Belvédère

La Tiretaine

Forêt
Domaniale
de Royat

Courbe de
Manson

D5F

Route de Manson

Le Golf

D767

D767B

Chemin du Puy Charade

D767

Virage de la
Ferme

Virage Rosier

Virage du
Petit Pont

START/FINISH

Pits

Route de Beaupriand

D5

Le Tertre
de Thèdes

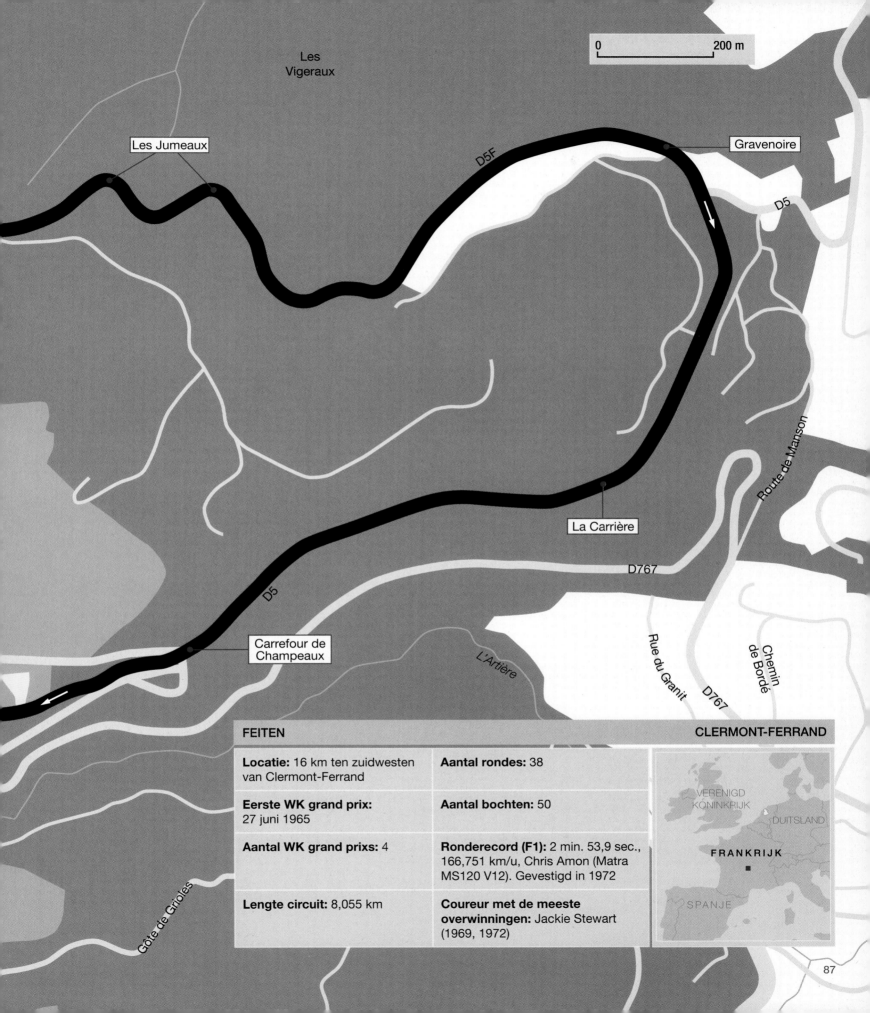

Les
Vigeraux

Les Jumeaux

Gravenoire

D5F

D5

La Carrière

Route de Manson

D767

Carrefour de
Champeaux

D5

L'Artière

Rue du Granit

D767

Chemin
de Bordé

Côte de Grioles

0   200 m

FEITEN

CLERMONT-FERRAND

Locatie: 16 km ten zuidwesten van Clermont-Ferrand	**Aantal rondes:** 38
Eerste WK grand prix: 27 juni 1965	**Aantal bochten:** 50
Aantal WK grand prixs: 4	**Ronderecord (F1):** 2 min. 53,9 sec., 166,751 km/u, Chris Amon (Matra MS120 V12). Gevestigd in 1972
Lengte circuit: 8,055 km	**Coureur met de meeste overwinningen:** Jackie Stewart (1969, 1972)

VERENIGD
KONINKRIJK

DUITSLAND

FRANKRIJK

SPANJE

Kyalami 1967

Kyalami Grand Prix Circuit

 ZUID-AFRIKA

In zijn oorspronkelijke vorm was dit circuit van 1967 tot 1985 de thuisbasis van de Grand Prix van Zuid-Afrika. Een herziene lay-out werd gebruikt in 1992 en 1993. Het bevond zich ten noorden van Johannesburg. Het circuit was populair voor wintertests en geliefd ondanks twee tragedies. De laatste jaren werd het getroffen door financiële problemen.

Gezien de populariteit van grand-prixraces in Oos-Londen werkte de burgemeester van Johannesburg samen met de South African Motor Racing Club om een geschikte locatie te zoeken voor een nieuw circuit. Op 25,7 km ten noorden van de stad, op de weg naar Pretoria, vonden ze een ideale locatie voor een permanent circuit. Dat zou Kyalami gaan heten, naar het Zoeloese *kaya lami*, wat 'mijn thuis' betekent.

Op 9 december 1961 was de Rand Grand Prix de eerste grote kennismaking en Kyalami werd enthousiast ontvangen met een goede opkomst van Europese teams. Een lang, breed recht stuk liep geleidelijk bergafwaarts naar Crowthorne, een bocht naar rechts met een gemiddelde snelheid, die meteen wegviel naar een snelle bocht naar rechts bij Barbecue. Een geleidelijke klim door Jukskei Sweep leidde tot hard remmen voor een bocht naar rechts bij Sunset, kort daarna gevolgd door een krappe bocht naar links bij Clubhouse. Een kort, recht stuk leidde naar de Esses en een steile klim naar een stijgende bocht naar rechts bij Leeukop. Vanaf daar konden de coureurs voluit gaan door de Kink en vervolgens over een lichte kam voor de pits.

Kyalami was genomineerd voor de openingsrace van het F1-wereldkampioenschap van 1967 op 2 januari, en trok naar verluidt meer dan 100.000 toeschouwers (maar waarschijnlijk waren het er eerder 60.000). De organisatoren kwamen dicht bij een droomresultaat toen de Rhodesische coureur en lokale held John Love in de slotfase aan de leiding ging, tot zijn oudere en privé ingeschreven Cooper-Climax zonder brandstof kwam te zitten. Een onverwachte overwinning voor de zware en minder geliefde Cooper-Maserati van Pedro Rodriguez stelde de officials voor een probleem toen ze geen kopie van het Mexicaanse volkslied konden vinden. Een vertolking van 'South of the Border' leek voldoende.

De race werd uiteindelijk verplaatst naar maart, waardoor Kyalami en het aangename klimaat populair werden voor tests. Het was tijdens zo'n sessie in 1974 dat Peter Revson om het leven kwam toen de voorwielophanging van zijn Shadow-Ford brak bij het inrijden van Barbecue.

Drie jaar later zou er tijdens de grand prix iets nog veel ergers gebeuren. Tom Pryce reed met 274 km/u over de helling van het rechte stuk en trof daar een marshal aan die over de baan naar een brandende auto rende. Beiden waren op slag dood. De Welshman had een zware klap op zijn hoofd gekregen van de brandblusser van de marshal.

Gelukkig was er soms ook vrolijk nieuws. Zo kreeg Mike Hailwood de George Medal voor het redden van Clay Regazzoni uit het brandende wrak van zijn gecrashte BRM tijdens de grand prix van 1973. Twee jaar later waren de fans dolblij toen de Zuid-Afrikaanse Jody Scheckter won in een Tyrrell-Ford. In 1982 haalde Kyalami om andere redenen het nieuws toen de coureurs staakten en weigerden deel te nemen aan de eerste trainingsdag. In 1983, toen de datum werd verplaatst naar oktober, beslechtte de Zuid-Afrikaanse race het kampioenschap in het voordeel van de Brabham-BMW van Nelson Piquet.

Drie jaar later werd er helemaal niet geracet, omdat financiële problemen de verkoop van een deel van het land hadden afgedwongen. Hierdoor werd het circuit bijna doormidden gesneden. In 1992 en 1993 werd de grand prix verreden op een aangepast circuit, waarbij het onderste gedeelte door Sunset en Clubhouse werd gebruikt voordat het bij Leeukop in een nieuwe lus naar links afboog. De F1 keerde niet terug, omdat de laatste versie werd gezien als een schaduw van de vorige. De races en de veranderingen van eigenaar gingen door tot het circuit in 2014 werd verkocht.

De Ferrari van Patrick Tambay rijdt voor de Brabham-BMW van kampioen Nelson Piquet in 1983.

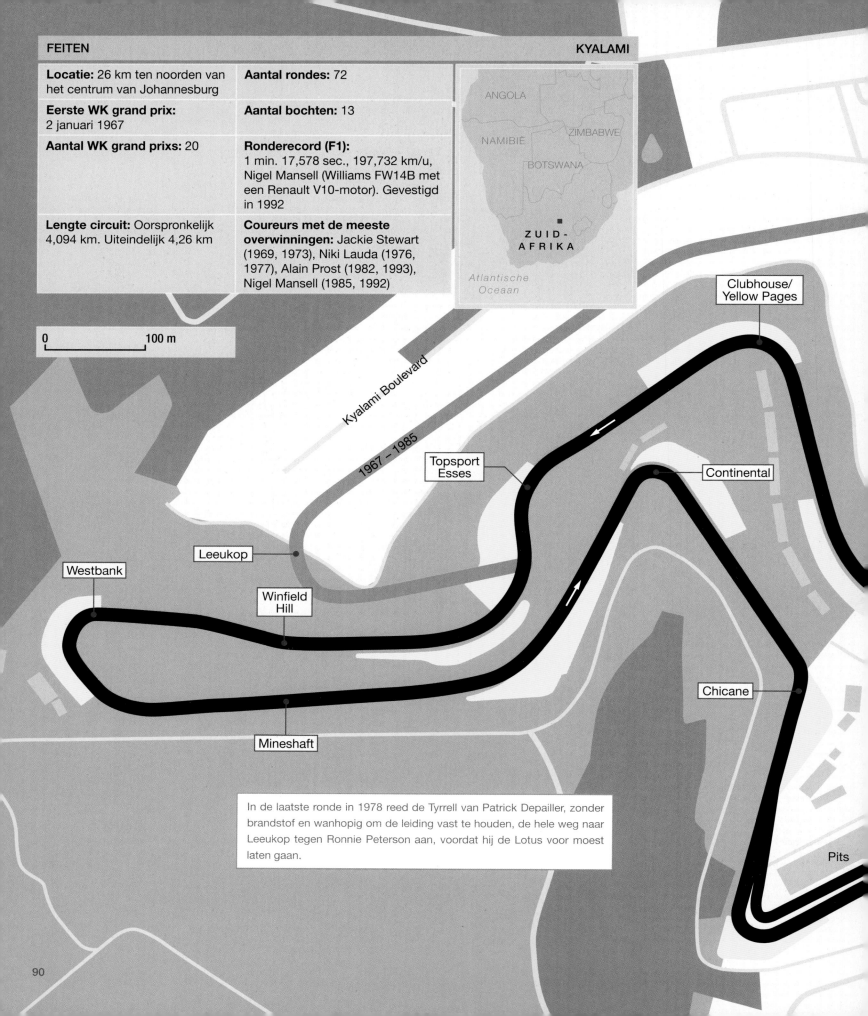

Locatie: 26 km ten noorden van het centrum van Johannesburg

Eerste WK grand prix:
2 januari 1967

Aantal WK grand prixs: 20

Lengte circuit: Oorspronkelijk 4,094 km. Uiteindelijk 4,26 km

Aantal rondes: 72

Aantal bochten: 13

Ronderecord (F1):
1 min. 17,578 sec., 197,732 km/u, Nigel Mansell (Williams FW14B met een Renault V10-motor). Gevestigd in 1992

Coureurs met de meeste overwinningen: Jackie Stewart (1969, 1973), Niki Lauda (1976, 1977), Alain Prost (1982, 1993), Nigel Mansell (1985, 1992)

ANGOLA

NAMIBIË

ZIMBABWE

BOTSWANA

ZUID-
AFRIKA

Atlantische
Oceaan

0   100 m

Kyalami Boulevard

1967 – 1985

Clubhouse/
Yellow Pages

Topsport
Esses

Continental

Leeukop

Westbank

Winfield
Hill

Chicane

Mineshaft

In de laatste ronde in 1978 reed de Tyrrell van Patrick Depailler, zonder brandstof en wanhopig om de leiding vast te houden, de hele weg naar Leeukop tegen Ronnie Peterson aan, voordat hij de Lotus voor moest laten gaan.

Pits

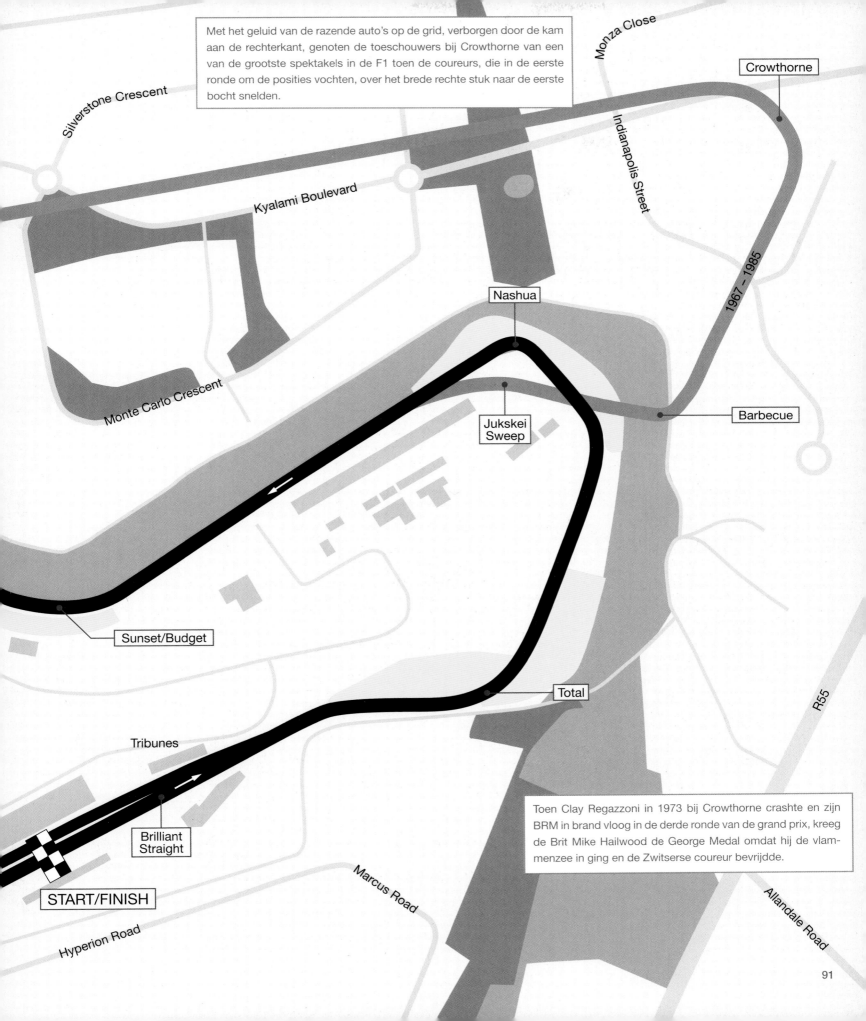

Met het geluid van de razende auto's op de grid, verborgen door de kam aan de rechterkant, genoten de toeschouwers bij Crowthorne van een van de grootste spektakels in de F1 toen de coureurs, die in de eerste ronde om de posities vochten, over het brede rechte stuk naar de eerste bocht snelden.

Silverstone Crescent

Monza Close

Crowthorne

Kyalami Boulevard

Indianapolis Street

1967 – 1985

Nashua

Monte Carlo Crescent

Jukskei Sweep

Barbecue

Sunset/Budget

Total

R55

Tribunes

Toen Clay Regazzoni in 1973 bij Crowthorne crashte en zijn BRM in brand vloog in de derde ronde van de grand prix, kreeg de Brit Mike Hailwood de George Medal omdat hij de vlammenzee in ging en de Zwitserse coureur bevrijdde.

Brilliant Straight

START/FINISH

Hyperion Road

Marcus Road

Allandale Road

Mosport 1967

Mosport Park

 CANADA

Dit is een uitdagend circuit van 4,02 km door het glooiende landschap 113 km ten oosten van Toronto. Tussen 1967 en 1977 werden hier acht Grand Prixs van Canada verreden, elk met zijn eigen bijzondere wendingen, waardoor het circuit nog populairder werd bij coureurs en Noord-Amerikaanse racefans.

Mosport, gelegen op iets meer dan 182 hectare glooiend terrein in de buurt van de stad Bowmanville en met ontwerpinput van Stirling Moss (naar wie Moss Corner is vernoemd), was van topkwaliteit toen het in 1961 werd gebruikt voor sportwagenraces. Het naderen van het honderdjarig bestaan van Canada in 1967 zette de Canadian Automobile Sports Club ertoe aan om met succes mee te dingen naar een race van het wereldkampioenschap op 27 augustus.

Naar schatting kwamen er 55.000 mensen kijken naar de allereerste Grand Prix van Canada. Die kwamen voornamelijk vanuit Toronto en de streek ten westen daarvan en van over de Canadees-Amerikaanse grens. De F1-teams volgden met een vrijwel volledige opkomst, ook al was de race onhandig gepland tussen de Grand Prix van Duitsland en die van Italië.

De reis werd beloond met een golvend parcours, dat begon met een snelle afdaling naar rechts. Een blinde en moeilijke bocht naar links werd snel gevolgd door een krappe bocht naar rechts. Dit leidde tot een trechter bergafwaarts naar links en eindigde met hard remmen bergopwaarts voor Moss Corner, een krapper wordende bocht naar rechts in twee delen, die bergafwaarts ging bij het uitrijden. Bij hard accelereren bergopwaarts reden de auto's haast gewichtloos over een kam en zwaaiden ze naar rechts en links voordat ze door een bocht naar rechts met gemiddelde snelheid naar het rechte stuk aan de pits gleden. Al met al ging het om een bruisende 3,957 kilometer in een zeer aantrekkelijke omgeving.

Dat kon niet worden gezegd van de racedag, toen aanhoudende regen een grote invloed zou hebben op de leidende Lotus van Jim Clark, die sputterend tot stilstand kwam met verzopen elektronica. Denny Hulme was eerder al de leiding kwijtgeraakt door een pitsstop voor een schone bril. Door de problemen van de Nieuw-Zeelander kon zijn baas en teamgenoot, Jack Brabham, in de leiderspositie glippen van een race die twee uur en veertig minuten zou duren.

Toen de grand prix in 1969 naar Mosport terugkeerde, finishten er opnieuw Brabham-auto's als eerste en tweede. De winnaar, Jacky Ickx, had zich een weg naar voren gebaand door per ongeluk een achterwiel van Jackie Stewarts Matra-Ford aan te tikken, en zo de woedende Schot een greppel in te sturen.

Stewart maakte zijn verlies goed door de volgende twee grand prixs op Mosport te winnen, allebei in de regen. De eerste, in 1971, werd vroegtijdig stopgezet door de mist. Bij de tweede, die een jaar later was, werd wel de volledige afstand gereden.

Hetzelfde was het geval met de Grand Prix van Canada van 1973, hoewel aan het einde van weer een race met regen niemand zeker wist wie er had gewonnen. Toen door een ongeval de baan gedeeltelijk versperd was geraakt, verscheen voor het eerst een safety car tijdens een grand prix. Dit werkte nog meer chaos in de hand, omdat de wagen voor de verkeerde raceauto bleef rijden. Intussen stuurde een reeks pitsstops de grafieken van de rondes totaal in de war. Na veel wikken en wegen werd Peter Revson in zijn McLaren tot winnaar verklaard.

Doordat de datum naar oktober was verplaatst, werd de Canadese race belangrijk voor het kampioenschap, zeker in 1976, toen James Hunt een van zijn beste prestaties ooit neerzette. Hij won en hield daardoor zijn hoop op de titel in leven. Een jaar later zou de McLaren-coureur centraal staan in een controversieel incident tijdens de laatste grand prix op Mosport. Terwijl hij streed om de leiding crashte Hunt. Later kreeg hij een boete omdat hij een marshal die hem te hulp was gekomen een pak rammel had gegeven. Toen de motor van de Lotus van Mario Andretti ontplofte en er olie op de baan lekte, begonnen verschillende auto's te tollen. Niet die van Jody Scheckter, die de leiding overnam in een Wolf met als eigenaar Walter Wolf, een Canadese oliebaron.

Dat zou het laatste vrolijke verhaal worden voor de F1 op Mosport, want de baan kon geen gelijke tred houden met de vereiste ontwikkelingen op veiligheidsvlak.

Boven: De McLaren-Chevrolet van Denny Hulme met nummer 5 heeft de leiding op Jackie Stewarts Lola-Chevrolet in de eerste bocht tijdens de eerste ronde van een CanAm-race in 1971.

Onder: Ogen opengesperd van verbazing na een onverwachte thuisoverwinning in 1977, toen Jody Scheckter een van de weinigen was die niet van een verraderlijke baan tolde. Hij reed in een Wolf-Ford die in het bezit was van de Canadese oliebaron Walter Wolf.

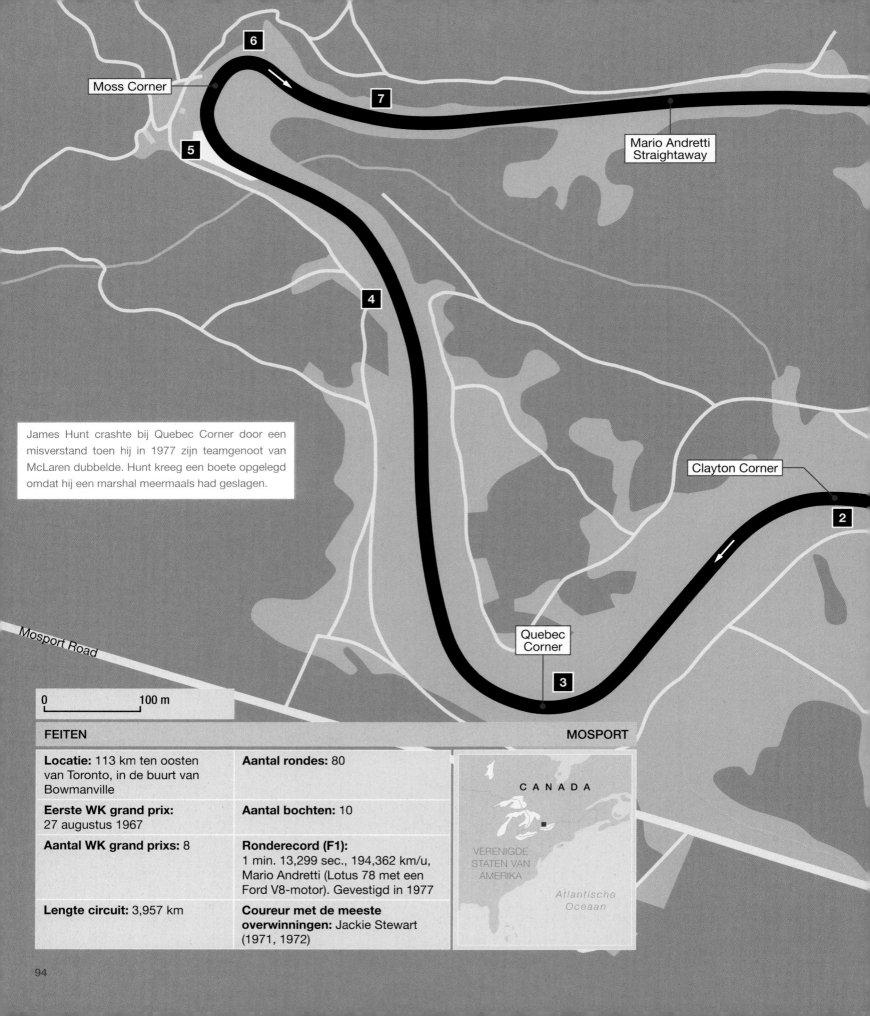

Moss Corner

6

7

Mario Andretti
Straightaway

5

4

James Hunt crashte bij Quebec Corner door een
misverstand toen hij in 1977 zijn teamgenoot van
McLaren dubbelde. Hunt kreeg een boete opgelegd
omdat hij een marshal meermaals had geslagen.

Clayton Corner

2

Mosport Road

Quebec
Corner

3

0   100 m

MOSPORT

FEITEN

Locatie: 113 km ten oosten van Toronto, in de buurt van Bowmanville	**Aantal rondes:** 80
Eerste WK grand prix: 27 augustus 1967	**Aantal bochten:** 10
Aantal WK grand prixs: 8	**Ronderecord (F1):** 1 min. 13,299 sec., 194,362 km/u, Mario Andretti (Lotus 78 met een Ford V8-motor). Gevestigd in 1977
Lengte circuit: 3,957 km	**Coureur met de meeste overwinningen:** Jackie Stewart (1971, 1972)

C A N A D A

VERENIGDE
STATEN VAN
AMERIKA

*Atlantische
Oceaan*

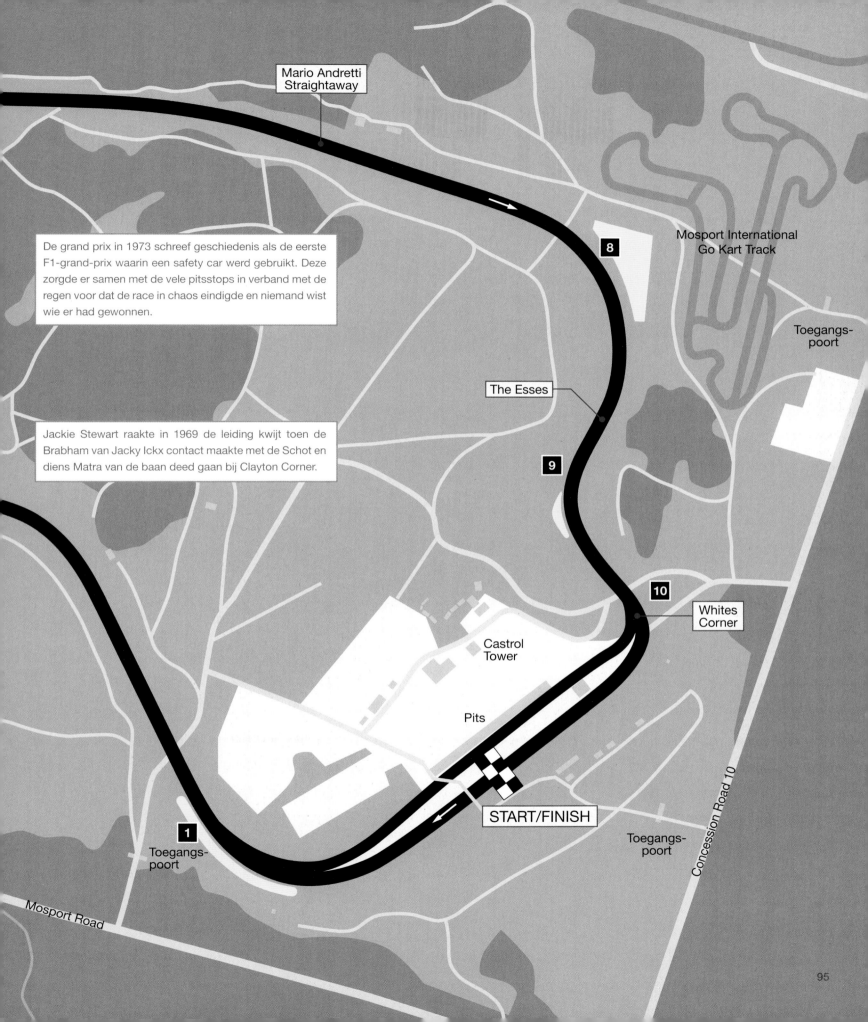

Mario Andretti
Straightaway

De grand prix in 1973 schreef geschiedenis als de eerste
F1-grand-prix waarin een safety car werd gebruikt. Deze
zorgde er samen met de vele pitsstops in verband met de
regen voor dat de race in chaos eindigde en niemand wist
wie er had gewonnen.

Jackie Stewart raakte in 1969 de leiding kwijt toen de
Brabham van Jacky Ickx contact maakte met de Schot en
diens Matra van de baan deed gaan bij Clayton Corner.

Mosport International
Go Kart Track

Toegangs-
poort

The Esses

8

9

10

Whites
Corner

Castrol
Tower

Pits

1

Toegangs-
poort

START/FINISH

Toegangs-
poort

Concession Road 10

Mosport Road

Jarama 1968

Circuito del Jarama

 SPANJE

Op dit circuit werden acht grand prixs voor wereldkampioenschappen gereden. De laatste vond plaats in 1981. Het circuit bestond uit een speciaal daarvoor gebouwde baan op dor grasland ten noorden van Madrid, die al bij zijn debuut in 1968 te krap en te bochtig werd bevonden. Het circuit werd het toneel van politiek drama in 1980 en een interessante race in 1981.

Op verzoek van de Real Automóvil Club de España (de koninklijke automobielclub) werd John Hugenholtz, de ontwerper van Zandvoort en Suzuka, gevraagd om een stoffig stuk land te onderzoeken dat grensde aan de hoofdweg tussen Madrid en Burgos. Oorspronkelijk was het plan om een sportcomplex te bouwen, met een permanente baan als middelpunt, binnen bereik van het hoofdkwartier van de club in Madrid.

De opzet werd al bijna vanaf de start gewijzigd, omdat het terrein dat voor het circuit bedoeld was minder groot was dan voorzien en het ontwerp in de war bracht. Het circuit van 3,404 km lang, dat bekendstond als Jarama (naar de nabijgelegen stad), werd al meteen beschouwd als te krap en te langzaam.

Door in 1967 een grand prix van de Formule 2 en een grand prix van de Formule 1 buiten het kampioenschap te organiseren (die allebei door Jim Clark werden gewonnen), lukte het de automobielclub om het daaropvolgende jaar een race van het kampioenschap te mogen organiseren. Dat schoot in het verkeerde keelgat bij de coureurs, die vroegen om extra omheiningen en andere wijzigingen in het belang van de veiligheid. Toen er twee plaatselijke coureurs aan de inschrijvingslijst werden toegevoegd, was er bijna sprake van een boycot. De race vond plaats op 12 mei, maar er kwamen maar weinig mensen opdagen om Graham Hill te zien winnen. Die overwinning was een echte opsteker voor Lotus, slechts een maand na de dood van Jim Clark.

De grand prix keerde terug in 1970. Jackie Stewart behaalde de overwinning met zijn March-Ford (ingeschreven door Tyrell Racing) in een race onder wisselende weersomstandigheden. Dit zou achteraf het minst gecompliceerde gedeelte van het weekend blijken. De organisatie was chaotisch door verwarring over nieuwe regels rond de kwalificatieprocedures. De stewards kwamen terug op een eerdere beslissing om iedereen, gekwalificeerd of niet, te laten rijden. De situatie liep uit de hand toen officials probeerden om auto's en coureurs van de grid te krijgen.

Het veld zou tijdens de eerste ronde nog meer inkrimpen. Door een remstoring van de BRM van Jackie Oliver botste de Engelsman tegen de zijkant van de Ferrari van Jacky Ickx toen die laatste na een haarspeldbocht optrok. Geen van beide coureurs was ernstig gewond, maar de twee auto's gingen verloren in een brand. Er finishten maar vijf auto's.

In 1972 was de organisatie lichtjes verbeterd toen Emerson Fittipaldi won voor Lotus. Twee jaar later behaalde Niki Lauda zijn eerste overwinning voor Ferrari. De grand prix wisselde om het jaar met Montjuïc in Barcelona. Toen het in 1976 Jarama's beurt was, eindigde een knappe strijd tussen Niki Lauda en James Hunt in een discussie nadat de McLaren-Ford van de Engelsman 1,8 cm te breed werd verklaard. Later werd de overwinning in een gerechtshof alsnog toegewezen aan James Hunt.

De overwinning voor Patrick Depailler en Ligier-Ford in 1979 was een eitje vergeleken met een weekend vol onrust in 1980. Jarama was onbedoeld verwikkeld geraakt in een oplopend geschil tussen de teams en het bestuursorgaan over de zeggenschap over de sport en zijn financiën. Alan Jones ging de geschiedenisboeken in als de winnaar van een grand prix die ongeldig werd verklaard en uit het kampioenschap werd gegooid.

Het daaropvolgende jaar vierde de sport opnieuw hoogtij toen Gilles Villeneuve een uitzonderlijke overwinning behaalde in een logge Ferrari-turbo. Die was met de beste wil van de wereld niet de meest concurrerende auto in het veld. Gedurende 67 van de 80 rondes van de race weerstond de Frans-Canadees de aanvallen van een gefrustreerde menigte achtervolgers. De eerste vijf gefinishten lagen allemaal maximaal 1,24 seconden achter op hem.

Deze race toonde Villeneuves autobeheersing en doorzettingsvermogen aan, maar onderstreepte ook dat Jarama te krap was voor een waardige grand prix. Bovendien was de baan verwaarloosd, dus niemand binnen de F1-wereld was er rouwig om toen de Grand Prix van Spanje voorgoed naar een andere plek trok.

Het circuit Jarama, modern maar inspiratieloos, maakte zijn kampioenschapsdebuut in 1968. De Honda van John Surtees reed aan de leiding voor de McLaren-Ford van Bruce McLaren en voor Graham Hill in de winnende Lotus-Ford.

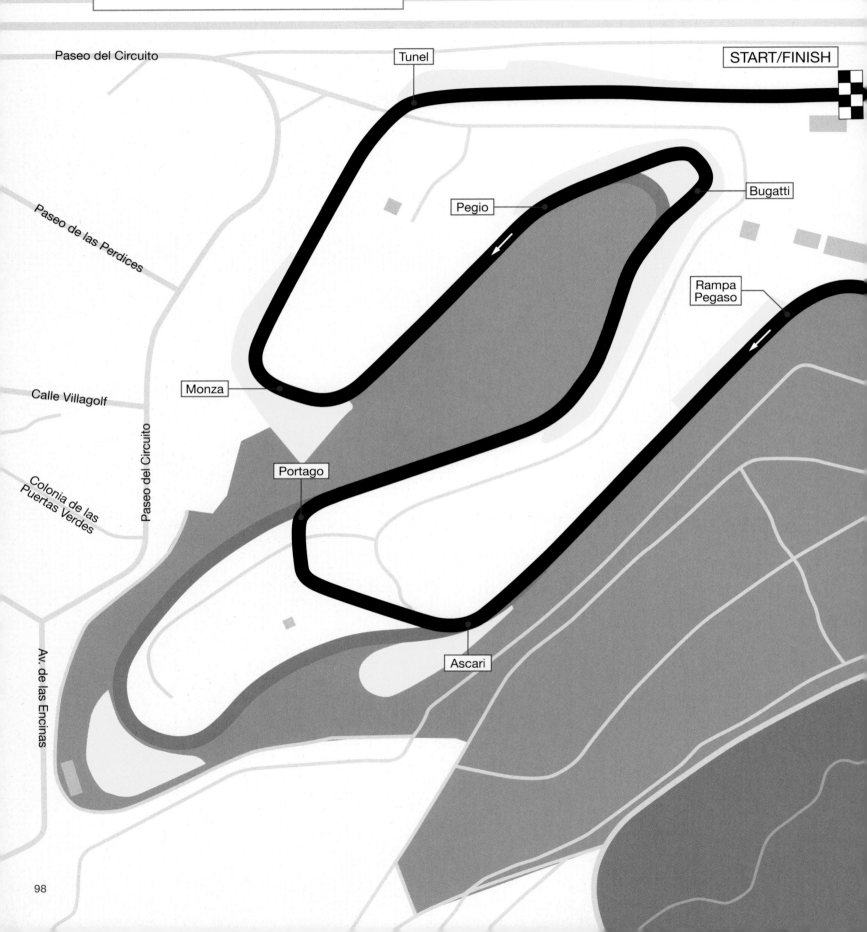

Gilles Villeneuve benutte het nauwe parcours van het circuit om 67 rondes lang vier auto's achter zich te houden toen hij in 1981 won in zijn schijnbaar kansloze Ferrari turbo.

Paseo del Circuito

Tunel

START/FINISH

Bugatti

Pegio

Rampa Pegaso

Paseo de las Perdices

Monza

Calle Villagolf

Paseo del Circuito

Portago

Colonia de las Puertas Verdes

Ascari

Av. de las Encinas

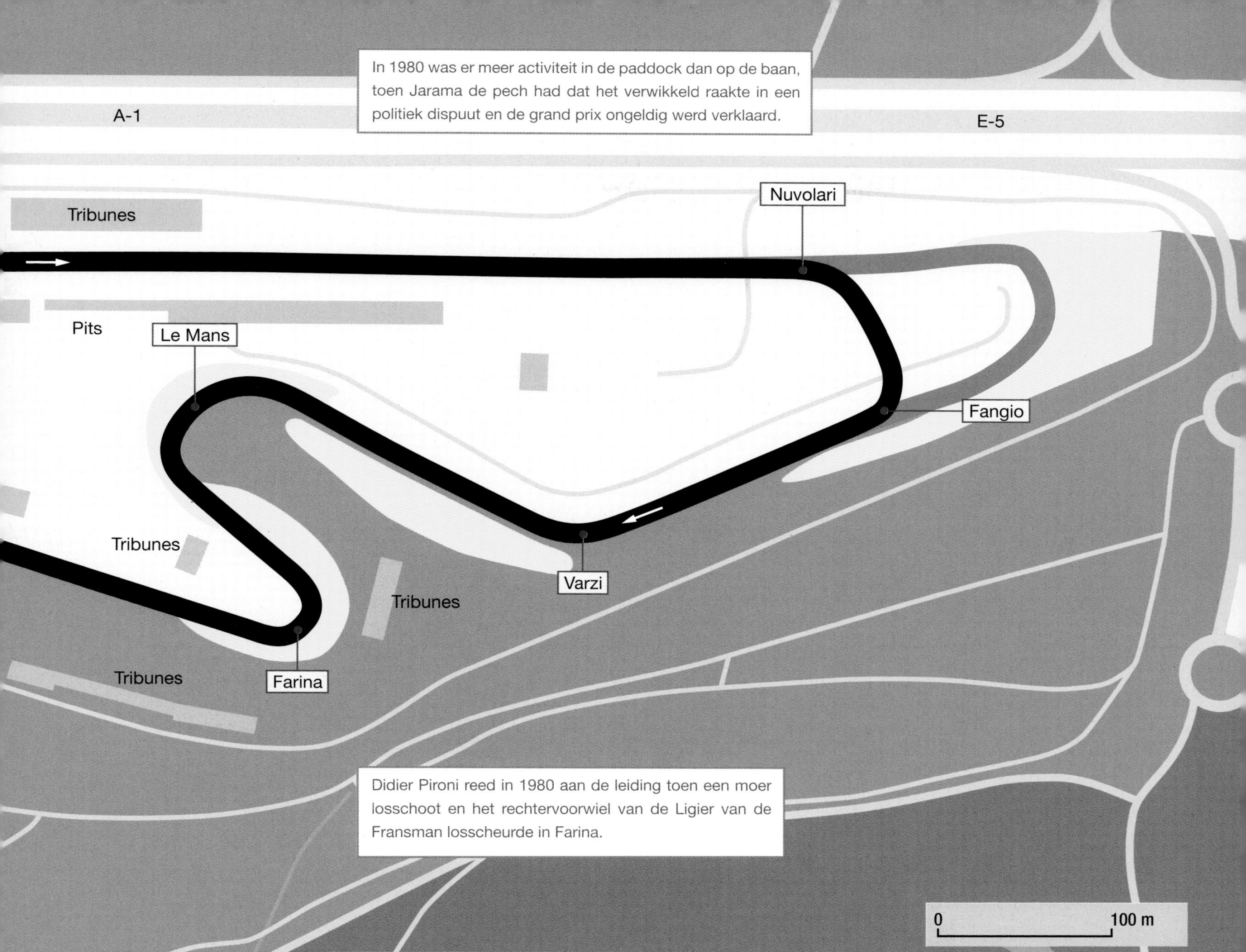

In 1980 was er meer activiteit in de paddock dan op de baan, toen Jarama de pech had dat het verwikkeld raakte in een politiek dispuut en de grand prix ongeldig werd verklaard.

A-1

E-5

Tribunes

Nuvolari

Pits

Le Mans

Fangio

Tribunes

Varzi

Tribunes

Tribunes

Farina

Didier Pironi reed in 1980 aan de leiding toen een moer losschoot en het rechtervoorwiel van de Ligier van de Fransman losscheurde in Farina.

0   100 m

Golfbaan

JARAMA

FEITEN

Locatie: 40 km ten noorden van het centrum van Madrid	**Aantal rondes:** 80 
Eerste WK grand prix: 12 mei 1968	**Aantal bochten:** 13
Aantal WK grand prixs: 9	**Ronderecord (F1):** 1 min. 15,467 sec., 157,994 km/u, Alan Jones (Williams FW07B met een Ford V8-motor). Gevestigd in 1980
Lengte circuit: Oorspronkelijk 3,404 km. Uiteindelijk 3,312 km	**Coureurs met de meeste overwinningen:** Graham Hill (1968), Jackie Stewart (1970), Emerson Fittipaldi (1972), Niki Lauda (1974), James Hunt (1976), Mario Andretti (1978), Patrick Depailler (1979), Gilles Villeneuve (1981)

VERENIGD KONINKRIJK

DUITSLAND

FRANKRIJK

SPANJE

ALGERIJE

Barcelona Montjuïc 1969

Circuito de Montjuïc

 SPANJE

Dit adembenemende wegcircuit liep door een park op een steile heuvelrug die uitkeek op Barcelona. Op sommige plekken was het erg snel, waardoor er vanaf de eerste grand prix in 1969 zorgen waren over de veiligheid. Het werd nooit meer gebruikt nadat een auto in 1975 door de vangrail schoot en een brandweerman en drie toeschouwers doodde.

De openbare wegen door het park van Montjuïc waren in 1933 al gebruikt om te racen. Door de Spaanse Burgeroorlog en de oorlog in Europa werden de activiteiten echter teruggeschroefd. De Real Automovil de Cataluña (RAC) wachtte tot 1966 voordat ze de autosport op Montjuïc nieuw leven inblies. Nochtans werd de Grand Prix van Spanje een decennium eerder georganiseerd door de straten van de Pedralbes-wijk in Barcelona. De Formule 2-races op Montjuïc waren zo succesvol dat de negatieve reviews van Jarama als gastheer voor de Grand Prix van Spanje de RAC aanzetten om zich kandidaat te stellen voor 1969.

De coureurs waren net zo onder de indruk van de omvang van de uitdaging als van het uitzicht op de stad Barcelona, die zich onder hen uitstrekte. Vanaf de startlijn boven aan het circuit steeg de baan zachtjes naar een heuvelrug, voordat ze naar beneden dook naar een linkse haarspeldbocht. De afdaling ging verder langs een paar verraderlijke bochten naar een rechtse haarspeldbocht en vervolgens liep ze via moeilijkere bochten naar het straatniveau van de stad onder in het park. Een snelle sprint langs een paleis werd gevolgd door het begin van de klim terug, met een snelle bocht naar links en rechts gevolgd door een lange bocht naar links die naar de top van de heuvel leidde en een laatste knik naar rechts naar het laatste rechte stuk. Aan beide kanten van het grootste gedeelte van de 3,79 km werden twee lagen vangrails geplaatst. Dit bleek achteraf een verstandige investering.

De aerodynamica in de F1 stond in 1969 nog in haar kinderschoenen. De vleugels aan de auto's namen absurde afmetingen aan. Bij elk van de veertien startende wagens waren hoog boven de achterwielen aerodynamische elementen bevestigd (en bij sommige ook boven de vooras). Tijdens ronde negen (van de negentig) begon die theorie op elk vlak af te brokkelen.

De achtervleugel op de Lotus was een van de grootste en hoogste. Graham Hill had net de derde plaats ingepalmd toen aan de top van de heuvel achter de pits de vleugel bezweek en de Lotus in de vangrail belandde. Hill kon ongedeerd uit het wrak stappen.

Zijn teamgenoot Jochen Rindt reed vanaf de start aan de leiding. Hill gaf de achtervleugel de schuld van het ongeval, vooral omdat die van Rindt onder identieke omstandigheden leek te verbuigen.

Meteen stuurde Hill een bericht naar de pits van Lotus met het advies om zijn teamgenoot binnen te roepen. Maar het was al te laat. In de twintigste ronde begaf Rindts vleugel het op precies hetzelfde punt. Alleen was het resultaat deze keer veel erger. De Lotus werd onbestuurbaar, raakte de vangrail, knalde op Hills achtergelaten auto, ging over de kop en hield Rindt onder zich gevangen. Hill was snel ter plaatse. Hij schakelde de motor uit en hielp de Oostenrijker uit de auto te klauteren. Het bloed stroomde over Rindts gezicht.

Daarmee vergeleken waren de grand prixs in 1971 en 1973 vrij saai. Maar dat gold niet voor de wedstrijd in 1975. Van meet af aan doken er problemen op. De coureurs weigerden om deel te nemen aan de eerste training, omdat de vangrails (die nu voorzien waren van een derde laag) niet goed waren geïnstalleerd. Doordat de organisatoren met gerechtelijke stappen dreigden, gingen de coureurs toch overstag.

De race ging door en het gespannen weekend bereikte een afschuwelijke climax. De leidende Hill-Lola van Rolf Stommelen verloor zijn achtervleugel toen de Duitser met een snelheid van meer dan 241 km/u de heuvel na de pits naderde. Zonder neerwaartse druk op de achterkant stuiterde de Lola tegen de vangrail aan de linkerkant, schoot de lucht in en schraapte langs de bovenkant van de vangrail aan de rechterkant. Daarna brak hij in tweeën toen hij tegen een verlichtingspaal knalde. Een brandweerman en drie toeschouwers in dit verboden gebied stierven en tientallen anderen raakten gewond door rondvliegende brokstukken. Ook Stommelen raakte gewond, maar hij overleefde het ongeval.

De race werd gestopt en de grand prix keerde nooit meer terug naar het park van Montjuïc. Het ironische was dat de vangrail, die eerst zoveel controverse en nadien emotionele kritiek had opgeroepen, eigenlijk wel zijn werk had gedaan.

Jochen Rindt leidt in de afdaling tijdens de eerste ronde in 1969. Twintig rondes later, op min of meer dezelfde plek, zou de hoge achtervleugel van de Oostenrijkse Lotus-Ford het begeven en breken, waardoor Rindt hevig crashte.

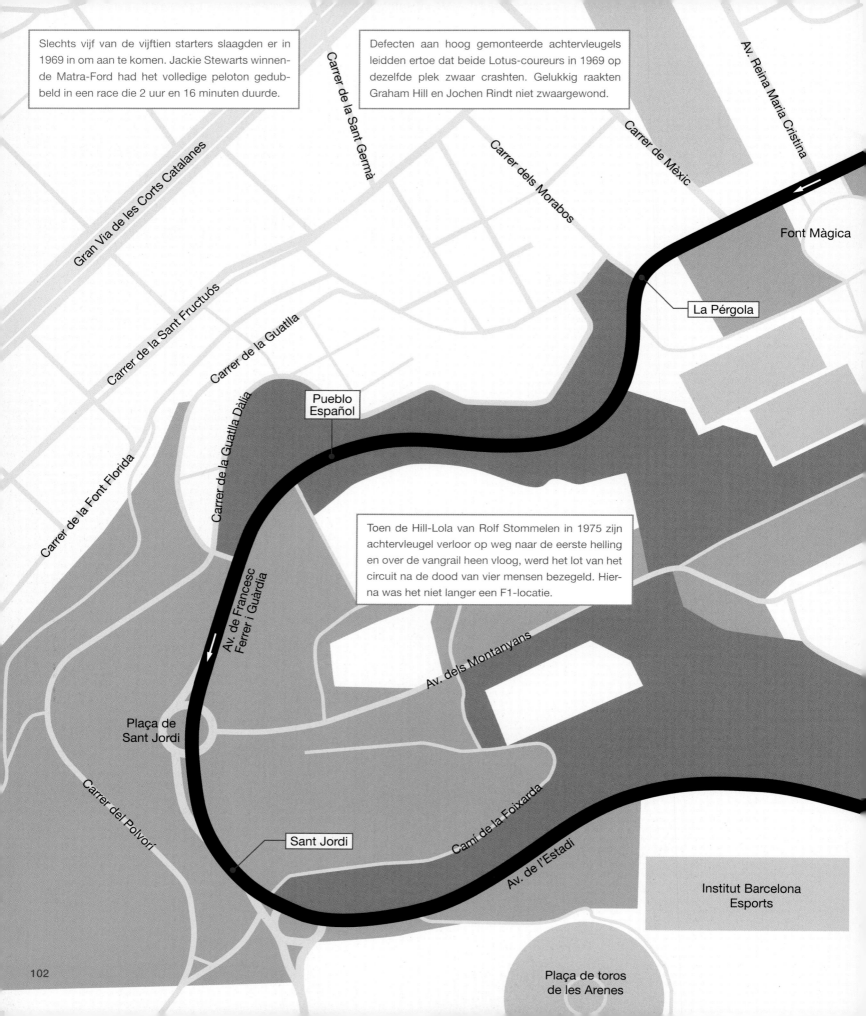

Slechts vijf van de vijftien starters slaagden er in 1969 in om aan te komen. Jackie Stewarts winnende Matra-Ford had het volledige peloton gedubbeld in een race die 2 uur en 16 minuten duurde.

Defecten aan hoog gemonteerde achtervleugels leidden ertoe dat beide Lotus-coureurs in 1969 op dezelfde plek zwaar crashten. Gelukkig raakten Graham Hill en Jochen Rindt niet zwaargewond.

Av. Reina Maria Cristina

Carrer de la Sant Germà

Carrer de Mèxic

Carrer dels Morabos

Font Màgica

La Pérgola

Gran Via de les Corts Catalanes

Carrer de la Sant Fructuós

Carrer de la Guatlla

Pueblo Español

Carrer de la Guatlla Dàlia

Carrer de la Font Florida

Toen de Hill-Lola van Rolf Stommelen in 1975 zijn achtervleugel verloor op weg naar de eerste helling en over de vangrail heen vloog, werd het lot van het circuit na de dood van vier mensen bezegeld. Hierna was het niet langer een F1-locatie.

Av. de Francesc Ferrer i Guàrdia

Av. dels Montanyans

Plaça de Sant Jordi

Carrer del Polvorí

Sant Jordi

Camí de la Foixarda

Av. de l'Estadi

Institut Barcelona Esports

Plaça de toros de les Arenes

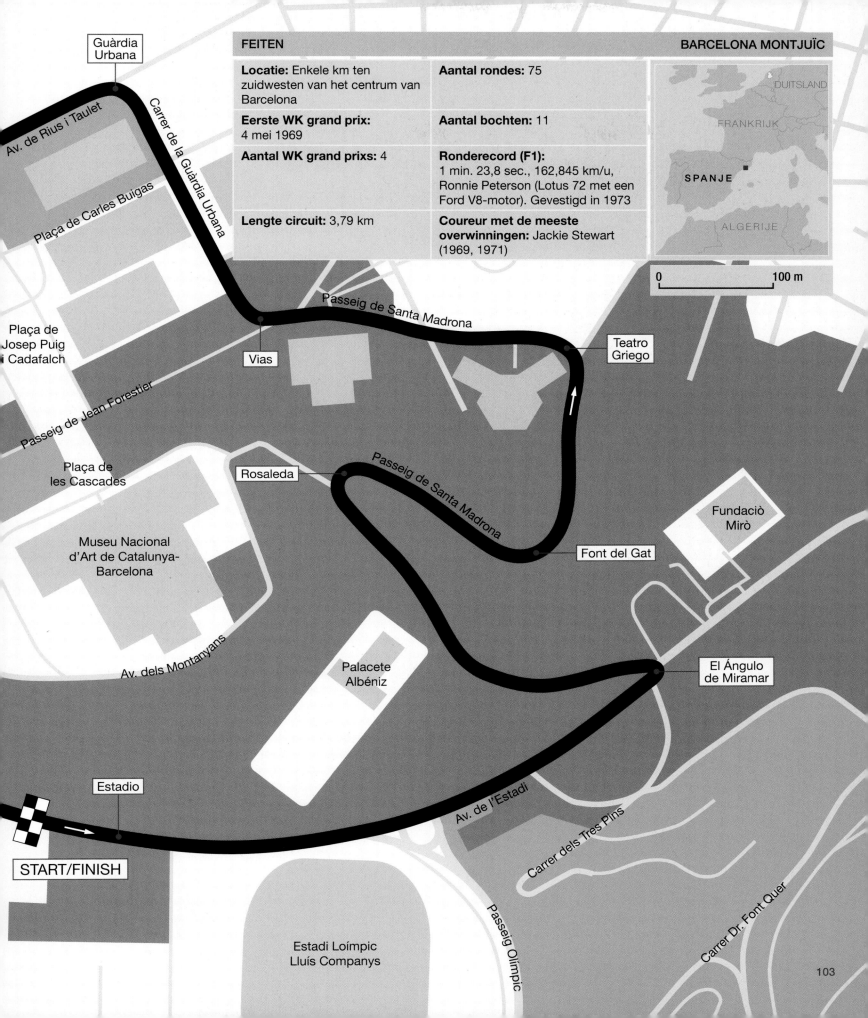

Guàrdia
Urbana

Av. de Rius i Taulet

Plaça de Carles Buigas

Carrer de la Guàrdia Urbana

Locatie: Enkele km ten zuidwesten van het centrum van Barcelona

Eerste WK grand prix:
4 mei 1969

Aantal WK grand prixs: 4

Lengte circuit: 3,79 km

Aantal rondes: 75

Aantal bochten: 11

Ronderecord (F1):
1 min. 23,8 sec., 162,845 km/u, Ronnie Peterson (Lotus 72 met een Ford V8-motor). Gevestigd in 1973

Coureur met de meeste overwinningen: Jackie Stewart (1969, 1971)

DUITSLAND

FRANKRIJK

SPANJE

ALGERIJE

0   100 m

Plaça de
Josep Puig
i Cadafalch

Passeig de Jean Forestier

Vias

Passeig de Santa Madrona

Teatro
Griego

Plaça de
les Cascades

Rosaleda

Passeig de Santa Madrona

Fundaciò
Miró

Museu Nacional
d'Art de Catalunya-
Barcelona

Font del Gat

Av. dels Montanyans

Palacete
Albéniz

El Ángulo
de Miramar

Estadio

START/FINISH

Av. de l'Estadi

Carrer dels Tres Pins

Estadi Loímpic
Lluís Companys

Passeig Olímpic

Carrer Dr. Font Quer

Hockenheim 1970

Hockenheimring

 DUITSLAND

Oorspronkelijk was dit een vlak en banaanvormig circuit met een groot stadion aan de ene kant. Het werd voor het eerst gebruikt in 1970 voor de Grand Prix van Duitsland. Bij de grote vernieuwing in 2002 werden de lange rechte stukken geschrapt, maar het stadion bleef staan. Daarmee werd het essentiële, zij het niet bijzonder populaire, karakter van Hockenheim weggenomen.

De oorspronkelijke Hockenheimring, gebouwd in 1932, was niets meer dan een rechte lijn die van de rand van het stadje naar een bos liep en weer terug. Hockenheim ligt ten zuiden van Mannheim en de groei van de industrie in de regio leidde tot de aanleg van snelwegen. Een daarvan verbond Mannheim met Heilbronn en sneed door het oude circuit vlak bij de stad.

Het bedrijf Hockenheim-Ring legde, in samenwerking met de plaatselijke en nationale automobielclubs, het circuit opnieuw aan en bouwde een stadion dat ook een pits- en paddockcomplex omvatte. Het bedrijf gebruikte daarvoor de ruime financiële compensatie van de afdeling die verantwoordelijk was voor de autosnelwegen.

De races werden in 1966 hervat op het verkorte circuit en kwamen twee jaar later om de verkeerde redenen in het nieuws. De legendarische Jim Clark tolde met zijn Formule 2-Lotus tegen bomen aan de rand van een flauwe bocht op de heenweg. Hij was op slag dood. Na deze tragedie was het dan ook ironisch dat Hockenheim werd gekozen voor de Grand Prix van Duitsland van 1970 omdat de Nürburgring Nordschleife te gevaarlijk werd geacht.

De F1-teams reisden met tegenzin af naar wat werd beschouwd als een onaantrekkelijk circuit in deze regio van de Rijnvallei, maar ze werden verrast door een uitverkocht stadion met publiek uit Frankfurt, Karlsruhe, Heidelberg en Mainz. De toeschouwers werden op hun beurt beloond met een meeslepende wedstrijd tussen de Ferrari van Jacky Ickx en de Lotus-Ford van de uiteindelijke winnaar, Jochen Rindt.

In de tussentijd werd de veiligheid op de Nürburgring verbeterd en keerde de grand prix terug naar de bergen van de Eifel, tot het haast onvermijdelijke bijna-tragische ongeluk van Niki Lauda in 1976. Een terugkeer naar Hockenheim in 1977 betekende de toevoeging van een chicane op elk van de twee lange rechte stukken. Een derde chicane werd noodzakelijk geacht op de Ostkurve in 1980 nadat Patrick Depailler om het leven was gekomen tijdens het testen van zijn Alfa Romeo.

Racen in de regen was altijd al riskanter dan normaal op Hockenheim omdat de waternevel zich niet kon verspreiden door de nabijheid van de bomen. Het probleem werd duidelijk tijdens een natte training in 1982, toen Didier Pironi, nadat hij een auto had ingehaald, zich niet realiseerde dat er nog een auto door de waternevel verborgen werd. De Fransman knalde achter op de Renault van Alain Prost, waardoor Pironi's Ferrari in de lucht vloog en met een verschrikkelijke kracht op zijn neus terechtkwam. Pironi liep ernstige verwondingen op aan zijn voet en enkel en heeft nadien nooit meer geracet in de F1. Maar het had nog veel erger kunnen zijn.

Naarmate de jaren verstreken en er nieuwe circuits met een uniform ontwerp op de kalender verschenen, werd Hockenheim, met zijn lange rechte stukken en speciale technische uitdaging, paradoxaal genoeg steeds unieker, terwijl de eerdere twijfels over de locatie begonnen te verdwijnen.

Maar dat veranderde allemaal in 2002 toen in een nieuw ontwerp het stadion werd behouden, maar de rechte stukken werden vervangen door een drastisch korter gedeelte. Toen de lange stukken door het bos later werden afgebroken en vervangen door bomen, was het kenmerkende profiel van Hockenheim voorgoed verdwenen.

Boven: De gestroomlijnde vorm van Jochen Rindts winnende Lotus 72 was ideaal voor de lange rechte stukken in 1970.

Onder: Ondanks een geleidelijke daling van het aantal toeschouwers in de laatste jaren bleef het stadiongedeelte ook in 2018 voor een unieke sfeer zorgen.

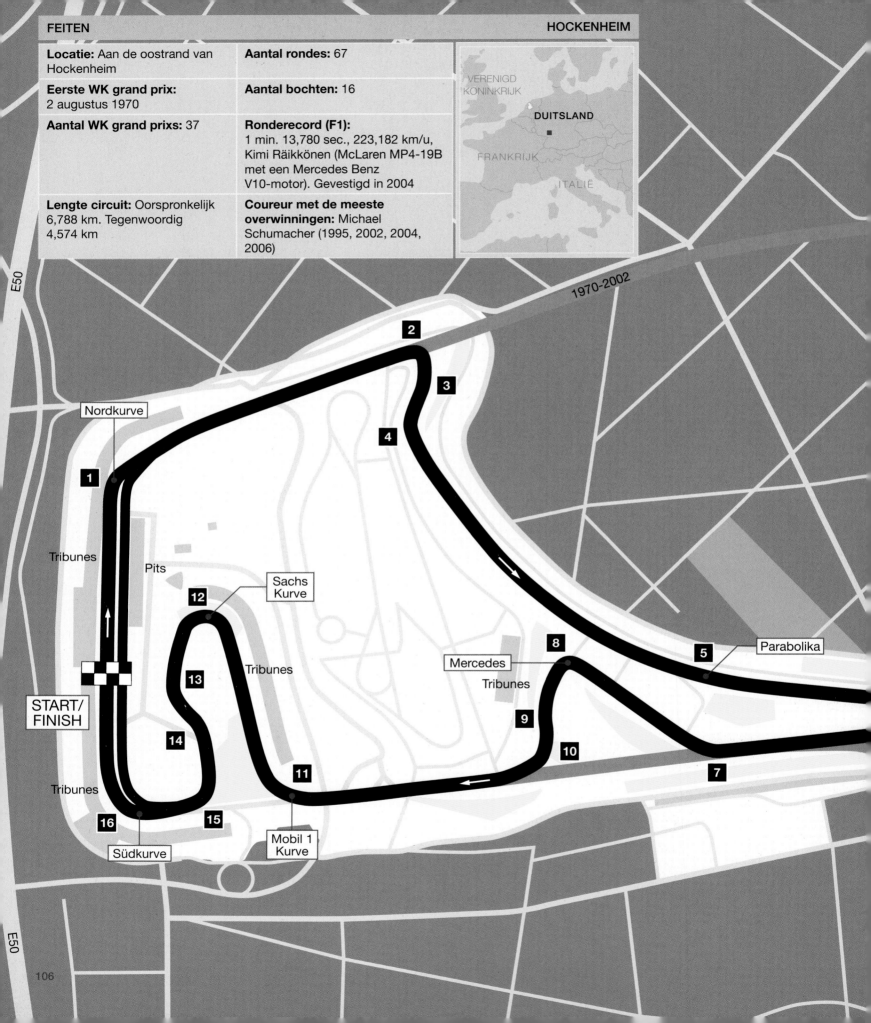

Locatie: Aan de oostrand van Hockenheim

Eerste WK grand prix:
2 augustus 1970

Aantal WK grand prixs: 37

Lengte circuit: Oorspronkelijk 6,788 km. Tegenwoordig 4,574 km

Aantal rondes: 67

Aantal bochten: 16

Ronderecord (F1):
1 min. 13,780 sec., 223,182 km/u, Kimi Räikkönen (McLaren MP4-19B met een Mercedes Benz V10-motor). Gevestigd in 2004

Coureur met de meeste overwinningen: Michael Schumacher (1995, 2002, 2004, 2006)

VERENIGD KONINKRIJK

DUITSLAND

FRANKRIJK

ITALIË

E50

1970-2002

Nordkurve

Tribunes

Pits

Sachs Kurve

Tribunes

Mercedes

Tribunes

Parabolika

START/ FINISH

Südkurve

Tribunes

Mobil 1 Kurve

E50

106

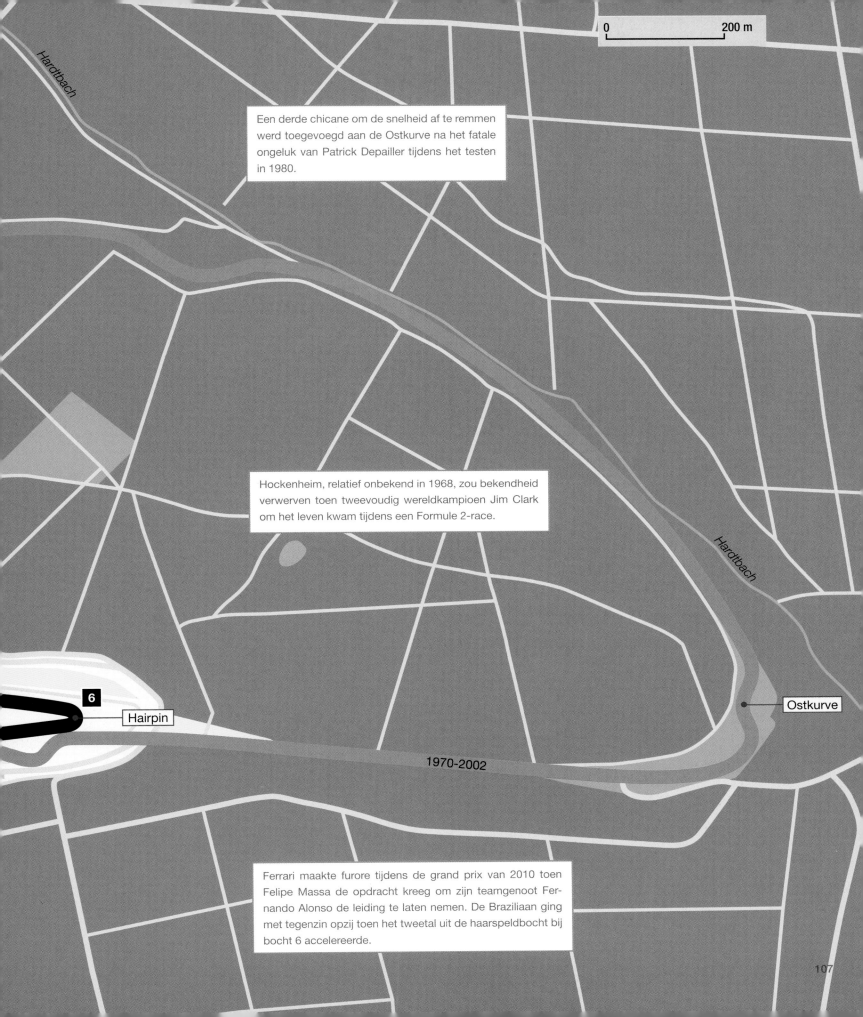

Hardtbach

Een derde chicane om de snelheid af te remmen werd toegevoegd aan de Ostkurve na het fatale ongeluk van Patrick Depailler tijdens het testen in 1980.

Hockenheim, relatief onbekend in 1968, zou bekendheid verwerven toen tweevoudig wereldkampioen Jim Clark om het leven kwam tijdens een Formule 2-race.

Hardtbach

6

Hairpin

Ostkurve

1970-2002

Ferrari maakte furore tijdens de grand prix van 2010 toen Felipe Massa de opdracht kreeg om zijn teamgenoot Fernando Alonso de leiding te laten nemen. De Braziliaan ging met tegenzin opzij toen het tweetal uit de haarspeldbocht bij bocht 6 accelereerde.

Österreichring 1970

Red Bull Ring

 OOSTENRIJK

Dit circuit werd gebouwd voor de Grand Prix van Oostenrijk van 1970. De uitdaging en de grootsheid ervan worden nog versterkt door de omgeving in Stiermarken. Er werden 18 grand prixs verreden, maar in 1987 vond men dat het circuit niet langer aan de commerciële vereisten voldeed. Het stond bekend als de A1-Ring en werd tussen 1997 en 2003 ingekort. Voor het kampioenschap van 2014 werd het tot Red Bull Ring herdoopt.

Aangespoord door de opkomst van hun landgenoot en held Jochen Rindt smeedden de Oostenrijkers het plan om een baan aan te leggen in de heuvels, met uitzicht op een voormalig vliegveldcircuit. De 5,95 km lange Österreichring riep vanaf de opening in 1969 een gevoel van volwassenheid en bestendigheid op. De bochten waren in elk opzicht immens, en de Boschkurve was hiervan het voorbeeld bij uitstek. Aan het einde van deze perfect hellende heuvelafwaartse bocht naar rechts moesten de coureurs zo dicht als ze durfden naast de vangrail rijden.

Al snel werd de goedkeuring voor een grand prix voor het jaar daarop aangekondigd; precies op tijd, aangezien Rindt kans maakte in het kampioenschap. Als hij in zijn eigen land zou winnen, was de titel voor hem. De Oostenrijkers zouden een teleurstelling voor de kiezen krijgen. De motor van Rindts Lotus begaf het terwijl hij Jacky Ickx en Clay Regazzoni op de hielen zat. Na deze langverwachte eerste en tweede plaats voor Ferrari werden de baan en de paddock bestormd door fans die de grens met Italië waren overgestoken.

Deze eerste race zou onverwachte en aangrijpende resultaten in gang zetten. Amper een maand na de dood van hun coureur Pedro Rodriguez, in juli 1971, kwam het gebroken BRM-team aan in Oostenrijk. Ze behaalden er hun eerste overwinning na meer dan een jaar dankzij een weekend waarin de Zwitserse bestuurder, Jo Siffert, kon domineren.

Vittorio Brambilla staat te boek als de winnaar van 1975. De naakte feiten geven echter geen enkele hint over de omstandigheden die dag, toen een onweersbui het circuit teisterde. De onbevreesde Italiaan, die nog nooit een grand prix had gewonnen, reed aan de leiding toen de race werd stopgezet. Zijn vreugde en verbazing waren zo groot dat de March-Ford met zijn neus eerst tegen de vangrail belandde terwijl Brambilla door het dolle heen aan het zwaaien was.

Tijdens de opwarmingsrace 's ochtends raakte Mark Donohue door een leeglopende band bij de bijzonder snelle Hella Licht Kurve van de weg. De onhandelbare March verwondde twee marshals voordat hij tegen een reclamebord op stevige palen smakte. Een van de palen raakte de Amerikaan hard op het hoofd. Hij overleed twee dagen later.

Het Penske-team was zwaar aangedaan door deze tragedie. Je kunt je hun stille gevoel van voldoening vast wel voorstellen toen John Watson een Penske-Ford naar een eerste F1-overwinning reed, zowel voor zichzelf als voor zijn team. In 1977 werd een andere opeenstapeling van verliezen doorbroken door Alan Jones, die een verrassende overwinning behaalde. Zijn Shadow-Ford, die normaal gesproken geen grote concurrentie vormde, bleek perfect geschikt voor de wisselvallige weersomstandigheden. Wat krappe overwinningen betreft, spant de eerste zege voor Elio De Angelis de kroon. In 1982 stak de Lotus-Ford van de Italiaan zij aan zij met de Williams-Ford van Keke Rosberg de finish over.

De gemiddelde snelheid op het circuit liep op tot meer dan 241 km/u, ondanks de invoering van een chicane bij Hella Licht. De bezorgdheid over het ontbreken van uitloopstroken op bepaalde plekken nam toe. Op de koop toe vond er in 1987 op de smalle pitstraat een kettingbotsing met tien auto's plaats. Dit alles droeg bij aan het ongenoegen over het afgelegen gebied, dat niet voldeed aan de behoeften van een sport die steeds zakelijker werd.

Tien jaar later keerde de grand prix terug naar een herziene en ingekorte baan met als nieuwe naam A1-Ring. Dit uit respect voor het telecombedrijf dat het grootste deel van de rekening op zich nam. De snelle, wijde bochten waren grotendeels vervangen door smalle bochten naar rechts, waardoor er niets van de huiveringwekkende uitdaging overbleef.

De race bleef nog zeven jaar op de kalender voordat, na veel discussie over plannen voor de toekomst, het terrein uiteindelijk door Red Bull werd gekocht. Na verschillende valse starts werden de bestaande baan en faciliteiten geüpgraded om ze in gereedheid te brengen voor een race van het kampioenschap in juni 2014. De Red Bull Ring kreeg lovende kritieken voor de kwaliteit van de afwerking en ook, uiteraard, voor de indrukwekkende omgeving. De grootsheid van de originele baan was al lang vergeten.

Boven: Jacky Ickx en Clay Regazzoni bezorgden Ferrari in 1970 een positief onthaalde eerste en tweede plaats toen op de Österreichring de eerste Grand Prix van Oostenrijk werd georganiseerd.

Onder: Max Verstappen won voor Red Bull op hun circuit in 2019.

3 Remus

McLaren-coureurs Mika Häkkinen en David Coulthard slaagden erin om tijdens de eerste ronde van 1999 te botsen toen ze Remus inreden.

Power Horse

2

Tribunes

Hella Licht

In 1976 vond een dodelijk ongeval plaats toen de March van Mark Donahue over een vangrail tegen een reclamebord vloog. Dit was de aanleiding om bij Hella Licht een chicane in te voeren.

Flatschach

Linder Bach

Flatschach

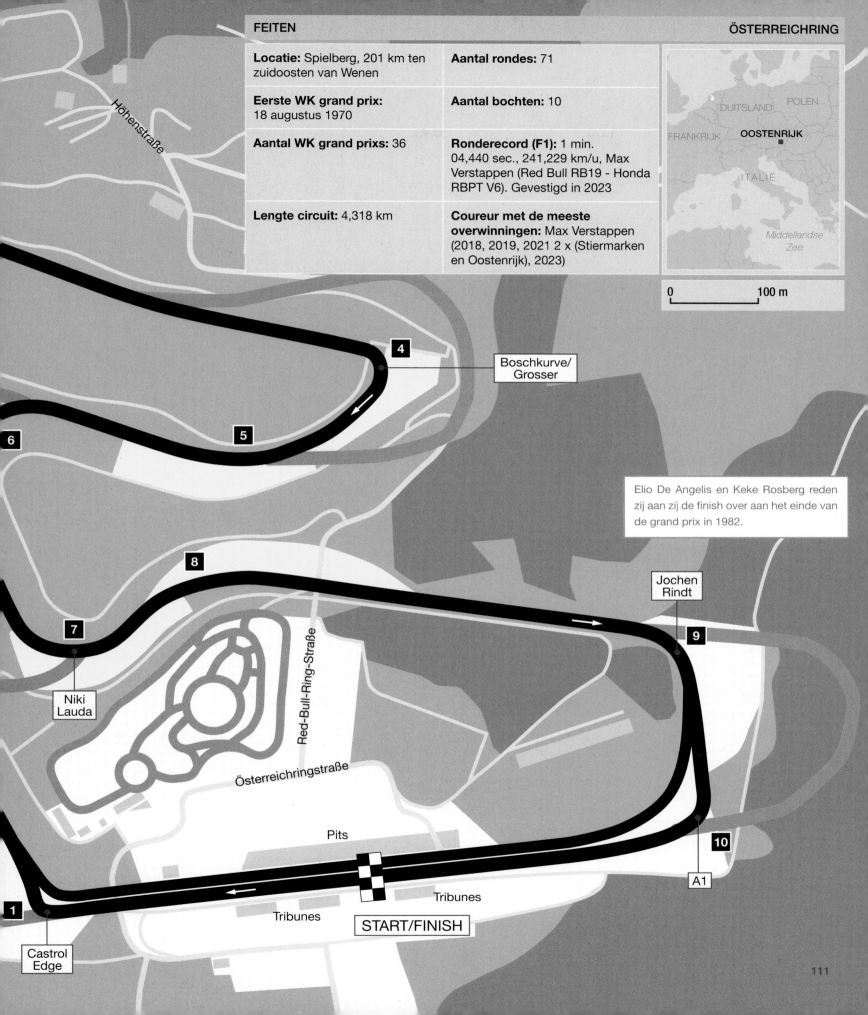

Locatie: Spielberg, 201 km ten zuidoosten van Wenen	**Aantal rondes:** 71
Eerste WK grand prix: 18 augustus 1970	**Aantal bochten:** 10
Aantal WK grand prixs: 36	**Ronderecord (F1):** 1 min. 04,440 sec., 241,229 km/u, Max Verstappen (Red Bull RB19 - Honda RBPT V6). Gevestigd in 2023
Lengte circuit: 4,318 km	**Coureur met de meeste overwinningen:** Max Verstappen (2018, 2019, 2021 2 x (Stiermarken en Oostenrijk), 2023)

DUITSLAND POLEN

FRANKRIJK

OOSTENRIJK

ITALIË

Middellandse Zee

0   100 m

4

Boschkurve/ Grosser

5

6

Elio De Angelis en Keke Rosberg reden zij aan zij de finish over aan het einde van de grand prix in 1982.

8

Jochen Rindt

7

9

Niki Lauda

Red-Bull-Ring-Straße

Österreichringstraße

Pits

10

A1

1

Tribunes

Tribunes

START/FINISH

Castrol Edge

Höhenstraße

Paul Ricard 1971

Circuit Paul Ricard, Le Castellet

 FRANKRIJK

Dit was een vlak, langwerpig circuit dat bij de opening in 1969 modern en veilig werd geacht. Het vormde het toneel voor de Grand Prix van Frankrijk van 1971. Tot aan het dodelijke ongeluk van Elio De Angelis tijdens een testsessie in 1986 werd het volledige circuit gebruikt. Op een kortere versie ervan (3,81 km) werden vijf grand prixs verreden. Een herziene versie van het lange circuit kwam er toen de F1 er in 2018 terugkeerde.

Paul Ricard, een drankenmagnaat en de uitvinder van pastis, besloot in 1969 om een grand-prixcircuit te bouwen. Hij koos een vlak, stoffig plateau uit bij Le Castellet, ten oosten van Marseille. Het was een unieke plek in een verder ruig terrein. De baan beschikte over drie mogelijke ontwerpen. Het langste daarvan werd in 1971 gekozen voor het eerste grand-prixwereldkampioenschap op die plek. Het circuit van 5,81 km lang mocht dan wel karakterloos zijn, maar voor die tijd had het veel te bieden. Het beschikte over uitloopstroken, uitstekende faciliteiten, kantoren met airconditioning en een grote paddock die met bomen omzoomd was. Daarnaast bood het circuit het comfort van een kleine luchthaven die geschikt was voor de belangrijke mensen in de F1.

Een van de aantrekkelijkste eigenschappen van het Circuit Paul Ricard was de locatie: hoog boven de mediterrane kustplaats Bandol en niet ver van Cassis en La Ciotat. Het eerste jaar bleven de meeste plaatselijke bewoners liever op het strand in plaats van de klim af te leggen om te zien hoe Jackie Stewart voor Tyrell een redelijk ongecompliceerde race won.

De baan werd gedomineerd door de Mistral Straight, die meer dan anderhalve km lang is. Hierdoor bood het Circuit Paul Ricard (dat door de Fransen vaak gewoon Le Castellet wordt genoemd) de coureurs weinig uitdaging. Dat zou gedurende de jaren veranderen. De snelheden bleven stijgen en de S de la Verrerie, een lange bocht naar links en naar rechts na de pits, werd hierdoor een lastige combinatie. In 1986 zou die opeenvolging bijdragen tot een tragedie en een belangrijke herziening.

Tijdens een doordeweekse testsessie op 14 mei kwam de achtervleugel van de Brabham-BMW van Elio De Angelis los toen hij door de S de la Verrerie reed. De auto belandde op zijn dak aan de andere kant van de rechtervangrail. Het onderstel weerstond de impact en de verwondingen van De Angelis bleven beperkt tot een gebroken sleutelbeen.

Maar hij zat vast in de cockpit toen de auto vuur vatte. De eerste marshal die bij hem kwam, droeg een T-shirt en een short. Zijn kleding bleek even ontoereikend als die ene brandblusser die hij bij zich had. De dampen ervan droegen feitelijk zelfs bij tot een zuurstofgebrek in de cockpit. De coureurs die waren gestopt om te zien of ze wat konden doen, voelden zich totaal machteloos. Na een ellenlange vertraging werd De Angelis met luchttransport naar een ziekenhuis in Marseille gebracht, waar hij de volgende dag overleed.

Als reactie op de hevige kritiek werd het circuit in de lengte doorgesneden: de auto's draaiden nu vóór de S de la Verrerie naar rechts en kwamen weer aan de Mistral Straight halverwege diens lengte. Behalve de Signes-bocht aan het einde van het rechte stuk, waar bijna plankgas werd gegeven, was er niets om de coureurs op de proef te stellen. Deze situatie werd vaak weerspiegeld in saaie races.

In 1991 wilde de Franse politiek een verhuizing van de F1 naar Magny-Cours doorvoeren. Paul Ricard bleef het toneel voor motor- en internationale races totdat de dood van meneer Ricard leidde tot de verkoop van het circuit aan een bedrijf van Bernie Ecclestone. De F1-baas liet het hoofdpodium weghalen en het circuit verbouwen tot een eersteklas testfaciliteit.

Toen Magny-Cours in 2008 in de problemen kwam, had Paul Ricard al een reeks wijzigingen ondergaan. Extra verbeteringen aan het ontwerp (waaronder La Verrerie, Virage du Camp aan het verst gelegen stuk van het oorspronkelijke circuit, en een chicane bij de Mistral Straight) werden volledig goedgekeurd door de F1. In 2019 en 2021 werd vanwege COVID-19 het toeschouwersaantal beperkt, en de Grand Prix van Frankrijk van 2020 werd geannuleerd. Hierdoor werden de chaotische scènes van 2018 vermeden, toen de wegen en de organisatie de terugkeer van een populaire locatie niet aankonden.

Boven: Het Circuit Paul Ricard heeft verschillende metamorfoses ondergaan, zoals de invoering van een chicane op de Mistral Straight die naar Signes en Beausset leidt en op de voorgrond te zien is.

Onder: Een thuiszege voor Alain Prost in 1988, die de leiding heeft op zijn McLaren-Honda-teamgenoot, Ayrton Senna.

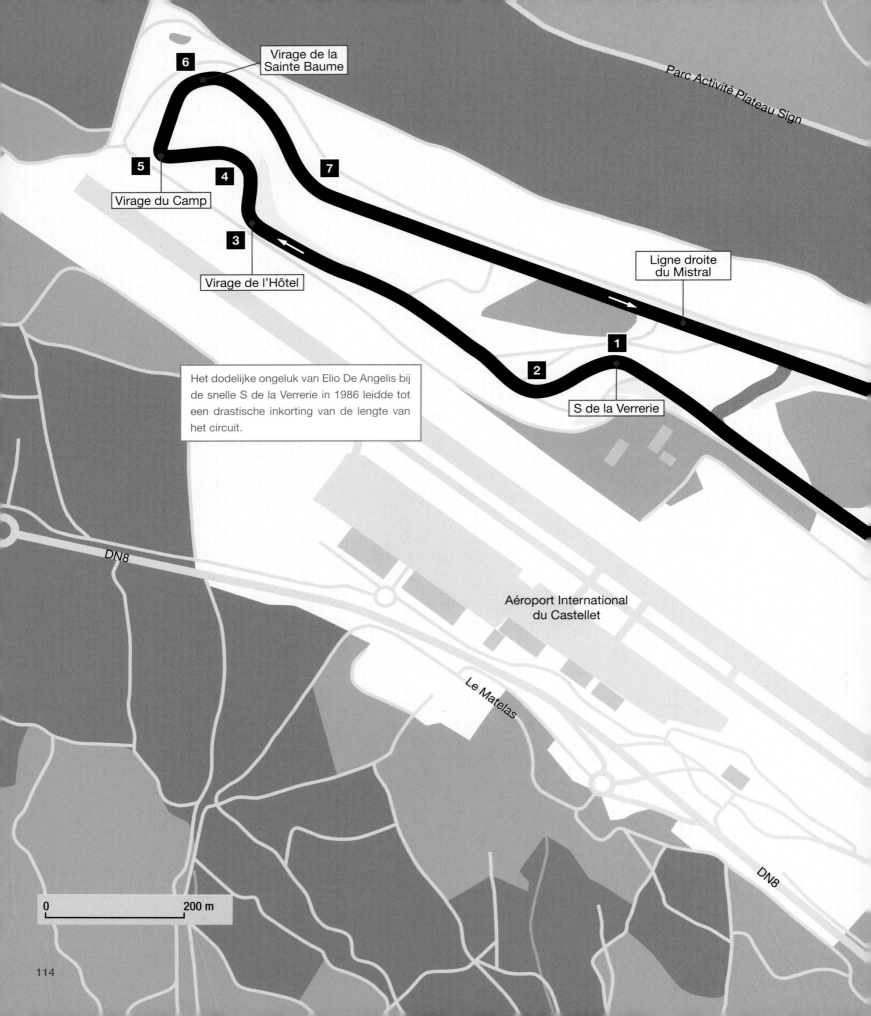

Virage de la
Sainte Baume

6

5

Virage du Camp

4

3

Virage de l'Hôtel

7

Ligne droite
du Mistral

1

2

S de la Verrerie

Het dodelijke ongeluk van Elio De Angelis bij
de snelle S de la Verrerie in 1986 leidde tot
een drastische inkorting van de lengte van
het circuit.

Parc Activité Plateau Sign

DN8

Aéroport International
du Castellet

Le Matelas

DN8

0   200 m

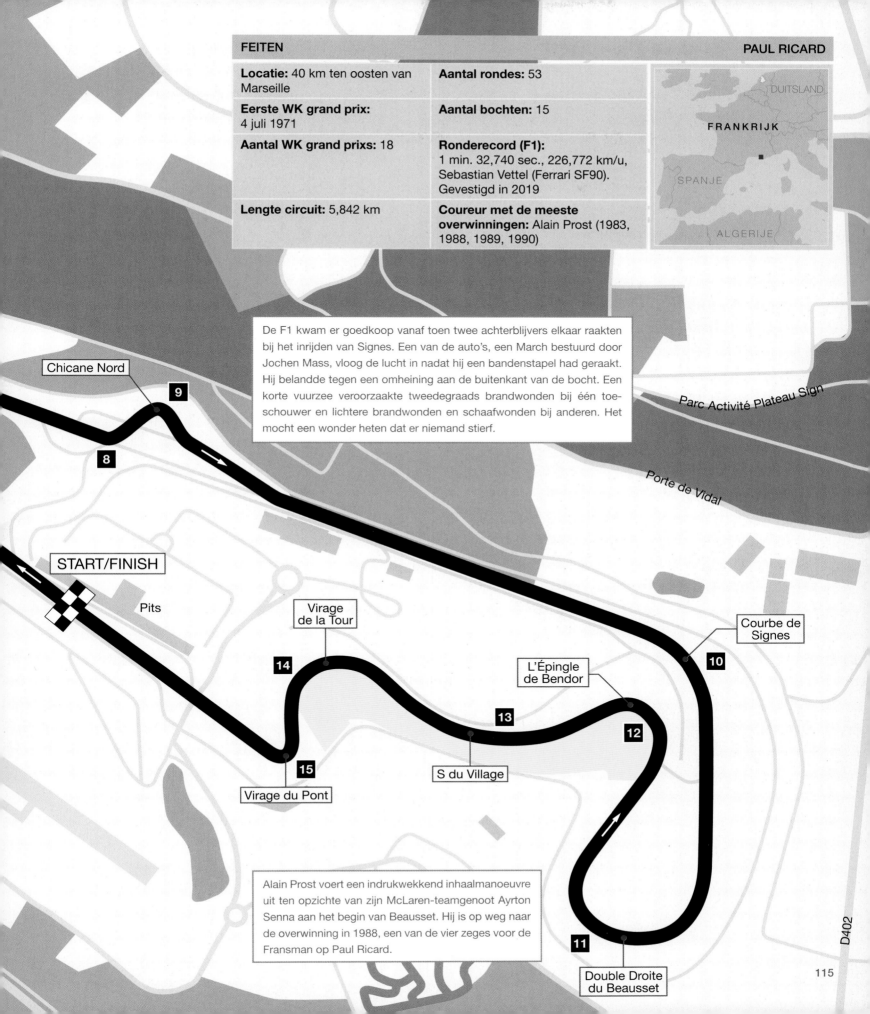

FEITEN

PAUL RICARD

Locatie: 40 km ten oosten van Marseille	**Aantal rondes:** 53
Eerste WK grand prix: 4 juli 1971	**Aantal bochten:** 15
Aantal WK grand prixs: 18	**Ronderecord (F1):** 1 min. 32,740 sec., 226,772 km/u, Sebastian Vettel (Ferrari SF90). Gevestigd in 2019
Lengte circuit: 5,842 km	**Coureur met de meeste overwinningen:** Alain Prost (1983, 1988, 1989, 1990)

De F1 kwam er goedkoop vanaf toen twee achterblijvers elkaar raakten bij het inrijden van Signes. Een van de auto's, een March bestuurd door Jochen Mass, vloog de lucht in nadat hij een bandenstapel had geraakt. Hij belandde tegen een omheining aan de buitenkant van de bocht. Een korte vuurzee veroorzaakte tweedegraads brandwonden bij één toeschouwer en lichtere brandwonden en schaafwonden bij anderen. Het mocht een wonder heten dat er niemand stierf.

Chicane Nord

9

8

Parc Activité Plateau Sign

Porte de Vidal

START/FINISH

Pits

Virage de la Tour

14

Courbe de Signes

10

L'Épingle de Bendor

13

12

S du Village

15

Virage du Pont

Alain Prost voert een indrukwekkend inhaalmanoeuvre uit ten opzichte van zijn McLaren-teamgenoot Ayrton Senna aan het begin van Beausset. Hij is op weg naar de overwinning in 1988, een van de vier zeges voor de Fransman op Paul Ricard.

11

Double Droite du Beausset

D402

115

Nivelles / Nijvel 1972

Complexe Européen de Nivelles-Baulers

 BELGIË

Dit was een bijna vlak en karakterloos nieuw circuit ten zuiden van Brussel. Het werd slechts twee keer gebruikt voor de Grand Prix van België in de jaren 1970. Dat kwam door een gebrek aan interesse voor het 3,7 km lange circuit, dat bijna té veilig werd geacht. Beide races werden gewonnen door Emerson Fittipaldi.

Het oorspronkelijke circuit van Spa-Francorchamps werd te gevaarlijk bevonden voor de F1. Daarom deden twee nieuwe circuits – Nivelles en Zolder – een onmogelijke poging om het vacuüm op te vullen dat was ontstaan door de afwezigheid van de reus in de Ardennen. Terwijl Zolder matig succesvol was, was Nivelles een bijna kansloze prooi.

De twee vervangers waren typerend voor het politieke spel binnen de Belgische motorsport omdat zowel Vlaanderen als Wallonië hun zin wilden krijgen. Nivelles vertegenwoordigde de beste inspanningen van de Franstalige regio. Een groep zakenmensen wilde een veilig racecircuit bouwen tussen de stad Nijvel en het dorp Baulers, zo'n 32 km ten zuiden van Brussel. De naam van het project was Complexe Européen de Nivelles-Baulers, hoewel het circuit over het algemeen gewoon Nivelles werd genoemd.

De Nederlander John Hugenholtz zorgde voor het ontwerp, maar het circuit werd niet gezien als zijn beste werk, vergeleken met pareltjes als Suzuka en Zandvoort. Maar eerlijk gezegd voorzag het oorspronkelijke project in een circuit van ongeveer 5,6 km. Toen de ontwikkelaars niet in staat waren om alle benodigde grond op tijd te kopen, schoot het compromis van 3,7 km in alle opzichten tekort. Dat kwam niet in de laatste plaats doordat de eigenaar van het tweede perceel door de haast om te beginnen zijn prijs verhoogde tot een bedrag dat nooit gehaald zou worden.

Het rechte stuk van de pitstraat liep licht bergopwaarts en eindigde in een snelle bocht naar rechts die uitkwam op een veel korter recht stuk. De deelnemers maakten vervolgens een lus van 180 graden via twee lange bochten naar rechts voor een krappe bocht naar links en nog een kort recht stuk achter de pits. Een langgerekte chicane links-rechts, die zachtjes bergafwaarts naar een bocht rechts-links ging, leidde naar de laatste bocht, een langzame haarspeldbocht en de korte klim naar de finish. Met een topsnelheid van net geen 257 km/u was dit geen circuit om de polsslag te versnellen.

Het hield de coureurs echter wel bezig, want Emerson Fittipaldi's polepositieronde in 1972 werd afgelegd in 1 minuut 11,43 seconden, 0,15 seconden sneller dan de Ferrari van Clay Regazzoni. De Zwitser had vanaf de start een voorsprong op Fittipaldi, maar met een slimme zet in de negende ronde wist de Lotus-coureur de leiding over te nemen van de brede Ferrari. En dat was het voor de resterende 76 rondes. Zo'n 65.000 toeschouwers waren komen opdagen, maar slechts weinigen waren onder de indruk van de brede uitloopstroken, waardoor ze gedwongen waren om op enige afstand te kijken naar de weinige actie die er op het circuit te zien was.

Er waren minder klachten toen de grand prix twee jaar later, in 1974, terugkeerde. Fittipaldi (nu bij McLaren) won opnieuw, maar slechts met een kleine marge van de Ferrari van rijzende ster Niki Lauda. Er waren 17 finishers uit een enorm veld van 31 auto's, maar de cijfers op de balans van de organisator waren minder gezond. De eerste eigenaar ging failliet vóór de grand prix, de tweede niet lang daarna.

Omdat het circuit opnieuw moest worden aangelegd en niemand ervoor wilde betalen, moest Nivelles afzien van zijn geplande tweejaarlijkse slot in 1976. Er werd nog wel geracet op Nivelles-Baulers tot 1981, toen het circuit voorgoed werd gesloten. Er bleven nog kleine stukjes over in wat nu een bedrijvenpark is geworden.

De McLaren-Ford van latere winnaar Emerson Fittipaldi achtervolgt de Ferrari van Clay Regazzoni aan het begin van de race in 1974, de laatste keer dat de Grand Prix van Nivelles verreden zou worden.

Chemin Laid Patard

Emerson Fittipaldi had geluk dat hij in 1974 voor de tweede keer won. Een balansgewicht van het wiel was van een voorligger gevlogen en had een stuk uit de voorruit van de Braziliaan geslagen voordat het over de McLaren heen vloog.

Avenue Robert Schuman

3

2

Rue Joseph Luns

Nivelles, met zijn brede uitloopstroken, werd als saai beschouwd en zou het zeker afleggen tegen Spa-Francorchamps.

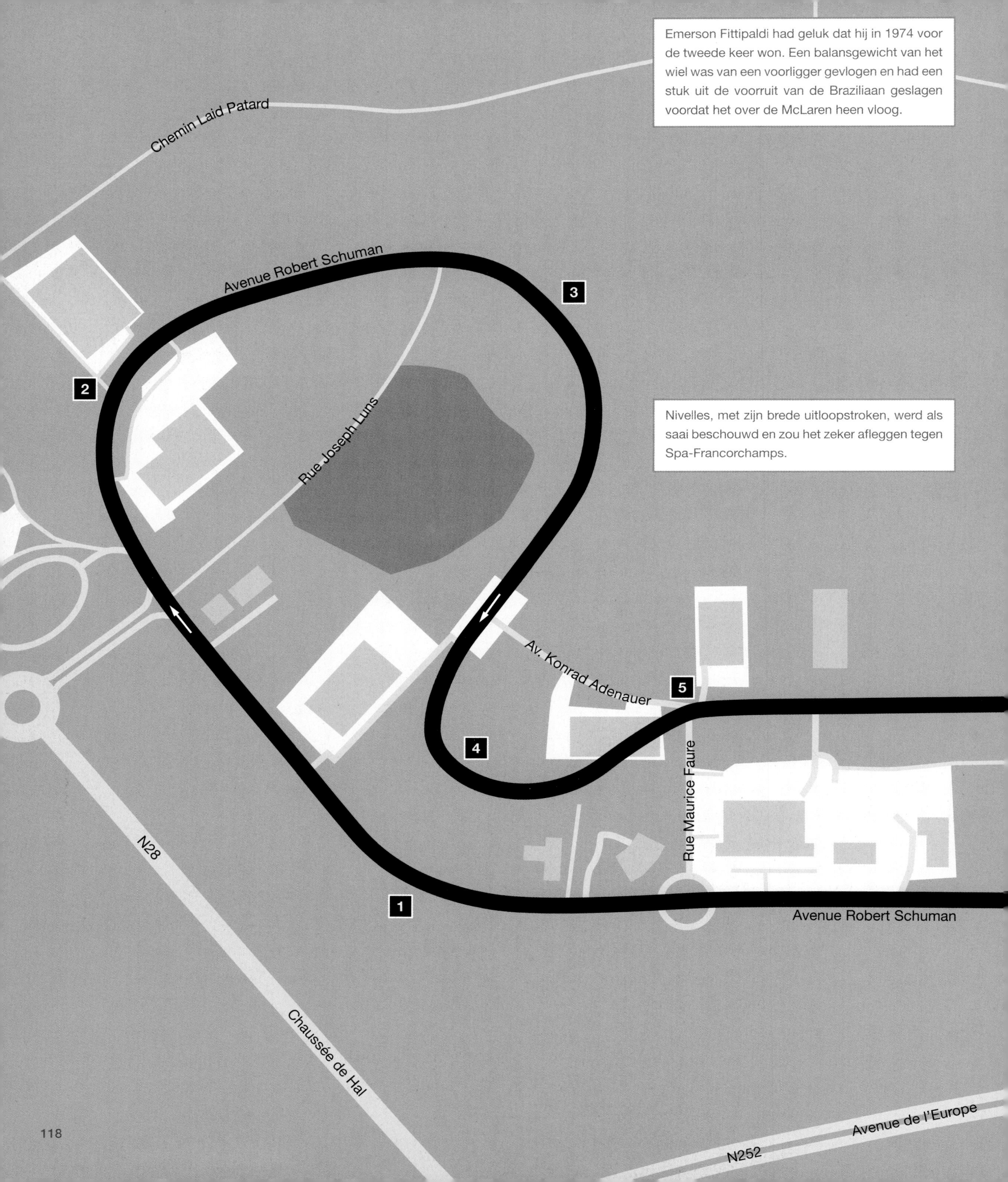

Av. Konrad Adenauer

5

4

N28

Rue Maurice Faure

1

Chaussée de Hal

Avenue Robert Schuman

Avenue de l'Europe

N252

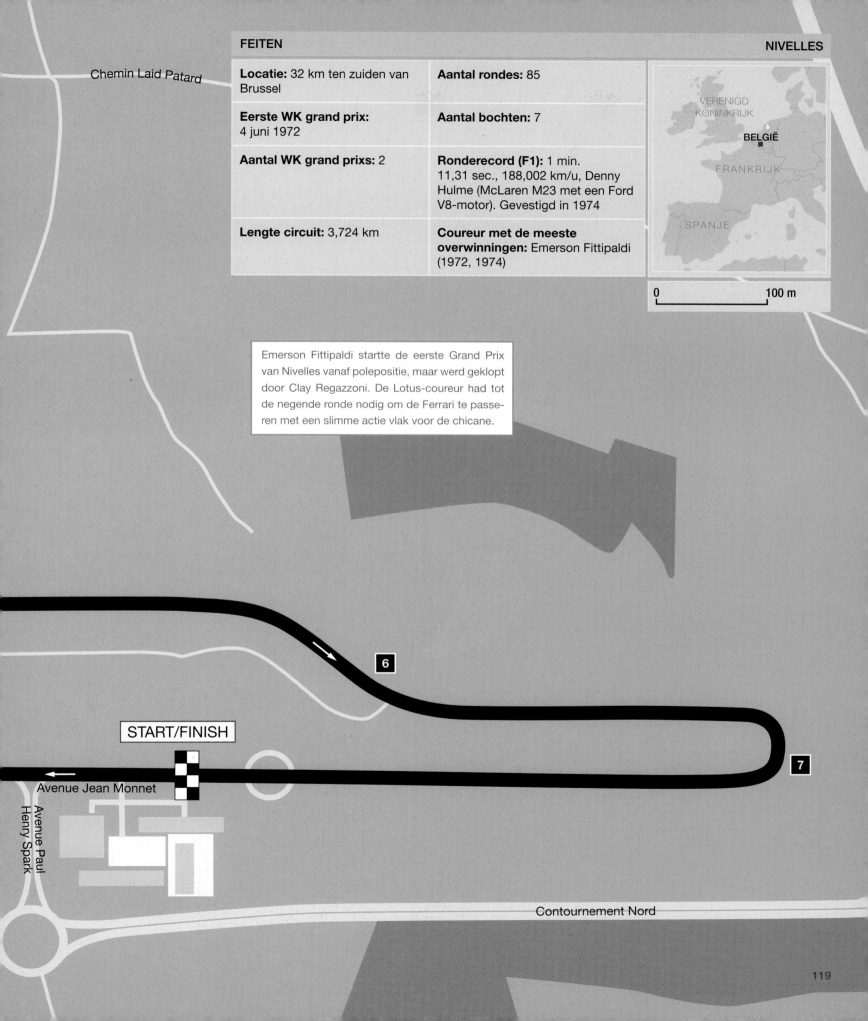

Chemin Laid Patard

FEITEN

Locatie: 32 km ten zuiden van Brussel	**Aantal rondes:** 85
Eerste WK grand prix: 4 juni 1972	**Aantal bochten:** 7
Aantal WK grand prixs: 2	**Ronderecord (F1):** 1 min. 11,31 sec., 188,002 km/u, Denny Hulme (McLaren M23 met een Ford V8-motor). Gevestigd in 1974
Lengte circuit: 3,724 km	**Coureur met de meeste overwinningen:** Emerson Fittipaldi (1972, 1974)

VERENIGD KONINKRIJK

BELGIË

FRANKRIJK

SPANJE

0   100 m

Emerson Fittipaldi startte de eerste Grand Prix van Nivelles vanaf polepositie, maar werd geklopt door Clay Regazzoni. De Lotus-coureur had tot de negende ronde nodig om de Ferrari te passeren met een slimme actie vlak voor de chicane.

6

START/FINISH

7

Avenue Jean Monnet

Avenue Paul Henry Spark

Contournement Nord

Interlagos 1973

Autódromo José Carlos Pace

 BRAZILIË

Op een onderbreking in de jaren 1980 na was dit circuit sinds 1973 regelmatig gastheer van de Grand Prix van Brazilië. De 8 km lange baan, die kronkelde en draaide, lag in de uitgestrekte buitenwijken van São Paulo en werd in 1990 ingekort tot 4,3 km. Vaak werd het kampioenschap hier op een spectaculaire manier beslist.

Het terrein was oorspronkelijk bestemd voor woningen, maar werd gebruikt voor de aanleg van een racecircuit dat in mei 1940 werd geopend. Het circuit van 7,96 km, gelegen in de wijk Interlagos (zo genoemd vanwege de ligging tussen twee grote kunstmatige meren), maakte optimaal gebruik van een natuurlijk amfitheater. De pits lagen op een plateau en de rest van het circuit slingerde heen en weer over de vlakte eronder.

Emerson Fittipaldi, een inwoner van São Paulo, wakkerde de lokale interesse in de F1 aan door in 1970 zijn eerste grand prix te winnen. Daarna was het slechts een kwestie van tijd voordat in 1972 een race buiten het kampioenschap de voorbode zou vormen van de eerste Grand Prix van Brazilië het jaar daarop. Die met werd recht gewonnen door Fittipaldi, de regerende kampioen.

Fittipaldi won het jaar daarop opnieuw en in 1975 was het de beurt aan landgenoot Carlos Pace, achter het stuur van een Brabham. Toen Pace in 1977 omkwam bij een vliegtuigongeluk, werd het circuit officieel naar hem vernoemd. Maar verder veranderde er weinig, terwijl het aantal klachten toenam over de gevaren die eigen waren aan het circuit, de ontoereikende vangrails en het steeds hobbeliger wordende oppervlak.

Het circuit van Jacarepaguá in de buurt van Rio de Janeiro was favoriet vanaf 1981, tot de opkomst van de in São Paulo geboren Ayrton Senna zorgde voor een facelift van 15 miljoen dollar voor Interlagos en een comeback in 1990. De lengte van het circuit was bijna gehalveerd dankzij slim gebruik van delen van het oude circuit.

In plaats van langs de pits een zeer lange en snelle bocht naar links te nemen dook de baan plotseling bergafwaarts de Senna S in en begon ze aan haar opmars over het vlakke land onder de steile helling, met een stijgende en dalende lijn door twee krappe bochten naar rechts bij Laranja en Bico de Pato, zoals op het originele circuit. De essentiële uitdaging en het karakter bleven, en niet in de laatste plaats ook de levendige sfeer die werd gecreëerd door de kleurrijke Brazilianen, die gek zijn op autosport. Hun reactie is niet moeilijk voor te stellen toen Senna eindelijk zijn thuisrace won in 1991, en opnieuw in 1993, een jaar voor zijn dood op Imola op 1 mei 1994.

Sinds de race in 2004 van het begin van het seizoen naar het einde werd verplaatst, heeft Brazilië vaak het kampioenschap beslist. De meest verrassende keer was in 2008, toen Lewis Hamilton van McLaren in de laatste bocht van de laatste ronde de titel afpakte van Felipe Massa van Ferrari.

Racen op Interlagos was altijd al zwaar, omdat het circuit tegen de richting van de klok in gaat, waardoor de nekspieren van de coureur op de proef werden gesteld terwijl de hobbels en hitte zijn kracht uitputten tijdens 71 rondes draaien en keren. En als de hoge temperaturen geen uitdaging vormden, dan kon regen, een frequente bezoeker van dit hooggelegen terrein, het oppervlak van het circuit nog gevaarlijker maken.

Ondanks de beloften dat er verbouwd zou worden, zijn de krappe garages en paddock er nog steeds. Deze zouden waarschijnlijk als volstrekt onacceptabel zijn afgewezen als ze ergens anders dan op Interlagos hadden gestaan. De startlijn ligt in een kom en wordt overzien door torenhoge hoofdtribunes die bruisen van energie. Daardoor bezorgt ze de grid een geladen sfeer die zijn gelijke niet kent.

Boven: Emerson Fittipaldi zette de populariteitsgolf van de F1 in Brazilië voort door in 1973 voor Lotus-Ford te winnen op Interlagos.

Onder: Ayrton Senna (te zien voor Michael Schumachers Benetton-Ford) werd aanbeden op Interlagos, vooral toen hij in 1993 voor McLaren-Ford won.

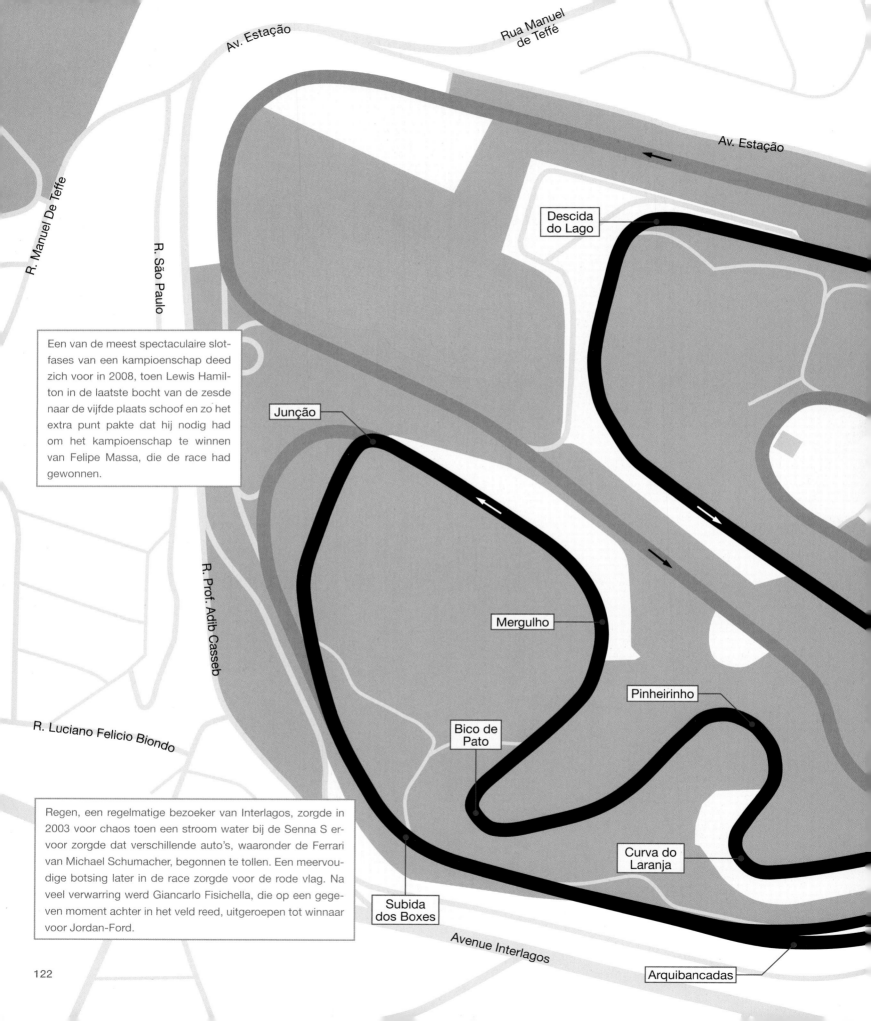

Av. Estação

Rua Manuel de Teffé

R. Manuel De Teffé

R. São Paulo

Av. Estação

Descida do Lago

Een van de meest spectaculaire slot-fases van een kampioenschap deed zich voor in 2008, toen Lewis Hamilton in de laatste bocht van de zesde naar de vijfde plaats schoof en zo het extra punt pakte dat hij nodig had om het kampioenschap te winnen van Felipe Massa, die de race had gewonnen.

Junção

R. Prof. Adib Casseb

Mergulho

Pinheirinho

R. Luciano Felicio Biondo

Bico de Pato

Regen, een regelmatige bezoeker van Interlagos, zorgde in 2003 voor chaos toen een stroom water bij de Senna S er-voor zorgde dat verschillende auto's, waaronder de Ferrari van Michael Schumacher, begonnen te tollen. Een meervou-dige botsing later in de race zorgde voor de rode vlag. Na veel verwarring werd Giancarlo Fisichella, die op een gege-ven moment achter in het veld reed, uitgeroepen tot winnaar voor Jordan-Ford.

Curva do Laranja

Subida dos Boxes

Avenue Interlagos

Arquibancadas

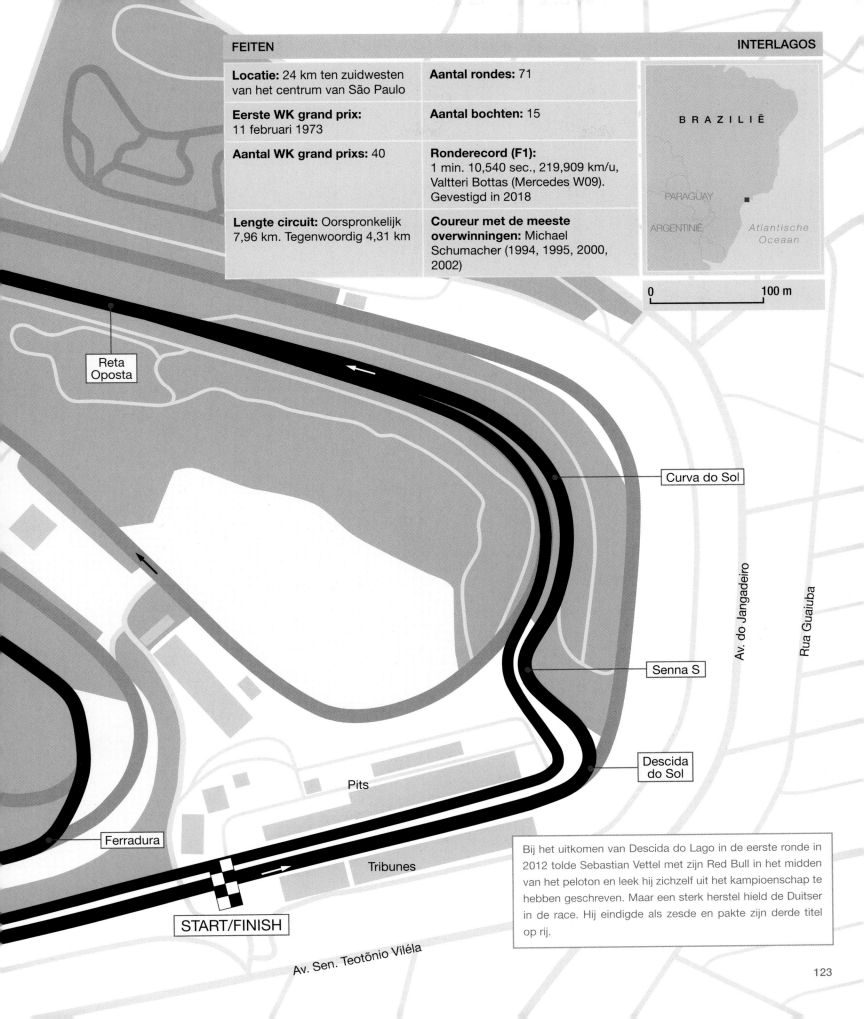

Locatie: 24 km ten zuidwesten van het centrum van São Paulo	**Aantal rondes:** 71
Eerste WK grand prix: 11 februari 1973	**Aantal bochten:** 15
Aantal WK grand prixs: 40	**Ronderecord (F1):** 1 min. 10,540 sec., 219,909 km/u, Valtteri Bottas (Mercedes W09). Gevestigd in 2018
Lengte circuit: Oorspronkelijk 7,96 km. Tegenwoordig 4,31 km	**Coureur met de meeste overwinningen:** Michael Schumacher (1994, 1995, 2000, 2002)

BRAZILIË

PARAGUAY

ARGENTINIË　　　*Atlantische Oceaan*

0　　　　100 m

Reta Oposta

Curva do Sol

Av. do Jangadeiro

Rua Guaiuba

Senna S

Descida do Sol

Pits

Ferradura

START/FINISH

Tribunes

Bij het uitkomen van Descida do Lago in de eerste ronde in 2012 tolde Sebastian Vettel met zijn Red Bull in het midden van het peloton en leek hij zichzelf uit het kampioenschap te hebben geschreven. Maar een sterk herstel hield de Duitser in de race. Hij eindigde als zesde en pakte zijn derde titel op rij.

Av. Sen. Teotônio Viléla

Zolder 1973

Omloop Terlaemen Zolder

 BELGIË

Hét racecircuit van Vlaanderen werd in 1963 gebouwd. Tussen 1973 en 1984 vonden er tien grand prixs van het wereldkampioenschap plaats. Het was een redelijk lastig circuit, maar het zal voor altijd worden geassocieerd met de dood van Gilles Villeneuve tijdens de kwalificatie in 1982 en met verschillende controverses.

In de zoektocht naar alternatieven voor Spa-Francorchamps stelde de Vlaamse afdeling van de Belgische autosport Zolder voor, een circuit van 4 km dat in 1963 werd gebouwd in de buurt van Hasselt en vlak bij Zolder. De grond was oorspronkelijk eigendom van Antoine Palmers de Terlaemen, wiens naam werd opgenomen in de titel van het circuit. Dat was uitgebreid van het oorspronkelijk vrij primitieve 2,4 km lange ontwerp dat voor het eerst werd gebruikt in 1961.

De Omloop Terlaemen Zolder, gelegen op zandheuvels te midden van naaldbomen, organiseerde in 1966 met succes een internationale F2-race. Het werd dan ook een voor de hand liggende keuze voor de thuis-grand-prix, vooral toen de verhuizing naar Nivelles-Baulers niet goed werd onthaald. Maar dit aantrekkelijkere alternatief in een dichtbebost gebied zou in de problemen komen zodra de F1-teams arriveerden voor de eerste grand prix in mei 1973.

Ondanks de inspanningen van de Royal Automobile Club of Belgium om de lokale club te steunen was Zolder nog lang niet klaar. Vooral het wegdek baarde grote zorgen toen het na een uur in de eerste training stuk begon te gaan. Ondanks dreigende stakingsacties raceten de coureurs op een circuit dat voor meer dan de helft van de raceafstand een extreem smalle racelijn had, omzoomd door gruis en grind, om nog maar te zwijgen van verlaten auto's die van het verraderlijke oppervlak waren getold. De Tyrrell-Ford van Jackie Stewart was niet een van hen, en zijn overwinning droeg bij aan de derde en laatste titel van de Schot.

Na een tweede bezoek aan Nivelles keerden de teams in 1975 terug naar Zolder. Het oppervlak vormde toen niet langer een probleem en de toevoeging van chicanes had voor de nodige snelheidsreductie gezorgd. Zolder werd de permanente thuishaven

van de grand prix, hoewel dit geen bevredigende locatie was voor de monteurs, die moesten werken in benauwde omstandigheden.

Dat de pitstraat absurd smal was, zou worden benadrukt tijdens de training in 1981, toen een Osella-monteur van de signaleringsrand gleed. Hij overleed aan zijn verwondingen nadat hij werd geraakt door de onfortuinlijke Carlos Reutemann. De Williams-coureur baande zich net op dat moment een weg door de pitstraat. Een ondoordacht protest op de grid leidde tot een wanordelijke start waarbij een Arrows-monteur, die met een stilgevallen auto bezig was, aan de dood ontsnapte. Hij werd geraakt, uitgerekend door de bestuurder van de tweede Arrows, die hem niet had gezien.

Die race werd gewonnen door Reutemann, die begrijpelijkerwijs niet in de stemming was om feest te vieren. Het jaar daarop zou John Watson onder vergelijkbare omstandigheden winnen voor McLaren, waarbij de vreugde van het moment werd overschaduwd door het vreselijke ongeluk de dag voordien. Toen Gilles Villeneuve aan het einde van de kwalificatie een snelle ronde reed in zijn Ferrari, kwam hij een langzame auto tegen in het midden van het circuit. Precies op het moment dat Villeneuve ervoor koos om naar rechts te gaan, deed de andere coureur hetzelfde. De Ferrari vloog de lucht in, waardoor de coureur met veiligheidsgordels en al uit de cockpit werd geslingerd. Villeneuve overleed die nacht aan een nekletsel. Zolder is voor altijd bezoedeld door het verlies van de populaire Frans-Canadees.

Met de terugkeer van Spa-Francorchamps in 1983 zou Zolder het jaar daarop nog een laatste kans krijgen. Die race verliep zonder incidenten. In de daaropvolgende jaren zou het circuit van eigenaar veranderen en ingrijpende aanpassingen ondergaan om ervoor te zorgen dat Zolder een autoriteit kon blijven op de Europese racekalender.

De Ligier-Ford van Patrick Depailler leidt in de eerste bocht in 1979.

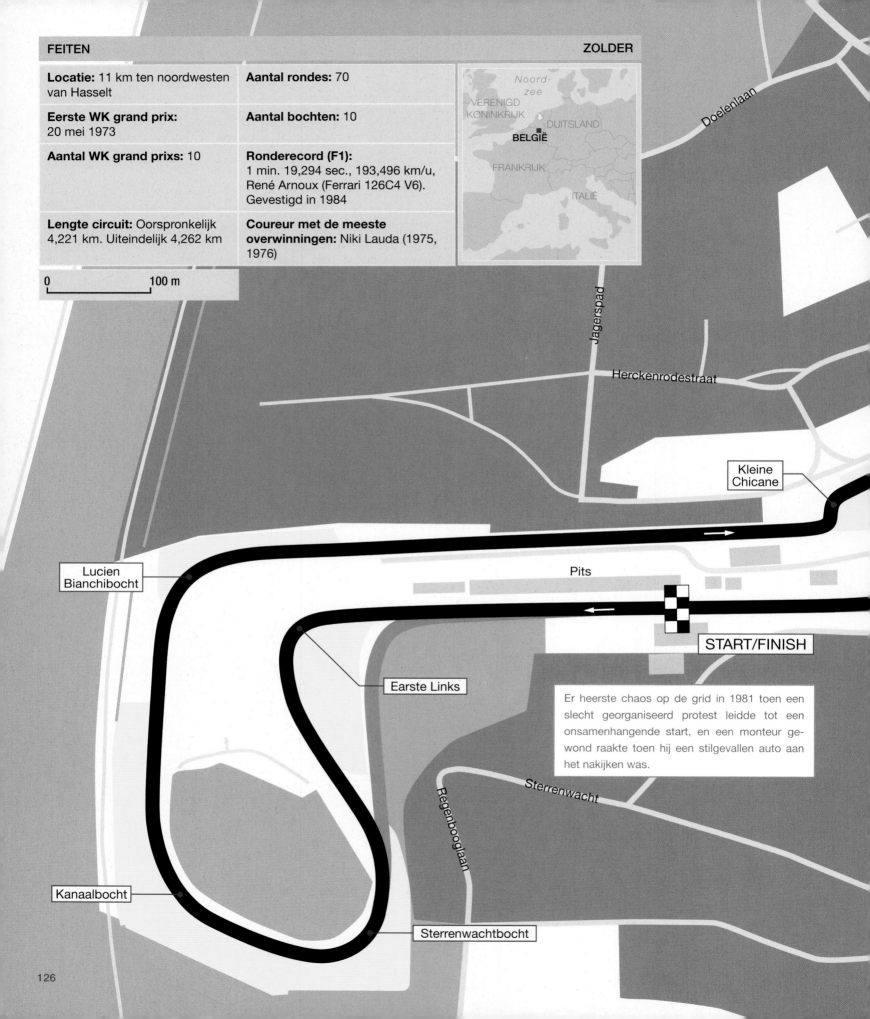

FEITEN

ZOLDER

Locatie: 11 km ten noordwesten van Hasselt

Aantal rondes: 70

Eerste WK grand prix: 20 mei 1973

Aantal bochten: 10

Aantal WK grand prixs: 10

Ronderecord (F1): 1 min. 19,294 sec., 193,496 km/u, René Arnoux (Ferrari 126C4 V6). Gevestigd in 1984

Lengte circuit: Oorspronkelijk 4,221 km. Uiteindelijk 4,262 km

Coureur met de meeste overwinningen: Niki Lauda (1975, 1976)

0   100 m

Doelenlaan

Jagerspad

Herckenrodestraat

Kleine Chicane

Lucien Bianchibocht

Pits

Earste Links

START/FINISH

Er heerste chaos op de grid in 1981 toen een slecht georganiseerd protest leidde tot een onsamenhangende start, en een monteur gewond raakte toen hij een stilgevallen auto aan het nakijken was.

Sterrenwacht

Regenbooglaan

Kanaalbocht

Sterrenwachtbocht

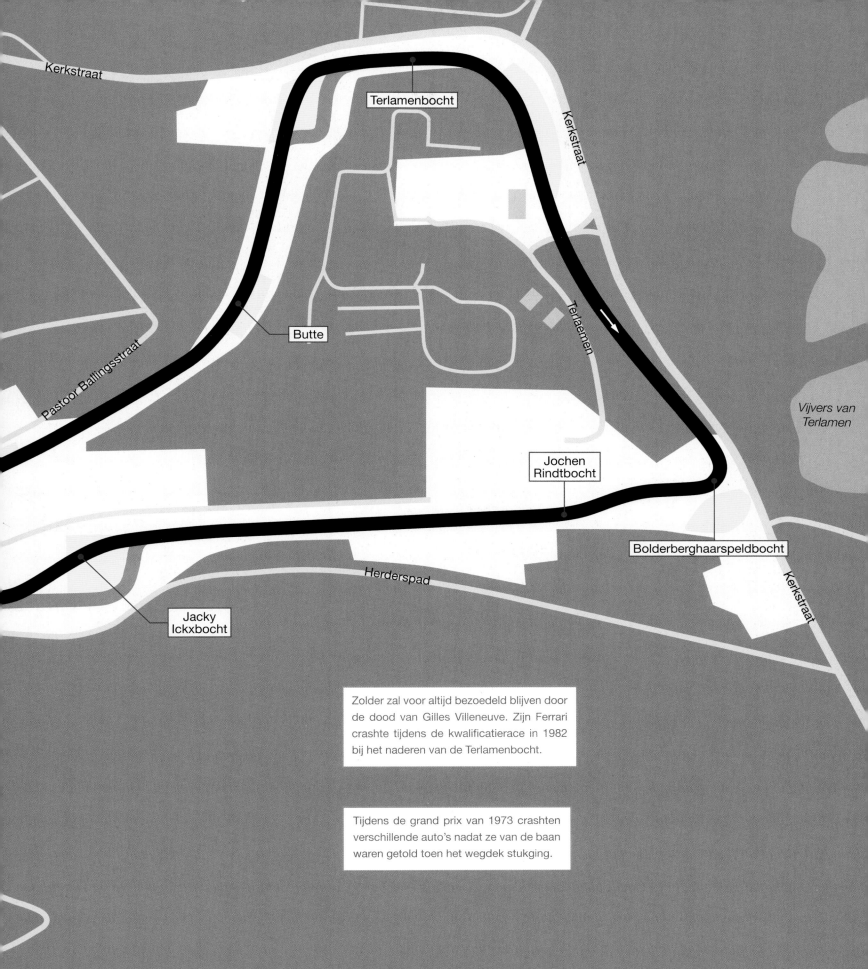

Kerkstraat

Terlamenbocht

Kerkstraat

Butte

Pastoor Ballingsstraat

Terlaemen

Vijvers van
Terlamen

Jochen
Rindtbocht

Bolderberghaarspeldbocht

Kerkstraat

Jacky
Ickxbocht

Herderspad

Zolder zal voor altijd bezoedeld blijven door
de dood van Gilles Villeneuve. Zijn Ferrari
crashte tijdens de kwalificatierace in 1982
bij het naderen van de Terlamenbocht.

Tijdens de grand prix van 1973 crashten
verschillende auto's nadat ze van de baan
waren getold toen het wegdek stukging.

Long Beach 1976

Long Beach Street Circuit

 VERENIGDE STATEN VAN AMERIKA

Dit is een goed georganiseerd en erg gewaardeerd circuit in het stadscentrum van Long Beach. In het oorspronkelijke ontwerp, dat in 1976 voor het eerst werd gebruikt voor een kampioenschapsrace, zaten een grote stijging en daling naar en vanaf de pitstraat. Met een gereduceerde versie hiervan ging een deel van het karakter van het circuit verloren en de kosten om F1-races te organiseren bleken uiteindelijk een struikelblok.

De Grand Prix van Long Beach was het geesteskind van Chris Pook, een expat uit Engeland die als reisagent werkte in een kleurloze zeehaven met een oudere bevolking. De stad wilde haar imago verbeteren en steunde de visie van Pook om een autorace door de straten te houden.

De baan begon aan Ocean Boulevard (met een armoedige bioscoop tegenover de pits), draaide scherp naar rechts, dook heuvelafwaarts naar een linkse en rechtse bocht, om dan een boog naar links te volgen die naar een haarspeldbocht leidde en zo verder naar Shoreline Drive te lopen. Het snelste gedeelte van de baan helde geleidelijk aan naar rechts. De auto's bereikten 290 km/u voordat ze hard remden voor Queens Hairpin. In de terugkeer naar de start/finish zaten vier bochten van 90 graden, voordat de baan via een steile klim naar het laatste rechte stuk liep om dan weer op Ocean Boulevard uit te komen. Het was een moeilijk en mechanisch veeleisend circuit dat aan beide kanten was begrensd met onbuigzame betonnen muren.

Naar echte Amerikaanse racestijl waren de pits open, en werden ze alleen afgebakend met betonnen blokken. Deze tijdelijke werkomgeving werd wel gecompenseerd door de ligging van de paddock, in een enorm congrescentrum in het midden van het circuit.

Een Formule 5000-race in september 1975 was een enorm succes en voldoende voorbereiding op de Grand Prix van de Verenigde Staten (West), die Clay Regazzoni in maart van het jaar daarop met gemak won voor Ferrari. Het aanzien van het evenement nam elk jaar toe. Dat was zeker het geval in 1977, toen de Amerikaanse coureur Mario Andretti voor Lotus een strijd won die een hele race duurde.

De organisatoren wilden vermijden dat er tijdens de eerste ronde incidenten zouden gebeuren, veroorzaakt door de bochten in de eerste anderhalve kilometer. Die waren namelijk echte knelpunten. Daarom werd de start in 1978 verplaatst naar Shoreline Drive, een locatie die een jaar later voor verwarring zou zorgen. Niemand stopte het peloton toen de auto's in formatie over de grid naar Ocean Drive reden. Gilles Villeneuve, die de polepositie bezat, leidde zijn verbaasde collega's terug naar de pits.

De lijst van opgevers bij elke grand prix stond vol auto's die tegen het beton waren gebotst, maar het ernstigste ongeval zou in 1980 plaatsvinden. Door een defect rempedaal crashte Regazzoni met hoge snelheid tegen een keermuur van de vluchtweg aan het einde van Shoreline Drive. De voorkant van zijn Ensign was dubbelgevouwen en Regazzoni liep verschillende ruggengraatletsels op.

Kleine wijzigingen aan de bochten op Pine Avenue in 1981 leidden tot ingrijpender veranderingen: de jaren daarop zouden Queens Hairpin en de klim naar en vanaf Ocean Boulevard verdwijnen. Verder zouden de pits naar Shoreline Drive worden verplaatst.

Het racen bleef even spectaculair als voordien. Vanuit de uitgestrekte, dichtbevolkte gebieden rondom het circuit kwamen massa's toeschouwers van het milde klimaat genieten. In 1983 zagen zij hoe John Watson een buitengewone overwinning behaalde. De McLaren-coureur, met teamgenoot Niki Lauda in zijn kielzog, kwam van achteraan in de grid en won de, achteraf gebleken, laatste grand prix op Long Beach.

Pook en zijn team vonden de F1 te duur en schakelden over op IndyCar-racen. Het evenement is een van de populairste gebleven op de racekalender van de Verenigde Staten.

Met het voor Long Beach vertrouwde profiel van de Queen Mary aan de overkant van de baai stuurt Clay Regazzoni zijn Ferrari de bocht naar links in, richting de haarspeldbocht Le Gasomet, en op de achtergrond het razendsnelle, explosieve stuk over Shoreline Drive. De Zwitser reed tijdens de openingsrace in 1976 de hele tijd aan de leiding, maar in 1980 moest hij een streep zetten onder zijn carrière door een ernstig ongeval aan het einde van het rechte stuk.

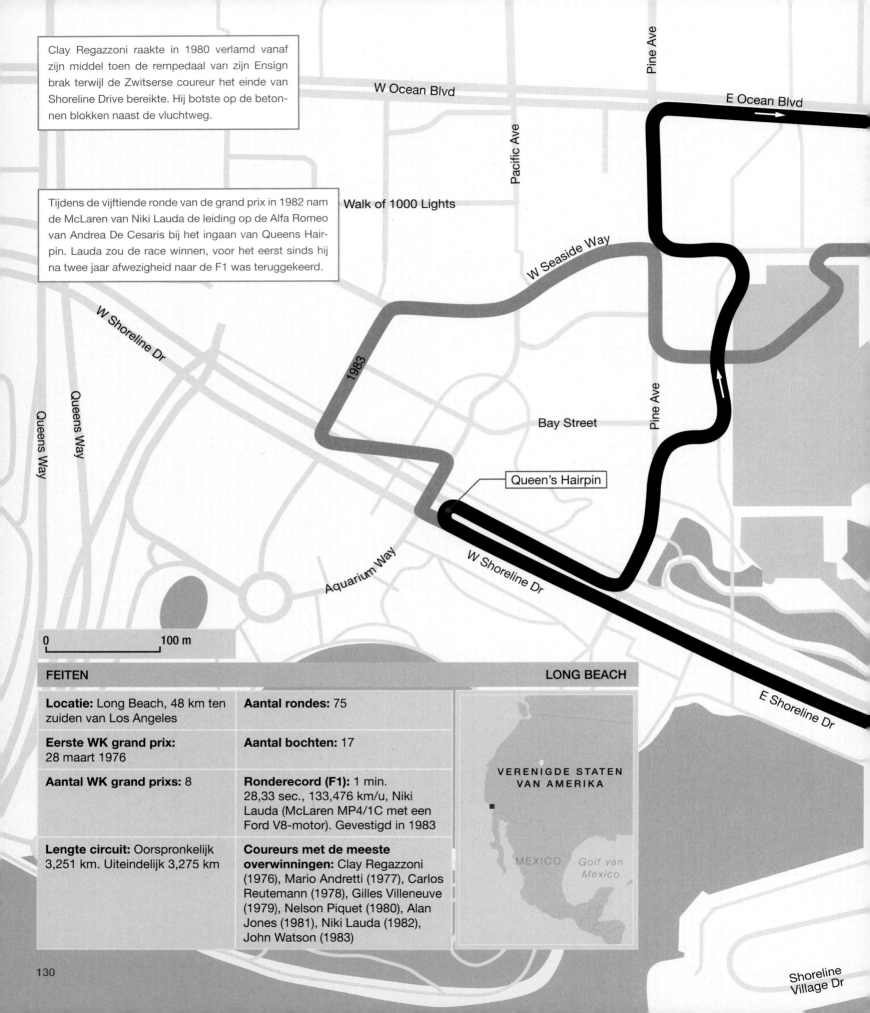

Clay Regazzoni raakte in 1980 verlamd vanaf zijn middel toen de rempedaal van zijn Ensign brak terwijl de Zwitserse coureur het einde van Shoreline Drive bereikte. Hij botste op de betonnen blokken naast de vluchtweg.

Tijdens de vijftiende ronde van de grand prix in 1982 nam de McLaren van Niki Lauda de leiding op de Alfa Romeo van Andrea De Cesaris bij het ingaan van Queens Hairpin. Lauda zou de race winnen, voor het eerst sinds hij na twee jaar afwezigheid naar de F1 was teruggekeerd.

Walk of 1000 Lights

Bay Street

Queen's Hairpin

1983

FEITEN

LONG BEACH

Locatie: Long Beach, 48 km ten zuiden van Los Angeles

Eerste WK grand prix: 28 maart 1976

Aantal WK grand prixs: 8

Lengte circuit: Oorspronkelijk 3,251 km. Uiteindelijk 3,275 km

Aantal rondes: 75

Aantal bochten: 17

Ronderecord (F1): 1 min. 28,33 sec., 133,476 km/u, Niki Lauda (McLaren MP4/1C met een Ford V8-motor). Gevestigd in 1983

Coureurs met de meeste overwinningen: Clay Regazzoni (1976), Mario Andretti (1977), Carlos Reutemann (1978), Gilles Villeneuve (1979), Nelson Piquet (1980), Alan Jones (1981), Niki Lauda (1982), John Watson (1983)

VERENIGDE STATEN VAN AMERIKA

MEXICO   Golf van Mexico

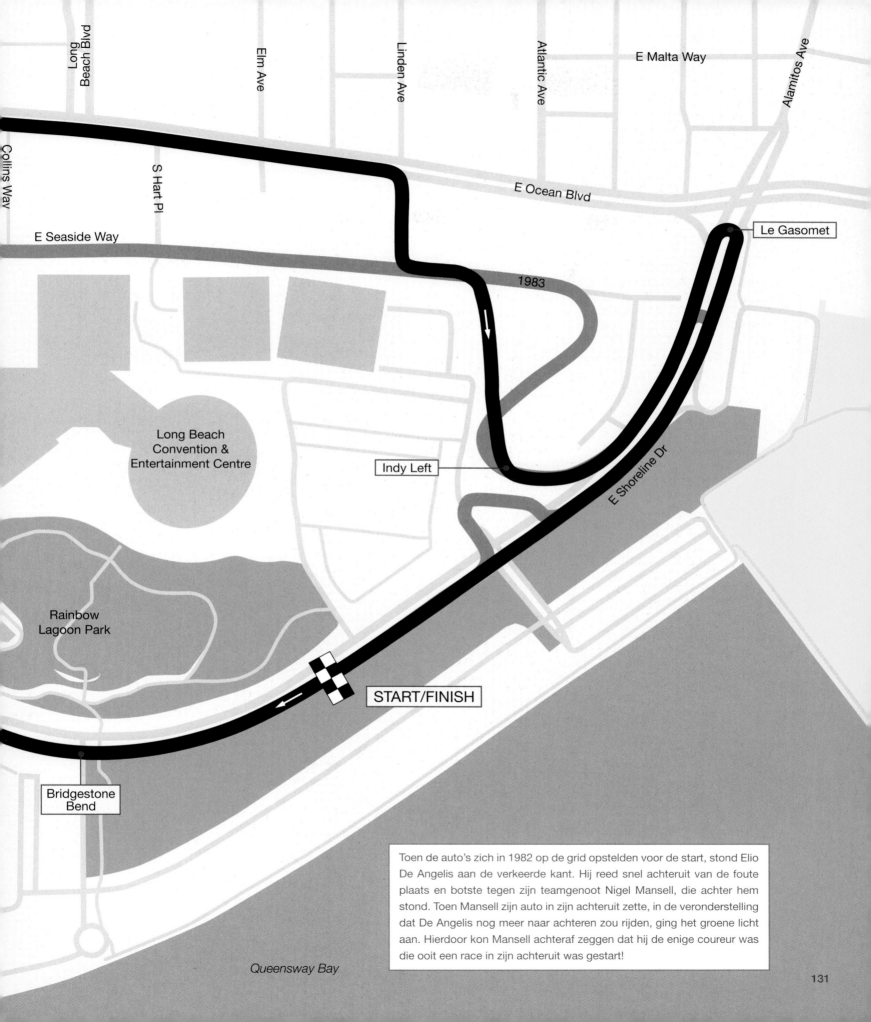

Long Beach Blvd

Elm Ave

Linden Ave

Atlantic Ave

E Malta Way

Alamitos Ave

Collins Way

S Hart Pl

E Ocean Blvd

E Seaside Way

Le Gasomet

1983

Long Beach
Convention &
Entertainment Centre

Indy Left

E Shoreline Dr

Rainbow
Lagoon Park

START/FINISH

Bridgestone
Bend

Toen de auto's zich in 1982 op de grid opstelden voor de start, stond Elio De Angelis aan de verkeerde kant. Hij reed snel achteruit van de foute plaats en botste tegen zijn teamgenoot Nigel Mansell, die achter hem stond. Toen Mansell zijn auto in zijn achteruit zette, in de veronderstelling dat De Angelis nog meer naar achteren zou rijden, ging het groene licht aan. Hierdoor kon Mansell achteraf zeggen dat hij de enige coureur was die ooit een race in zijn achteruit was gestart!

Queensway Bay

131

Fuji 1976

Fuji International Speedway

 JAPAN

Deze baan was gepland als een ovaal onder de berg Fuji, maar werd uiteindelijk een glooiend circuit. Het was het toneel voor een verrassende finale van het kampioenschap van 1976 en werd in 1977 opnieuw gebruikt. Toen er nieuwe eigenaars kwamen, werd het circuit in een nieuw jasje gestoken voor nog twee grand prixs in 2007 en 2008, voordat het er door de wereldwijde recessie mee ophield.

In 1963 werd de Fuji Speedway Corporation opgericht in de hoop races in NASCAR-stijl te kunnen houden in Japan. Er werd een supersnelweg gebouwd van 4,02 km lang met hoge hellingen in de schaduw van de berg Fuji. Door een tekort aan financiële middelen raakte het originele project nooit af, maar die ene steile bocht die wel klaar was, werd deel van een wegcircuit dat in december 1965 opening.

De steile bocht met hoge snelheid zorgde voor zoveel ongevallen, sommige ervan dodelijk, dat in 1965 een grondige herziening noodzakelijk was als Fuji wilde meedingen naar een race van het F1-wereldkampioenschap eind 1976.

Het seizoen, dat al heel dramatisch was, zou dat ook blijven door hevige regen, waardoor de race in het gedrang kwam. James Hunt en Niki Lauda vochten met hand en tand om de titel van het kampioenschap, maar Lauda trok zich terug vanwege de gevaarlijke omstandigheden. De titel ging naar Hunt: de McLaren-coureur was uiteindelijk als derde geëindigd. Hij had een comeback gemaakt nadat hij een lekke band had moeten laten vervangen.

Hunt won de Grand Prix van Japan toen hij twaalf maanden later terugkeerde naar Fuji, maar de race werd overschaduwd door controverse. De oorzaak hiervan was een botsing tussen Gilles Villeneuve en de Tyrrell-Ford van Ronnie Peterson. De Ferrari reed in op een groep marshals en fotografen, en twee van hen vonden de dood. De Japanse race werd van de kalender gehaald. Toen hij in 1986 terugkeerde, was Fuji niet eens in de running en werd Suzuka, eigendom van Honda, de permanente basis.

Toyota's aankoop van Fuji in 2000 leidde tot een grote herprofilering van het circuit (met behoud van een van de langste rechte stukken in de F1) en een hoognodige verbouwing van de faciliteiten om de terugkeer van de grand prix mogelijk te maken. In 2007 werd toestemming verleend voor die terugkeer. Maar net als met Fuji's debuut 31 jaar eerder was het door onophoudelijke regen niet duidelijk of de race volledig kon doorgaan. De eerste 19 rondes werden achter de safety car afgelegd. Er waren diverse incidenten – geen ervan ernstig – en Lewis Hamilton werd de winnaar. Hij verstevigde zijn kans op de kampioenschapstitel, maar verkwanselde die uiteindelijk.

Toen de grand prix in oktober 2008 terugkeerde, was Hamilton opnieuw verwikkeld in het titelgevecht. De coureur van McLaren-Mercedes zag zijn kansen echter wegglippen toen bij de start vanaf poleposition zijn remmen blokkeerden en hij in de eerste bocht een botsing veroorzaakte. Een ronde later werd Hamilton geraakt door zijn kampioenschapsrivaal Felipe Massa. Hierdoor, en door een drive-through penalty voor het veroorzaken van de eerste botsing, belandde de Engelsman achteraan in het peloton. Hij finishte ten slotte buiten de punten, en de race werd gewonnen door Fernando Alonso met zijn Renault.

Het was de bedoeling dat Fuji jaarlijks zou afwisselen met Suzuka als gastheer voor de Japanse race van het kampioenschap. Door een combinatie van factoren, met als belangrijkste de wereldwijde recessie en de slechte ticketverkoop, moest Fuji het na een kort maar kleurrijk F1-verhaal opgeven.

Boven: Fuji zal het best herinnerd worden vanwege de finale van het kampioenschap in 1976. James Hunt eindigde als derde en won de titel nadat Niki Lauda zich had teruggetrokken vanwege de gevaarlijke omstandigheden. Hunt heeft de leiding op zijn McLaren-teamgenoot, Jochen Mass. Op de achtergrond is de voet van de berg Fuji zichtbaar.

Onder: De Fuji International Speedway kende een korte maar kleurrijke geschiedenis in de F1.

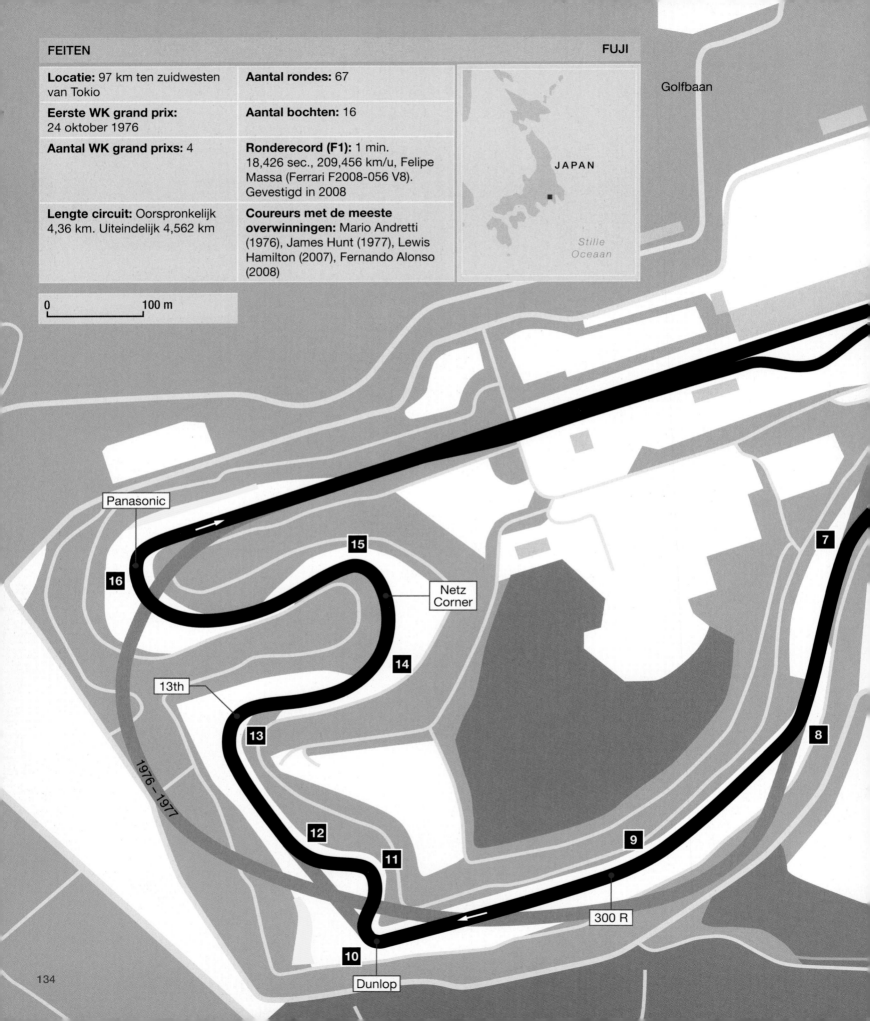

FEITEN

FUJI

Locatie: 97 km ten zuidwesten van Tokio

Eerste WK grand prix: 24 oktober 1976

Aantal WK grand prixs: 4

Lengte circuit: Oorspronkelijk 4,36 km. Uiteindelijk 4,562 km

Aantal rondes: 67

Aantal bochten: 16

Ronderecord (F1): 1 min. 18,426 sec., 209,456 km/u, Felipe Massa (Ferrari F2008-056 V8). Gevestigd in 2008

Coureurs met de meeste overwinningen: Mario Andretti (1976), James Hunt (1977), Lewis Hamilton (2007), Fernando Alonso (2008)

JAPAN

Stille Oceaan

Golfbaan

0 100 m

Panasonic

16

15

Netz Corner

14

13th

13

12

11

10

Dunlop

1976 – 1977

7

8

9

300 R

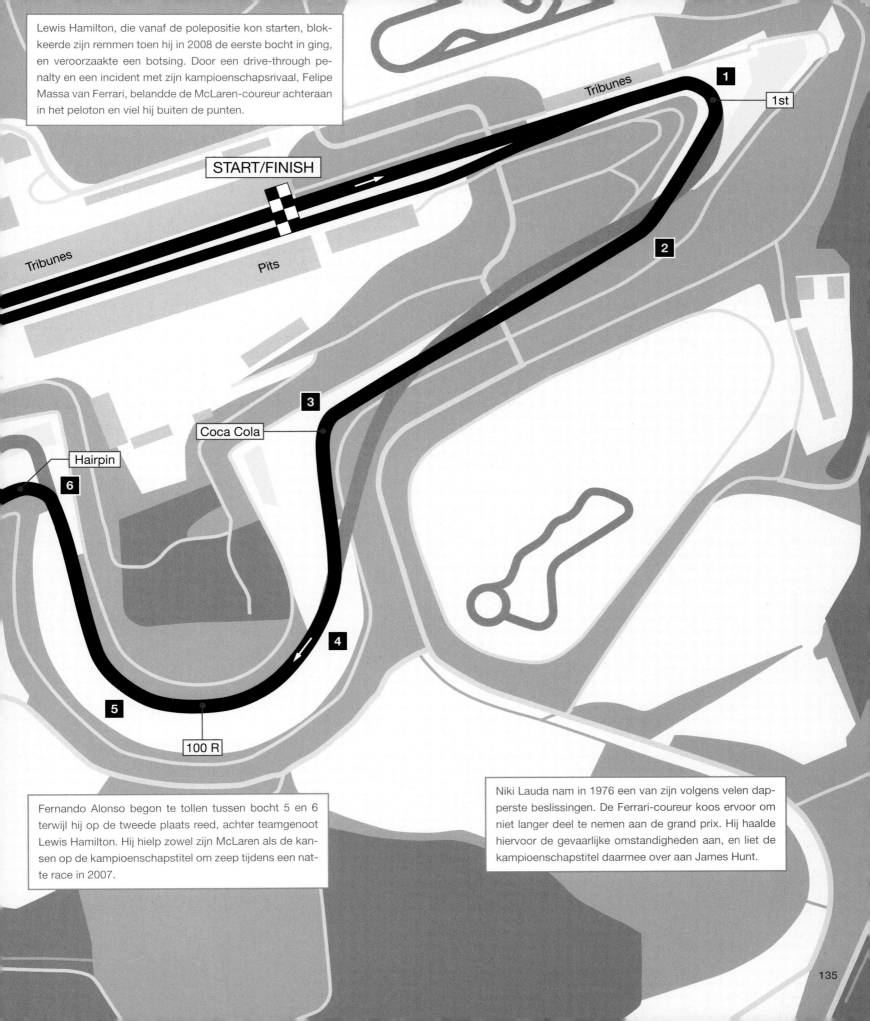

Lewis Hamilton, die vanaf de polepositie kon starten, blokkeerde zijn remmen toen hij in 2008 de eerste bocht in ging, en veroorzaakte een botsing. Door een drive-through penalty en een incident met zijn kampioenschapsrivaal, Felipe Massa van Ferrari, belandde de McLaren-coureur achteraan in het peloton en viel hij buiten de punten.

START/FINISH

Tribunes

Tribunes

Pits

1st

1

2

3

Coca Cola

Hairpin

6

4

5

100 R

Fernando Alonso begon te tollen tussen bocht 5 en 6 terwijl hij op de tweede plaats reed, achter teamgenoot Lewis Hamilton. Hij hielp zowel zijn McLaren als de kansen op de kampioenschapstitel om zeep tijdens een natte race in 2007.

Niki Lauda nam in 1976 een van zijn volgens velen dapperste beslissingen. De Ferrari-coureur koos ervoor om niet langer deel te nemen aan de grand prix. Hij haalde hiervoor de gevaarlijke omstandigheden aan, en liet de kampioenschapstitel daarmee over aan James Hunt.

Rio de Janeiro 1978

Autodrómo Internacional Nelson Piquet, Jacarepaguá

 BRAZILIË

Het aangename klimaat maakte dit circuit uitstekend geschikt voor uitgebreide testen voorafgaand aan de seizoenen in de jaren 1980. Het was vlak en niet bijzonder veeleisend en lag in de buurt van een stortplaats aan het eind van een hobbelige en gevaarlijke rit vanuit het centrum van Rio. De grand prix was een kleurrijk evenement, en vaak de opener van het seizoen. Tienmaal werd dit circuit gekozen voor de Grand Prix van Brazilië.

De Jacarepaguá-racebaan (vernoemd naar de plaatselijke wijk) werd gebouwd op moerasgrond ten zuidwesten van Rio de Janeiro. Het circuit zou nooit bepaald inspirerend worden. Het was vlak en had een lang, recht stuk aan de pits. Het belangrijkste kenmerk was een enorme hoofdtribune die uitkeek over een nog langer recht stuk het verst van de finish.

Op die tribune zat de meerderheid van de 90.000 toeschouwers, die de gevaarlijke rit vanuit Rio hadden afgelegd over wegen vol putten, toen er in 1978 de eerste grand prix werd gehouden. De Argentijn Carlos Reutemann won de race, maar de plaatselijke inwoners vonden troost in Emerson Fittipaldi. Hij bezorgde de F1-auto van Brazilië, de Fittipaldi-Ford, een tweede plaats, met weliswaar bijna een minuut achterstand op de Ferrari.

Hoewel hij vanaf de tweede rij startte, nam Reutemann onmiddellijk de leiding en racete hij ervandoor. Dat had hij deels te danken aan zijn Michelin-banden, die beter bestand waren tegen de verzengende hitte dan de Goodyears die door elk ander team behalve één werden gebruikt. De Zuid-Amerikaanse zon vormde doorgaans geen probleem voor de racefans, maar een brandweerwagen die de hoofdtribune besproeide, droeg zijn steentje bij aan de carnavaleske sfeer voor de start.

In 1981 was die maatregel niet nodig. De dag van de race viel op door twee dingen: de aanhoudende regen en Reutemann (nu met een Williams) die weigerde om de teamorders op te volgen en won ten koste van een misnoegde Alan Jones.

Nadat de grand prix twee jaar naar São Paulo was verplaatst, zou hij de rest van de jaren 1980 op Jacarepaguá blijven. Aan drama geen gebrek, variërend van rellen over de geldigheid van de eerste twee coureurs die in 1982 finishten tot Nelson Piquet, de laatste Braziliaanse held, die van vermoeidheid in elkaar zakte toen hij aan het einde van diezelfde race op het podium stond.

Het F1-debuut van Ayrton Senna op Jacarepaguá in 1984 eindigde met mechanische problemen aan zijn Toleman-Hart. Een overstap naar Lotus-Renault beloofde betere resultaten voor het daaropvolgende jaar. Senna zou in 1985 opgeven omdat hij weer problemen met zijn auto had. Die race werd gewonnen door Alain Prost in zijn McLaren-TAG. Prost zou het podium in Rio domineren door vijfmaal te winnen, vaak door voorzichtig te zijn. Zo zorgde hij goed voor zijn auto of voor zijn banden in de verraderlijke omstandigheden die werden opgeworpen door deze baan en zijn saaie omgeving.

Jacarepaguá was een populaire testbaan geworden, en de F1-teams brachten een groot deel van de tijd buiten het seizoen door in Brazilië. De locatie was een zwoel alternatief voor de Europese winter. Al werd de kalmerende bries van de Zuidelijke Atlantische Oceaan vervangen door het aroma van de plaatselijke vuilnisstort wanneer de wind uit de verkeerde richting blies.

De laatste overwinning voor Prost in Rio vond plaats in 1988. Dat jaar werd het circuit herdoopt ter ere van Piquets derde wereldkampioenschapstitel, die hij het seizoen voordien had behaald. De zege voor Prost in Brazilië kwam eigenlijk zo goed als verwacht, maar hetzelfde kon niet worden gezegd van de overwinning van Nigel Mansell in 1989. De Engelsman had een vroege terugvlucht geboekt omdat hij ervan overtuigd was dat hij met de gloednieuwe Ferrari met zijn revolutionaire versnellingsbak met schakelflippers, de race niet zou kunnen uitrijden. Als afsluiting van een ietwat bizarre race sneed Mansell zijn vingers nog aan de scherpe randen van de trofee.

Het zou de laatste F1-viering in Rio worden, doordat een verbouwd Interlagos de organisatie van de grand prix weer opeiste. Het circuit zou voor nationale races worden gebruikt, en na de ombouw tot een soort snelweg reden er Amerikaanse IndyCars.

In 2012 werden de verschillende banen en verouderde voorzieningen afgebroken om plaats te maken voor gebouwen voor de Olympische Spelen van 2016. Dat betekende het einde van een grand-prixbaan waarover gemengde gevoelens bestonden, die grotendeels werden goedgemaakt door een geweldig klimaat en een levendige sfeer.

Boven: Alain Prost opende het seizoen van 1988 met een overwinning voor McLaren-Honda.

Onder: Elio De Angelis rijdt in 1986 moeizaam voorbij de volle hoofdtribune aan het rechte stuk het verst van de finish. Na een pitsstop was een voorwiel van zijn Brabham-BMW losgekomen. De Italiaanse coureur slaagde erin om weer mee te doen met de race en als achtste te eindigen.

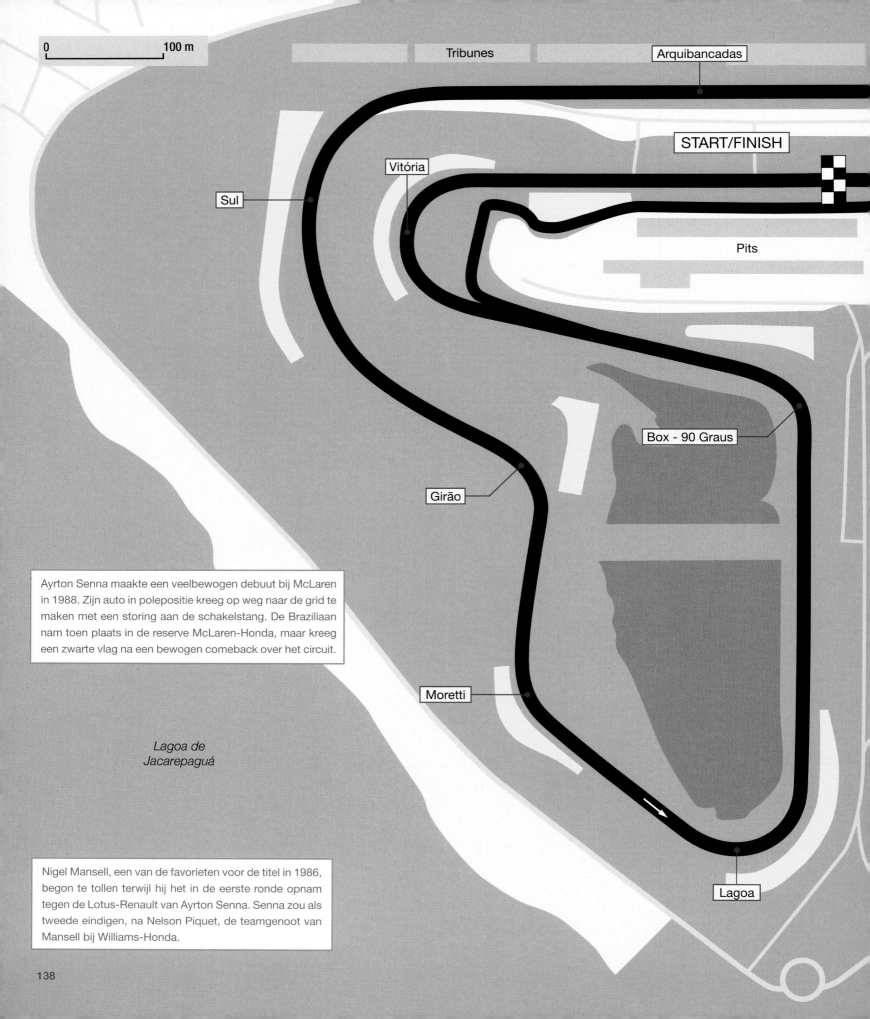

0   100 m

Tribunes

Arquibancadas

START/FINISH

Pits

Sul

Vitória

Box - 90 Graus

Girão

Moretti

Ayrton Senna maakte een veelbewogen debuut bij McLaren in 1988. Zijn auto in polepositie kreeg op weg naar de grid te maken met een storing aan de schakelstang. De Braziliaan nam toen plaats in de reserve McLaren-Honda, maar kreeg een zwarte vlag na een bewogen comeback over het circuit.

Lagoa de
Jacarepaguá

Lagoa

Nigel Mansell, een van de favorieten voor de titel in 1986, begon te tollen terwijl hij het in de eerste ronde opnam tegen de Lotus-Renault van Ayrton Senna. Senna zou als tweede eindigen, na Nelson Piquet, de teamgenoot van Mansell bij Williams-Honda.

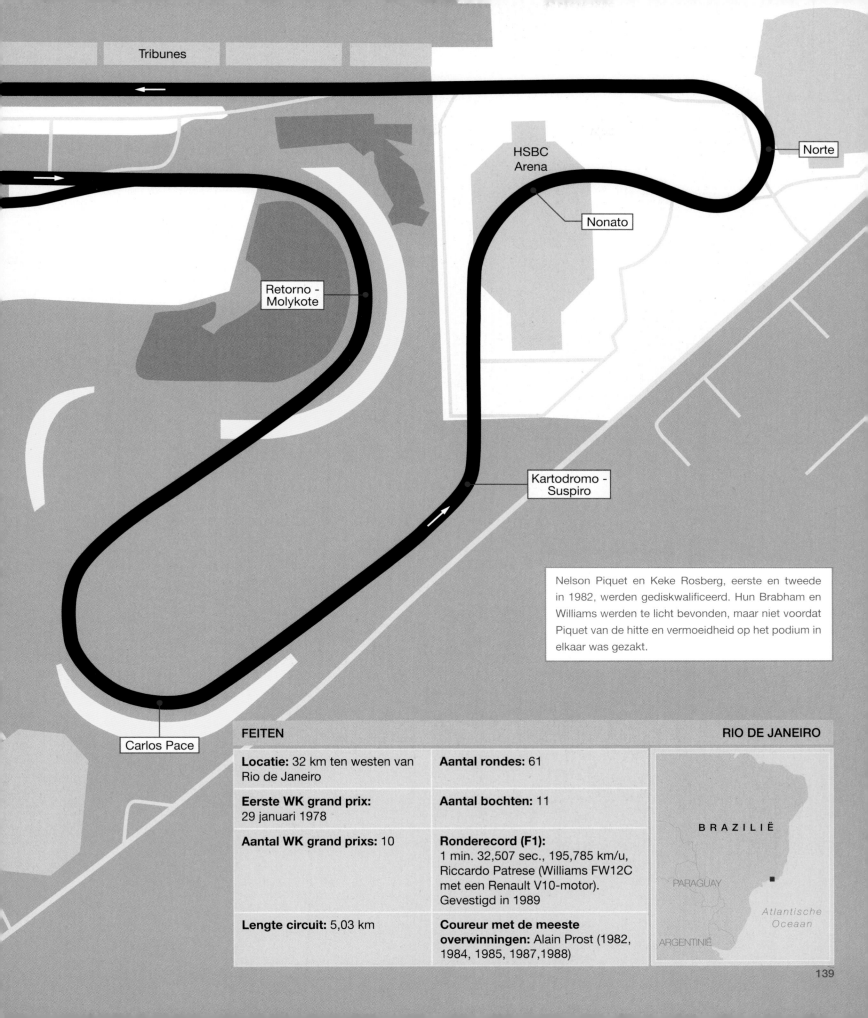

Tribunes

Norte

HSBC
Arena

Nonato

Retorno -
Molykote

Kartodromo -
Suspiro

Carlos Pace

Nelson Piquet en Keke Rosberg, eerste en tweede in 1982, werden gediskwalificeerd. Hun Brabham en Williams werden te licht bevonden, maar niet voordat Piquet van de hitte en vermoeidheid op het podium in elkaar was gezakt.

FEITEN

RIO DE JANEIRO

Locatie: 32 km ten westen van Rio de Janeiro	**Aantal rondes:** 61
Eerste WK grand prix: 29 januari 1978	**Aantal bochten:** 11
Aantal WK grand prixs: 10	**Ronderecord (F1):** 1 min. 32,507 sec., 195,785 km/u, Riccardo Patrese (Williams FW12C met een Renault V10-motor). Gevestigd in 1989
Lengte circuit: 5,03 km	**Coureur met de meeste overwinningen:** Alain Prost (1982, 1984, 1985, 1987,1988)

BRAZILIË

PARAGUAY

Atlantische
Oceaan

ARGENTINIË

Montreal 1978

Circuit Gilles Villeneuve

 CANADA

Dit circuit werd geïntroduceerd in 1978. Ondanks een vlak en eenvoudig ontwerp was de baan erg geliefd onder de teams, coureurs en racefans. De locatie was uniek: op een eiland in de Saint-Lawrencerivier, snel te bereiken met de metro vanuit het centrum van Montreal. Het circuit was zwaar voor de remmen en veeleisend voor de coureurs, door de smalle chicanes en de vele muren.

Toen Mosport en Saint Jovite niet langer geschikt werden geacht voor de F1, werden er al snel plannen gemaakt om een baan aan te leggen op het Île Notre-Dame in de Saint-Lawrence. Dit kunstmatige eiland was aangelegd voor Expo 67, en het circuit gebruikte veel van de randwegen die naar futuristische paviljoenen leidden. De helft van de baan lag langs het Bassin Olympique, dat werd gebouwd voor roei-evenementen tijdens de Olympische Spelen van Montreal van 1976. Hierdoor stonden er voormalige boothuizen, die werden gebruikt als garages voor de F1-teams. Alles bij elkaar vormde dit een unieke locatie, die door het efficiënte metrosysteem van de stad werd bediend.

Het circuit van 4,7 km lang werd voorbereid voor de Grand Prix van Canada van 1978. Het was op tijd klaar voor een droomresultaat: de race werd gewonnen door de Ferrari van Gilles Villeneuve. De eerste grand-prixoverwinning voor de Frans-Canadees verzekerde mede de kortetermijntoekomst van het circuit, ondanks zijn relatief verlaten uiterlijk op die koude oktobermiddag.

Een jaar later zou Montreal de toekomst van Niki Lauda bepalen, toen hij plots halverwege de eerste oefendag met de F1 stopte. In 1980 zou de Grand Prix van Canada het kampioenschap beslechten nadat de twee kanshebbers, Alan Jones en Nelson Piquet, op elkaar botsten en een kettingbotsing veroorzaakten. In september van het jaar daarop keerde Jones terug als heersend wereldkampioen. Het was een opmerkelijke race omdat onder verschrikkelijke omstandigheden elf coureurs ofwel in een ongeval betrokken raakten, ofwel begonnen te tollen.

De enige klacht over Montreal ging over het kille, onvoorspelbare weer. Toen de Grand Prix van de Verenigde Staten in juni naar Detroit verhuisde en werd gekoppeld aan de Canadese race, leek er een oplossing te zijn gevonden. Het toeval wilde dat het weer op 13 juni 1982 erg koud was. Maar dat was maar een klein probleem.

De maand ervoor was Villeneuve overleden. Ondanks zijn afwezigheid en een staking van het openbaar vervoer in de stad kwam een enorme menigte opdagen om de Ferrari van Didier Pironi vanaf de polepositie te zien starten. Een paar seconden voor het groene licht liet de Fransman zijn motor afslaan. Hij werd van achteren geraakt door Ricardo Paletti. De Osella-coureur reed op hoge snelheid en zag helemaal niets nadat hij vanaf de laatste rij van de grid was gestart. De Italiaanse nieuwkomer stierf door ernstige verwondingen aan zijn borst.

Na een jaar pauze in 1987 keerde de grand prix terug. Er bevonden zich nieuwe pits aan het verste gedeelte van de baan, die nu omgedoopt was tot Circuit Gilles Villeneuve. Ayrton Senna won twee van de volgende drie jaar voor McLaren, maar in 1991 lag hij derde toen hij uit de race stapte. Die race had een dominerende Nigel Mansell eigenlijk moeten winnen, maar de Williams-Honda-coureur kwam minder dan 1,5 km voor de finish tot stilstand.

De volgende jaren zou Michael Schumacher zevenmaal winnen. Toch bleef de Duitser niet gevrijwaard van een botsing tegen wat bekend kwam te staan als de Wall of Champions (de muur van de kampioenen) aan de buitenkant bij het uitrijden van de laatste chicane. In 1993 eindigde hier de race voor drie kampioenen: Schumacher, Damon Hill en Jacques Villeneuve (zoon van Gilles).

In 2005 zou Jenson Button ook de schande moeten dragen om in het volle zicht van de pits te crashen. Zes jaar later maakte hij dit echter goed toen hij een gedenkwaardige overwinning behaalde door in de laatste ronde vanuit de achterhoede van het peloton de leiding te nemen.

Ondanks zijn saaie ontwerp heeft het Gilles Villeneuve-circuit voor veel spectaculaire races gezorgd. Net zo vaak was er discussie met F1-baas Bernie Ecclestone over de financiën, wat werd aangetoond doordat het circuit nu en dan niet op de kalender mocht prijken. Als de race ooit permanent zou verdwijnen, zou deze door de F1 en een enthousiast thuispubliek heel erg worden gemist. Er bestaan weinig betere locaties om een autorace te houden op een perfecte zomerdag.

Het begin van een sprookje. Gilles Villeneuve en Ferrari behaalden een emotionele overwinning in 1978 toen Montreal voor de eerste keer de Grand Prix van Canada organiseerde.

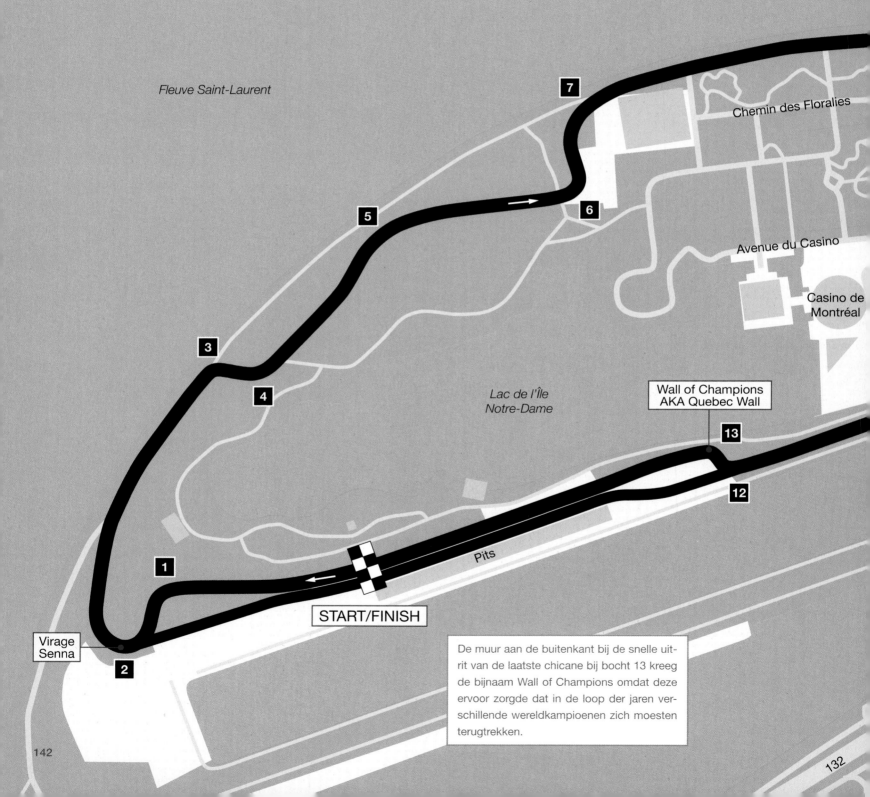

In 2011 startte Jenson Button als zevende op de grid. Hij botste eerst tegen zijn McLaren-teamgenoot, kreeg een drive-through penalty omdat hij te snel reed in de pitstraat, belandde achteraan in het peloton en botste tegen een Ferrari. Daarna reed hij naar voren, om halverwege de laatste ronde de leiding te nemen toen Sebastian Vettel onder druk zijn bocht te ruim nam.

Fleuve Saint-Laurent

7

Chemin des Floralies

5

6

Avenue du Casino

Casino de Montréal

3

4

Lac de l'Île Notre-Dame

Wall of Champions AKA Quebec Wall

13

1

12

START/FINISH

Pits

Virage Senna

2

De muur aan de buitenkant bij de snelle uitrit van de laatste chicane bij bocht 13 kreeg de bijnaam Wall of Champions omdat deze ervoor zorgde dat in de loop der jaren verschillende wereldkampioenen zich moesten terugtrekken.

0   100 m

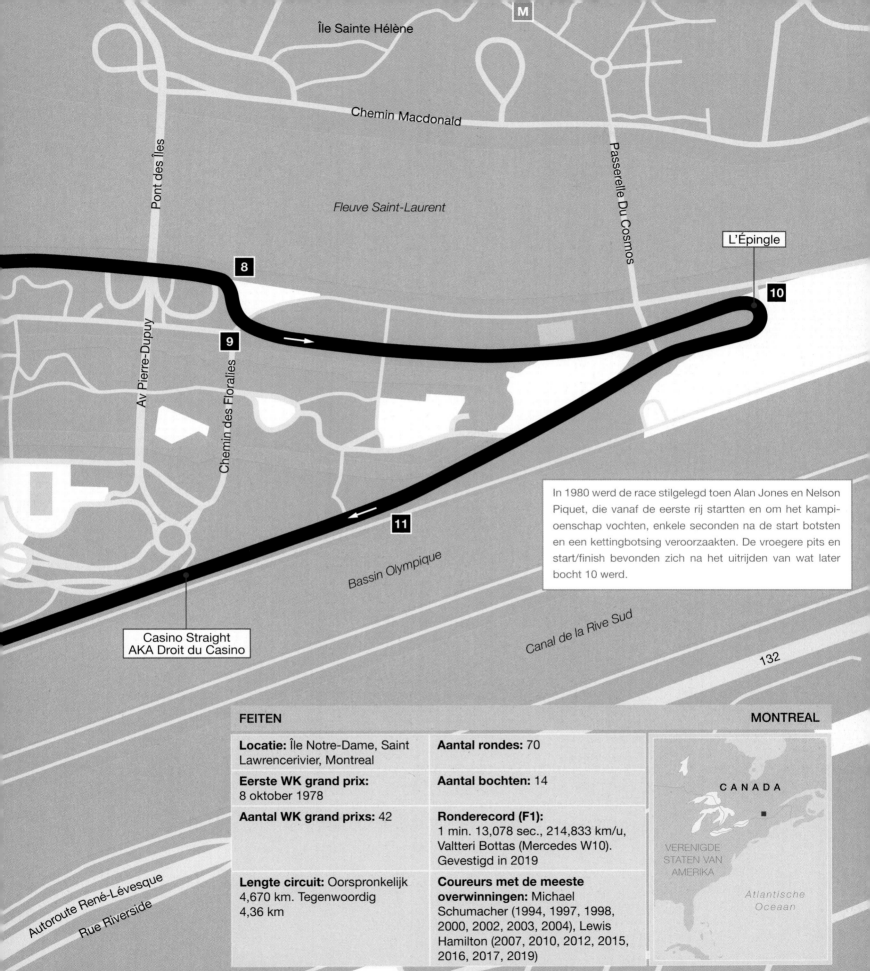

Île Sainte Hélène

M

Chemin Macdonald

Pont des îles

Fleuve Saint-Laurent

Passerelle Du Cosmos

L'Épingle

8

10

9

Av Pierre-Dupuy

Chemin des Floralies

In 1980 werd de race stilgelegd toen Alan Jones en Nelson Piquet, die vanaf de eerste rij startten en om het kampioenschap vochten, enkele seconden na de start botsten en een kettingbotsing veroorzaakten. De vroegere pits en start/finish bevonden zich na het uitrijden van wat later bocht 10 werd.

11

Casino Straight
AKA Droit du Casino

Bassin Olympique

Canal de la Rive Sud

132

Autoroute René-Lévesque

Rue Riverside

FEITEN

MONTREAL

Locatie: Île Notre-Dame, Saint Lawrencerivier, Montreal	**Aantal rondes:** 70
Eerste WK grand prix: 8 oktober 1978	**Aantal bochten:** 14
Aantal WK grand prixs: 42	**Ronderecord (F1):** 1 min. 13,078 sec., 214,833 km/u, Valtteri Bottas (Mercedes W10). Gevestigd in 2019
Lengte circuit: Oorspronkelijk 4,670 km. Tegenwoordig 4,36 km	**Coureurs met de meeste overwinningen:** Michael Schumacher (1994, 1997, 1998, 2000, 2002, 2003, 2004), Lewis Hamilton (2007, 2010, 2012, 2015, 2016, 2017, 2019)

CANADA

VERENIGDE
STATEN VAN
AMERIKA

Atlantische
Oceaan

Imola 1980

Autodromo Enzo e Dino Ferrari

 ITALIË

Dit circuit werd snel populair in de jaren 1980 dankzij de uitgestrekte glooiende heuvels aan de rand van Imola en een lentedatum waarmee het Europese seizoen werd geopend. Het blijft voor altijd geassocieerd met de dood van Roland Ratzenberger en Ayrton Senna tijdens een inktzwart weekend in 1994. De baan werd daarna slechts twee keer gebruikt en keerde terug in 2020.

Gezien de traditie en geschiedenis van Monza zou het altijd moeilijk zijn om een ander Italiaans circuit als F1-locatie te vestigen. Maar Imola, gebouwd in 1950, had heel wat in petto. De baan lag in een glooiend parklandschap rondom en over een heuvel aan de rand van de oude stad en bood een circuit waar de coureurs dol op waren. Het werd gebruikt voor een F1-race buiten het kampioenschap in 1963, maar een kans om een grand prix te organiseren werd beperkt door slechte faciliteiten en de wurggreep van Monza.

De toevoeging van een drie verdiepingen tellend pitscomplex in de jaren 1970 was een stap in de goede richting. Niet lang daarna deed zich een politieke kans voor door de golf van kritiek op Monza na de dood van Ronnie Peterson als gevolg van een ongeluk in 1978. Toen Imola in september 1979 als gastheer optrad voor een race buiten het kampioenschap, waren de F1-teams al snel overtuigd van de kwaliteiten van de baan. Ze steunden een oproep om de Grand Prix van Italië in 1980 over te hevelen naar het circuit.

Toen Monza het jaar daarop de rechten voor de Grand Prix van Italië terugkreeg, omzeilde Imola op slimme wijze een inconsequent toegepast reglement dat bepaalde dat elk land slechts één grand prix mocht organiseren. Door aan te bieden een race van het kampioenschap te organiseren voor het vorstendom San Marino tilde Imola niet zo zwaar aan het feit dat het piepkleine land 80 km verderop lag.

Terwijl Monza een gevoel van vrolijke dreiging en traditionele koppigheid uitstraalde, bevorderde de zachtere omgeving van Imola een gevoel van ontspanning. Niettemin was dat geladen met de passie van het land voor Ferrari en racen. Met Maranello, de geboorteplaats van Enzo Ferrari, op minder dan een uur afstand deed Imola een slimme zet door het circuit Autodromo Dino Ferrari te noemen, ter ere van Enzo's overleden zoon.

De Grand Prix van Imola stond meestal in het teken van incidenten, zowel politieke als fysieke. In 1981 overleefde Gilles Villeneuve een enorme aanrijding in een hogesnelheidsbocht bij het naderen van Tosa. De plaats van het ongeluk werd vervolgens vernoemd naar de Ferrari-coureur. Villeneuves naam zou om andere redenen in het nieuws komen in 1982, toen hij dacht dat hij was belazerd door Didier Pironi. Die verbrak een overeenkomst door te winnen ten koste van zijn Ferrari-teamgenoot.

Villeneuve zou twee weken later om het leven komen op het circuit van Zolder. Toen de grand prix het jaar daarop terugkeerde naar Imola, was er nauwelijks een droog oog te bespeuren toen Patrick Tambay, een goede vriend van Gilles en rijdend in een Ferrari met Villeneuves nummer 27, een emotionele overwinning boekte.

Imola was populair geworden vanwege de sfeer, het eten en de wijn in de lente. Maar de loerende gevaren van het circuit zouden in 1989 aan het licht komen toen Gerhard Berger het geluk had om te ontkomen aan zijn vlammende Ferrari, nadat hij de muur had geraakt aan de buitenkant van de zeer snelle Tamburello-bocht. Dezelfde bocht zou zes jaar later het imago van het circuit voor altijd bezoedelen.

In een guur weekend kwam de Oostenrijkse nieuweling Roland Ratzenberger om het leven toen zijn Simtek-Ford een defect kreeg en zwaar crashte bij Villeneuve tijdens de kwalificatie. Op de dag van de race, 1 mei 1994, raakten de F1 en de sportwereld in het algemeen in een diepe shock toen Ayrton Senna's Williams-Renault van de weg raakte in Tamburello en een deel van de wielophanging loskwam en tegen de helm van de Braziliaan vloog, waardoor hij tegen de hoofdsteun smakte en een fatale schedelbreuk opliep.

De dubbele tragedie leidde tot een reeks veranderingen, met als opvallendste de invoeging van een chicane vóór Tamburello. Het karakter van het circuit werd om een aantal redenen anders geacht, niet in de laatste plaats door de blijvende herinnering aan Senna's dood. Imola werd niet langer als adequaat beschouwd, met name door een smalle paddock die te krap was om het toenemende aantal vrachtwagens en campers aan te kunnen.

Na de laatste grand prix in 2006 werden de pits afgebroken en werden er ingrijpende verbouwingen uitgevoerd, waaronder het wegwerken van een chicane voor het rechte stuk van de start/finish. Toen de COVID-19-pandemie toesloeg en de F1-kalender uitdunde, kwam Imola in actie om in 2020 de Grand Prix van Emilia Romagna te organiseren.

Boven: Een emotionele overwinning voor Patrick Tambay en Ferrari in 1983.

Onder: Blijdschap bij de gepassioneerde thuisfans als Michael Schumacher in 2006 zijn winnende Ferrari de pitstraat inrijdt.

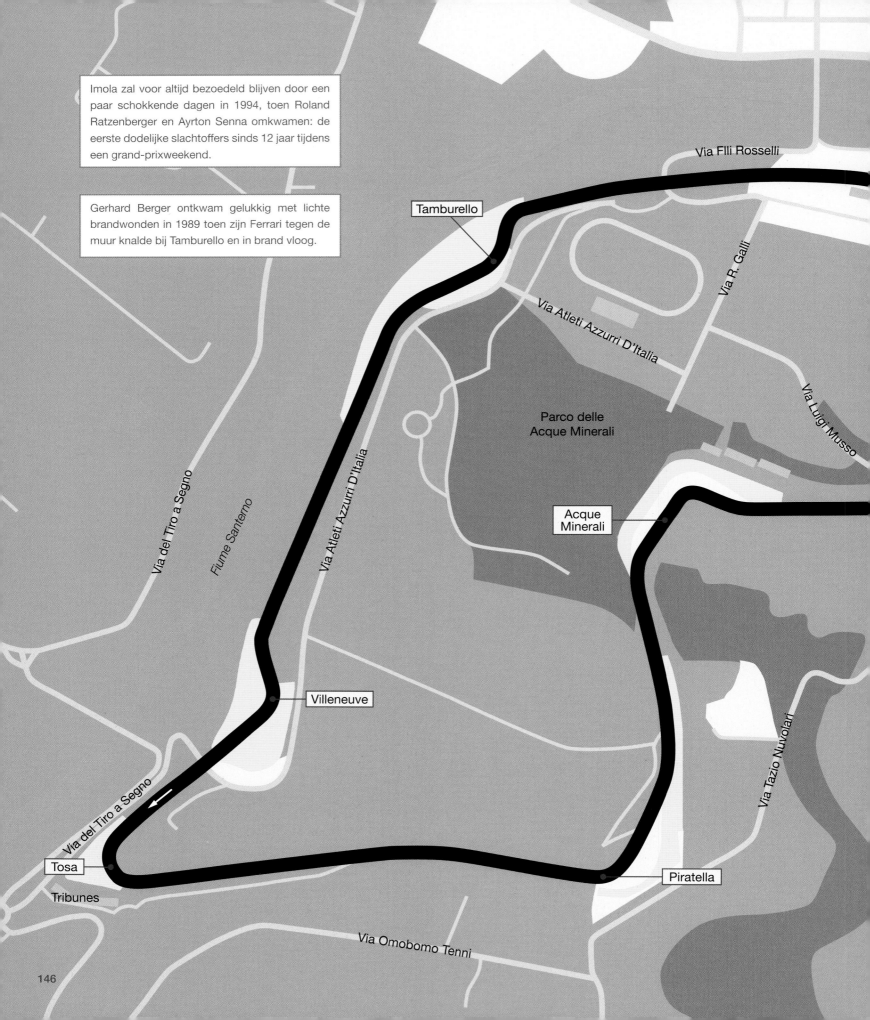

Imola zal voor altijd bezoedeld blijven door een paar schokkende dagen in 1994, toen Roland Ratzenberger en Ayrton Senna omkwamen: de eerste dodelijke slachtoffers sinds 12 jaar tijdens een grand-prixweekend.

Gerhard Berger ontkwam gelukkig met lichte brandwonden in 1989 toen zijn Ferrari tegen de muur knalde bij Tamburello en in brand vloog.

Via Flli Rosselli

Tamburello

Via R. Galli

Via Atleti Azzurri D'Italia

Via Luigi Musso

Parco delle Acque Minerali

Via del Tiro a Segno

Fiume Santerno

Via Atleti Azzurri D'Italia

Acque Minerali

Villeneuve

Via Tazio Nuvolari

Via del Tiro a Segno

Tosa

Piratella

Tribunes

Via Omobomo Tenni

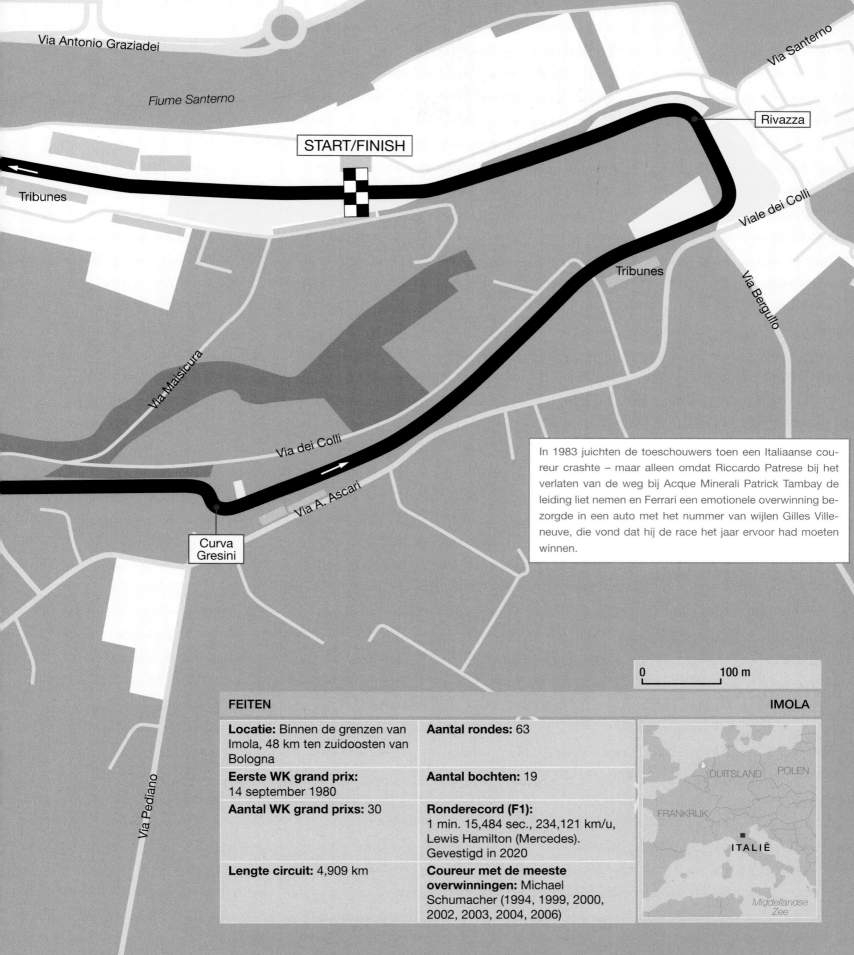

Via Antonio Graziadei

Via Santerno

Fiume Santerno

Via Santerno

START/FINISH

Rivazza

Tribunes

Viale dei Colli

Tribunes

Via Maisicura

Via Bergullo

Via dei Colli

In 1983 juichten de toeschouwers toen een Italiaanse coureur crashte – maar alleen omdat Riccardo Patrese bij het verlaten van de weg bij Acque Minerali Patrick Tambay de leiding liet nemen en Ferrari een emotionele overwinning bezorgde in een auto met het nummer van wijlen Gilles Villeneuve, die vond dat hij de race het jaar ervoor had moeten winnen.

Via A. Ascari

Curva
Gresini

0   100 m

Via Pediano

FEITEN

IMOLA

Locatie: Binnen de grenzen van Imola, 48 km ten zuidoosten van Bologna	**Aantal rondes:** 63
Eerste WK grand prix: 14 september 1980	**Aantal bochten:** 19
Aantal WK grand prixs: 30	**Ronderecord (F1):** 1 min. 15,484 sec., 234,121 km/u, Lewis Hamilton (Mercedes). Gevestigd in 2020
Lengte circuit: 4,909 km	**Coureur met de meeste overwinningen:** Michael Schumacher (1994, 1999, 2000, 2002, 2003, 2004, 2006)

DUITSLAND   POLEN

FRANKRIJK

■ ITALIË

Middellandse Zee

Detroit 1982

Detroit Street Circuit

 VERENIGDE STATEN VAN AMERIKA

Het stratencircuit in hartje Detroit: mensen hielden ervan of ze haatten het. Het werd enthousiast onthaald door de Amerikaanse auto-industrie, die haar hoofdkwartier vlakbij had, en door feestende fans: zij maakten gebruik van de hotels en kantoren die uitkeken op een moeilijke en hobbelige baan. Uiteindelijk kon het circuit niet voldoen aan de vraag van de F1 naar betere voorzieningen en meer veiligheid.

De Formule 1 was nooit zo populair geweest in de Verenigde Staten als in 1982. Te beginnen met Long Beach in april en eindigend met Las Vegas in september organiseerde het land een derde race in juni, de Grand Prix van Detroit (ook wel bekend als de Grand Prix van de Verenigde Staten Oost) door de straten van de stad.

Detroit Renaissance Grand Prix Inc. wilde uit alle macht de vergane glorie van een ooit grootse metropool herstellen en opperde het idee om een race te houden. Het middelpunt daarvan zou het Renaissance Centre worden, een glazen bouwwerk van 72 verdiepingen dat oprees uit een verwaarloosd gebied als teken van het nieuwe imago van de stad.

Het was een dappere onderneming, die niet meteen bijval kreeg van de plaatselijke inwoners, noch van de coureurs. Het circuit van 4,17 km lang liep langs de rivier en langs de rand van het centrum van Detroit. Het was langzaam, onnatuurlijk en heel hobbelig door het rasterpatroon aan straten, een spoorwegovergang en de gebruikelijke obstakels die onlosmakelijk verbonden zijn met verbindingswegen die kapotgaan tijdens strenge winters.

Zoals vanouds werd het ontwerp bepaald door betonnen blokken. Jammer genoeg was er een slechte samenwerking met de vele plaatselijke bedrijven die uitkeken op het circuit. Dit zorgde voor grote verontwaardiging, omdat het woon-werkverkeer van de werknemers serieus in de war werd gebracht. Om de zaken nog ingewikkelder te maken eisten de F1-teams diverse wijzigingen aan de bandenbarrières en de vluchtwegen, gewoon nog maar om de baan relatief veilig te maken.

Een sessie om te acclimatiseren op donderdag werd geannuleerd, de training de dag daarop had ernstige vertraging en het volledige programma kreeg daarna ook nog eens af te rekenen met zware regen tijdens lunchtijd op zaterdag, waardoor de tijden die op die ochtend waren neergezet moesten worden gebruikt om de volgorde op de grid te bepalen. En zo ging het maar door… Maar op zondag omarmden de Amerikanen (en de Canadezen van de andere kant van de Detroitrivier) de grand prix zoals alleen zij dat kunnen. Hoewel de nabijgelegen auto-industrie al op haar retour was, greep ze de kans om zich te vermaken en te feesten. De liften in het Renaissance Centre gingen vanaf 's ochtends vroeg de hele tijd op en neer.

De sfeer was uitgelaten en de F1-teams reageerden hierop met een afwisselende race, inclusief een stillegging van een uur om de schade veroorzaakt door een botsing en een kleine brand te herstellen. Na 62 rondes waren nog maar 11 van de 26 starters aan het racen. John Watson baande zich van de zeventiende plaats op de grid een weg langs beschadigde en vernielde auto's naar een gewaardeerde overwinning voor McLaren.

Ondanks de aanvankelijke klachten bleef de grand prix de daaropvolgende jaren doorgaan. De gemeenschap negeerde het luidruchtige ongemak, of ze omarmde het evenement. Er werden een paar verbeteringen aan het circuit aangebracht, zoals een heel smalle haarspeldbocht die werd geschrapt, maar over het algemeen genoten de coureurs niet bepaald van de uitdaging. Ayrton Senna had de baan beter onder de knie dan de meeste anderen. In 1987 benutte de Braziliaan de actieve ophanging van zijn Lotus-Honda met succes door de tweede van drie overwinningen te behalen.

Net op het moment dat het evenement zijn draai gevonden leek te hebben, konden de organisatoren niet aan het noodzakelijke geld komen om wijzigingen door te voeren, vooral aan de eenvoudige open pits op een afstandje van de paddock in Cobo Hall. De Grand Prix van Detroit van 1988 zou de laatste zijn. Sommigen binnen de F1 zouden dit unieke evenement missen, anderen waren blij dat het werd afgevoerd.

Ayrton Senna had in 1987 de leiding vanaf de polepositie in zijn Lotus-Honda.

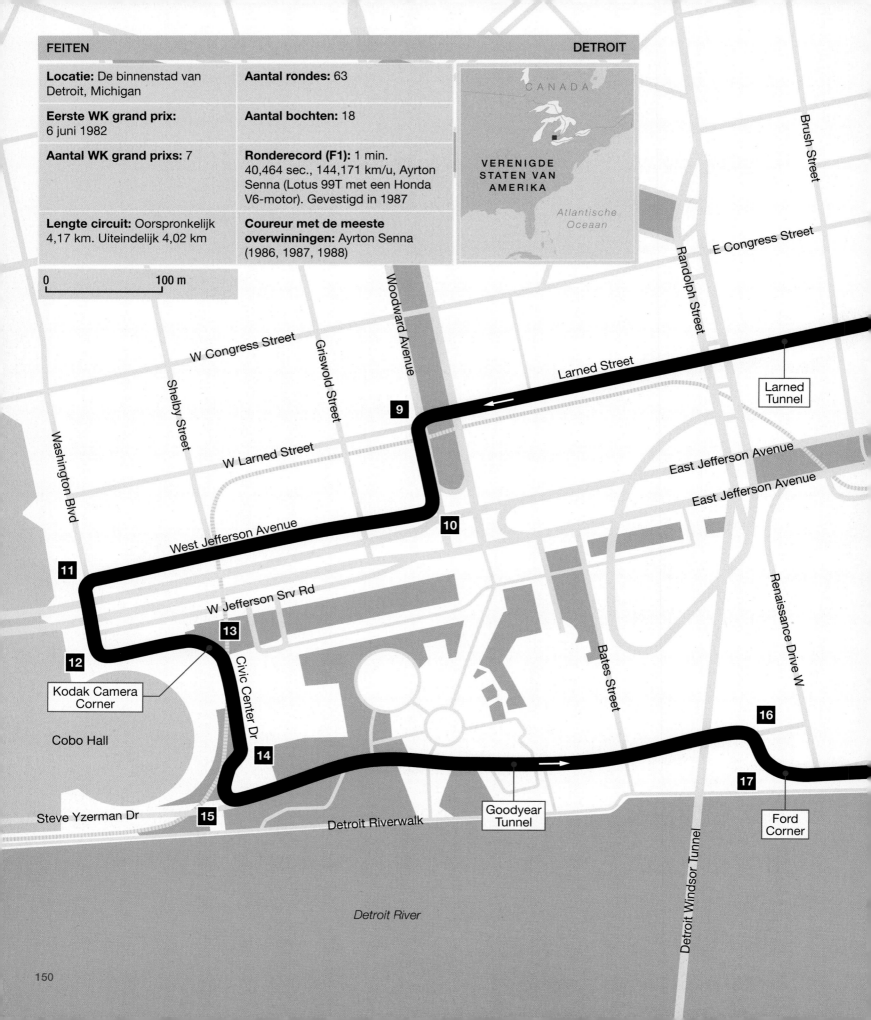

FEITEN

DETROIT

Locatie: De binnenstad van Detroit, Michigan

Eerste WK grand prix: 6 juni 1982

Aantal WK grand prixs: 7

Lengte circuit: Oorspronkelijk 4,17 km. Uiteindelijk 4,02 km

Aantal rondes: 63

Aantal bochten: 18

Ronderecord (F1): 1 min. 40,464 sec., 144,171 km/u, Ayrton Senna (Lotus 99T met een Honda V6-motor). Gevestigd in 1987

Coureur met de meeste overwinningen: Ayrton Senna (1986, 1987, 1988)

CANADA

VERENIGDE STATEN VAN AMERIKA

Atlantische Oceaan

0   100 m

Brush Street

E Congress Street

Randolph Street

Woodward Avenue

W Congress Street

Griswold Street

Shelby Street

Larned Street

9

W Larned Street

Larned Tunnel

East Jefferson Avenue

East Jefferson Avenue

Washington Blvd

West Jefferson Avenue

10

11

W Jefferson Srv Rd

Renaissance Drive W

13

Bates Street

12

Civic Center Dr

Kodak Camera Corner

16

Cobo Hall

14

17

Steve Yzerman Dr

15

Detroit Riverwalk

Goodyear Tunnel

Ford Corner

Detroit Windsor Tunnel

Detroit River

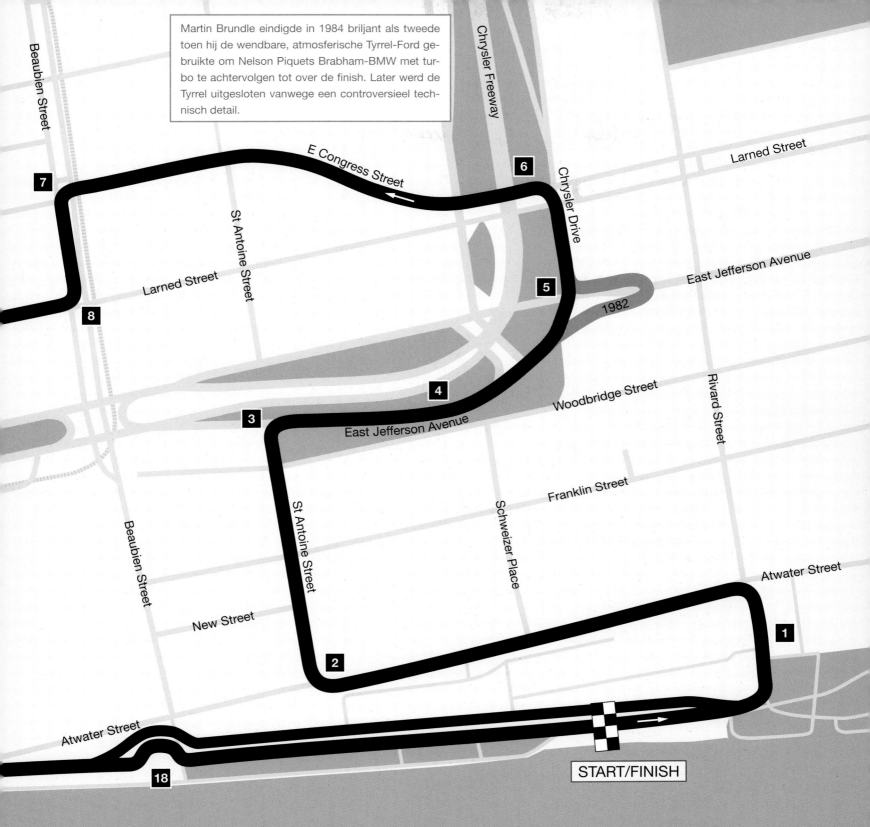

Martin Brundle eindigde in 1984 briljant als tweede toen hij de wendbare, atmosferische Tyrrel-Ford gebruikte om Nelson Piquets Brabham-BMW met turbo te achtervolgen tot over de finish. Later werd de Tyrrel uitgesloten vanwege een controversieel technisch detail.

Beaubien Street

Chrysler Freeway

E Congress Street

Larned Street

7

6

Chrysler Drive

St Antoine Street

Larned Street

8

5

East Jefferson Avenue

1982

Woodbridge Street

4

Rivard Street

3

East Jefferson Avenue

Franklin Street

St Antoine Street

Schweizer Place

Beaubien Street

Atwater Street

New Street

1

2

Atwater Street

18

START/FINISH

Detroit River

In 1984 moest de grand prix enkele seconden na de start worden stilgelegd toen Nigel Mansell zijn Lotus naar een opening in de voorste rij wurmde die men aan het opvullen was. Er raakten meerdere auto's betrokken bij de botsing die erop volgde.

Het oneffen oppervlak leek wel op maat gemaakt voor de actieve ophanging van Ayrton Senna's Lotus-Honda in 1987. De Braziliaan behaalde de tweede van drie overwinningen op Detroit.

Nieuwe Nürburgring 1984

Nürburg

 DUITSLAND

Bij de opening in 1984 werd de nieuwe Nürburgring, aan de rand van de oude baan, beschouwd als een modern, veilig en niet erg opwindend circuit. Niet alleen de Grand Prix van Duitsland vond er plaats, maar ook de Grand Prix van Europa en de Grand Prix van Luxemburg in de jaren dat de nationale race op Hockenheim werd verreden.

Toen er op de Nordschleife geen F1 meer mocht worden gereden en de Sudschleife er verlaten bij lag, werden er miljoenen besteed aan de bouw van de nieuwe Nürburgring. De nieuwe baan lag op de top van de voormalige Sudschleife. Door met bulldozers over het terrein te gaan zorgde men ervoor dat het circuit een voorbeeld was van efficiëntie en veiligheid, maar geen ziel had. Het ging misschien om een oneerlijke vergelijking, omdat de Nordschleife nog op de achtergrond zichtbaar was en de pits op de voormalige locatie van het oude circuit waren.

De nieuwe Nürburgring beschikte over veel hoogtes en een uitstekend zicht, maar er was niet veel te zien dankzij de ronde bochten, die voor saaie races zorgden. Alsof er een processie aan de gang was. De daarmee gepaard gaande verandering in cultuur was ook moeilijk te aanvaarden.

Voordien was het racen op de Nürburgring een groots recreatief en sociaal evenement. De toeschouwers, die in de bossen rondom de volledige lengte van het oude circuit kampeerden, waren in vakantiestemming, en de barbecues, bockworsten en biertjes werden nu en dan achtergelaten om de raceauto's te kunnen zien voorbijrijden. Als ze geluk hadden, zagen ze maximaal tien seconden een auto, om die dan verschillende minuten niet meer te zien. Het was een merkwaardig onderdeel van de charme.

Bij de nieuwe Nürburgring hadden de fans een volledig zicht op grote stukken van het circuit. Te oordelen naar de schaars bezette hoofdtribunes bij de eerste races voelden weinigen zich geroepen om royaal te betalen voor de ervaring op wat officieus en onaardig bekend kwam te staan als de Ersatzring ('surrogaatring').

In 1984 werd de Grand Prix van Europa er gehouden, en het jaar daarop was het de beurt aan de nieuwe Nürburgring voor de Grand Prix van Duitsland. De organisatoren waren zich ervan bewust dat inhalen lastig was, en in 2002 voegden ze een lus toe met een brede eerste bocht. Dat was echter te laat om in 1997 de vernedering in de familie Schumacher te voorkomen toen Ralf Michael raakte bij het inrijden van de oorspronkelijke eerste bocht. Dat kostte de oudste van de Schumachers wellicht de titel van het kampioenschap.

De problemen van de Nürburgring om de kosten voor een grand prix te kunnen betalen, werden in 2009 nog groter, toen naast het circuit een nieuw commercieel terrein, inclusief winkels, een pretpark en een hotel, werd geopend. Die beslissing leidde drie jaar later tot een faillissement. Sindsdien was de toekomst van de baan als F1-locatie onzeker. Dat werd onderstreept door een late intrekking van de traditionele datum begin augustus van de kalender voor 2015.

Boven: De toevoeging van een lus na de eerste bocht zorgde voor meer uitdaging in 2002, maar niet voldoende om de locatie te redden van verdere financiële moeilijkheden.

Onder: Vernedering alom in 1997 toen de gele Jordan-Peugeots van Ralf Schumacher en Giancarlo Fisichella botsten bij het inrijden van de eerste bocht. Schumacher schakelde tijdens de botsing de Ferrari van zijn broer Michael uit.

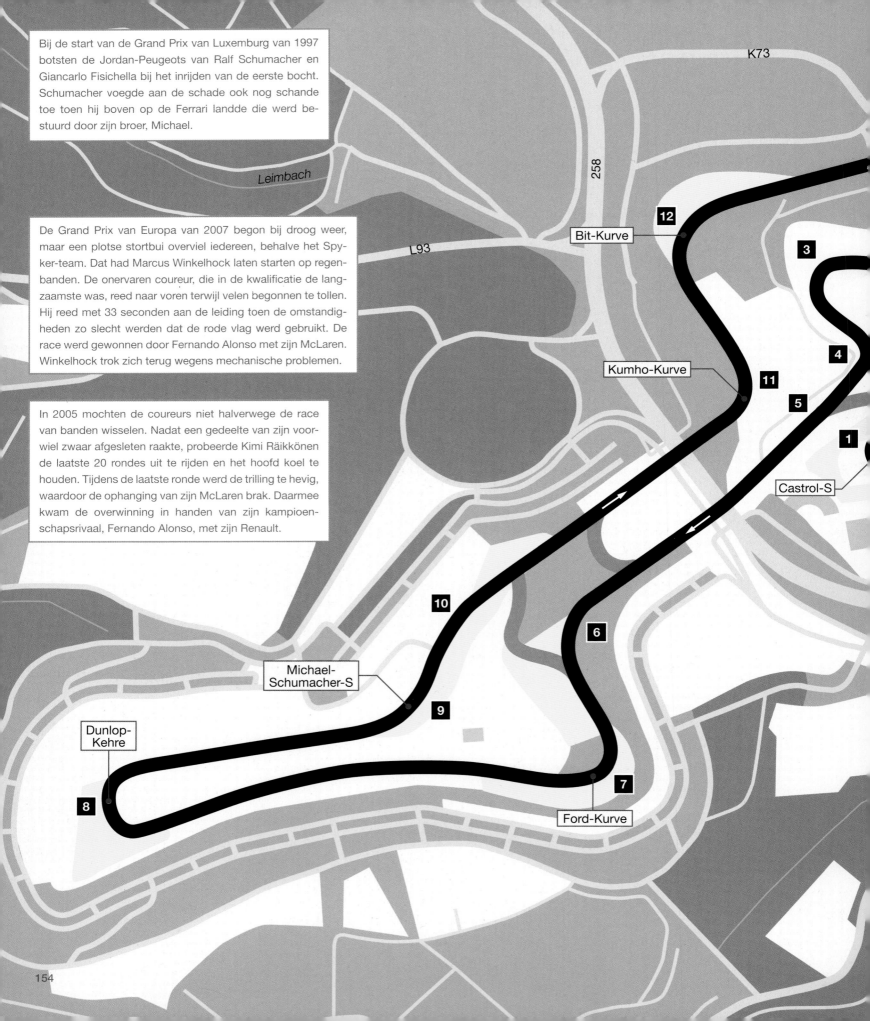

Bij de start van de Grand Prix van Luxemburg van 1997 botsten de Jordan-Peugeots van Ralf Schumacher en Giancarlo Fisichella bij het inrijden van de eerste bocht. Schumacher voegde aan de schade ook nog schande toe toen hij boven op de Ferrari landde die werd bestuurd door zijn broer, Michael.

De Grand Prix van Europa van 2007 begon bij droog weer, maar een plotse stortbui overviel iedereen, behalve het Spyker-team. Dat had Marcus Winkelhock laten starten op regenbanden. De onervaren coureur, die in de kwalificatie de langzaamste was, reed naar voren terwijl velen begonnen te tollen. Hij reed met 33 seconden aan de leiding toen de omstandigheden zo slecht werden dat de rode vlag werd gebruikt. De race werd gewonnen door Fernando Alonso met zijn McLaren. Winkelhock trok zich terug wegens mechanische problemen.

In 2005 mochten de coureurs niet halverwege de race van banden wisselen. Nadat een gedeelte van zijn voorwiel zwaar afgesleten raakte, probeerde Kimi Räikkönen de laatste 20 rondes uit te rijden en het hoofd koel te houden. Tijdens de laatste ronde werd de trilling te hevig, waardoor de ophanging van zijn McLaren brak. Daarmee kwam de overwinning in handen van zijn kampioenschapsrivaal, Fernando Alonso, met zijn Renault.

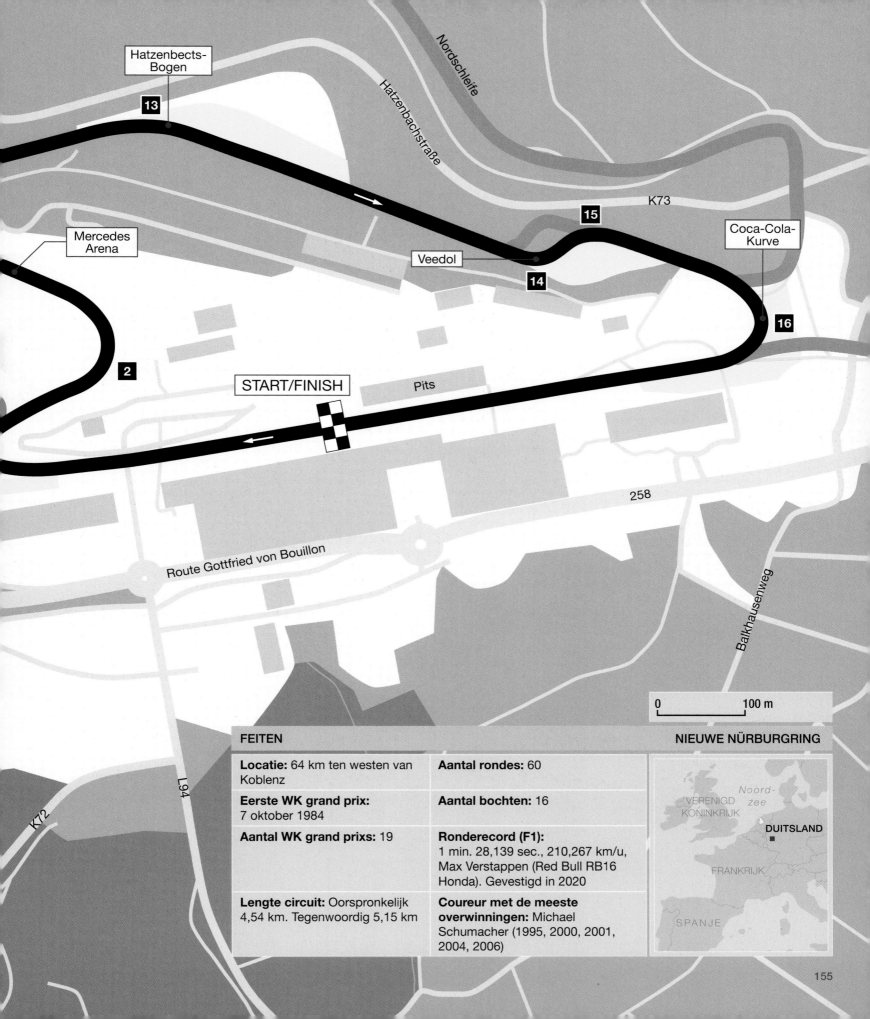

Hatzenbects-Bogen

13

Nordschleife

Hatzenbachstraße

Mercedes Arena

K73

15

Coca-Cola-Kurve

Veedol

14

16

2

START/FINISH

Pits

258

Route Gottfried von Bouillon

Balkhausenweg

| 0 | 100 m |

L94

K72

FEITEN

NIEUWE NÜRBURGRING

Locatie: 64 km ten westen van Koblenz	**Aantal rondes:** 60
Eerste WK grand prix: 7 oktober 1984	**Aantal bochten:** 16
Aantal WK grand prixs: 19	**Ronderecord (F1):** 1 min. 28,139 sec., 210,267 km/u, Max Verstappen (Red Bull RB16 Honda). Gevestigd in 2020
Lengte circuit: Oorspronkelijk 4,54 km. Tegenwoordig 5,15 km	**Coureur met de meeste overwinningen:** Michael Schumacher (1995, 2000, 2001, 2004, 2006)

Noord-zee

VERENIGD KONINKRIJK

DUITSLAND

FRANKRIJK

SPANJE

Estoril 1984

Autódromo do Estoril

 PORTUGAL

Tussen 1984 en 1996 was dit een populair circuit, niet ver van de Atlantische kust. Het werd uitvoerig gebruikt voor wintertesten. In 1984 beslechtte het circuit het kampioenschap, en er werden verschillende Grand Prixs van Portugal georganiseerd. Daarna begon het wat veiligheid en voorzieningen betreft achterop te raken.

Na de korte opflakkering in Oporto en Monsanto in de jaren 1950 kwam er een dipje in de interesse voor het Portugese kampioenschap. Totdat de eerste permanente baan werd gebouwd op een rotsplateau, dicht bij de kustplaats Estoril.

Het circuit opende in 1972 en vestigde zijn reputatie van een baan die de moeite waard was door races van het Europese F2-kampioenschap te organiseren. Het lange rechte stuk aan de pits liep over in twee erg snelle bochten naar rechts in een afdaling naar een rechtse haarspeldbocht. Een korte klim leidde naar het rechte stuk het verst van de finish met een bocht naar rechts waar plankgas kon worden gegeven, en een licht dalend stuk naar een nauwe bocht naar links. De baan bleef vervolgens afdalen en bereikte een rechtse bocht en het begin van de klim naar het belangrijkste rechte stuk, uitmondend in een heel lange bocht naar rechts. Alleen de eerste twee bochten, met heel weinig uitwijkmogelijkheid, vormden een echte uitdaging, maar het smalle, hobbelige parcours hield de coureurs zoet.

Hoewel Estoril in verval was geraakt, werd het circuit nog goed genoeg geacht als mogelijke kandidaat voor de laatste race van het wereldkampioenschap van 1984. De Portugezen hadden echt geluk, want er zou worden bepaald wie van de McLaren-TAG-coureurs, Niki Lauda of Alain Prost, de titel kreeg. De verf op de gerenoveerde voorzieningen was nog maar nauwelijks droog en de organisatie werd dan wel gedomineerd door bemoeizuchtige politie, toch schreef de race geschiedenis toen Lauda het kampioenschap met een half punt won.

Ondanks aanhoudende regen zou de volgende grand prix het best herinnerd worden vanwege een betoverende prestatie van Ayrton Senna in april 1985. De Lotus-Renault-coureur scoorde toen zijn eerste grand-prixzege. Afgezien van al het andere moedigden de prestatie en de aanwezigheid van Senna de plaatselijke bevolking aan om de korte rit te maken vanuit Lissabon en omgeving, hoewel er geen belangrijke Portugese coureur deelnam.

Er zouden races volgen die net zo bewogen waren, waarin de hoofdrol meestal voor Nigel Mansell was weggelegd. In 1989 reed de Williams-coureur zijn pits voorbij en werd hij gediskwalificeerd omdat hij achteruit de pitstraat in werd geduwd, maar niet voordat hij betrokken was geraakt in een botsing met Senna. Twee jaar later raakte Mansell weer in de problemen toen een wiel loskwam nadat hij de pits uitreed. Het Williams-team brak toen de regels door het wiel in de pitstraat opnieuw te monteren.

Wat actie op de baan zelf betrof, maakte Senna Prost in 1988 razend toen hij zijn McLaren-teamgenoot tegen de pitsmuur duwde met een snelheid van 290 km/u. Jacques Villeneuve voerde dan weer een prachtig manoeuvre uit toen hij in 1996 om de leiding vocht. De Williams-Renault-coureur reed langs Michael Schumachers Ferrari heen door de laatste snelle bocht naar rechts.

Tegen die tijd beschouwde men Estoril als niet langer geschikt voor de F1, en de Grand Prix van Portugal verdween net zo plots van de kalender als hij erop was verschenen. Het circuit zou echter het toneel blijven voor internationale auto- en motorraces na aanpassingen om te voldoen aan de veiligheidsvoorschriften.

Historische momenten op Estoril wanneer (boven) Niki Lauda zijn McLaren-teamgenoot Alain Prost (rechts) met een half punt verslaat en zo het kampioenschap van 1984 wint. Een jaar later scoorde Ayrton Senna (onder) zijn eerste grand-prixoverwinning met een betoverende rit in de Lotus-Renault onder erbarmelijke omstandigheden.

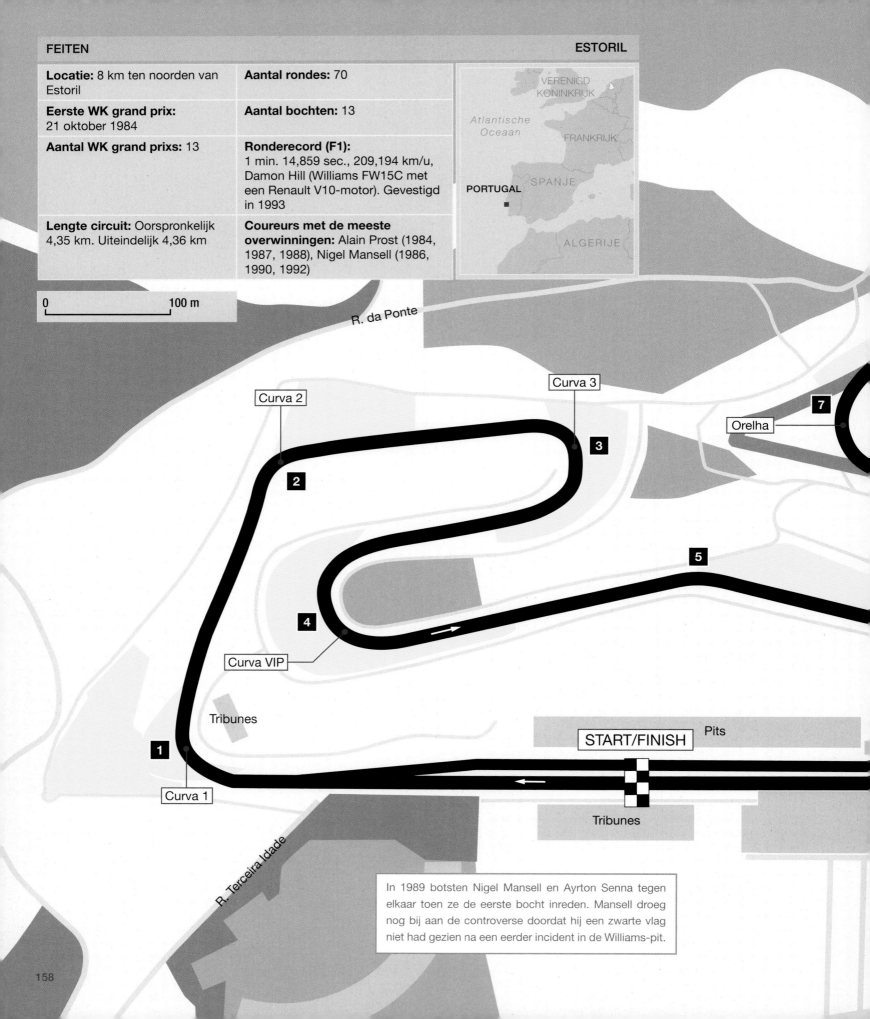

Locatie: 8 km ten noorden van Estoril

Eerste WK grand prix:
21 oktober 1984

Aantal WK grand prixs: 13

Lengte circuit: Oorspronkelijk 4,35 km. Uiteindelijk 4,36 km

Aantal rondes: 70

Aantal bochten: 13

Ronderecord (F1):
1 min. 14,859 sec., 209,194 km/u, Damon Hill (Williams FW15C met een Renault V10-motor). Gevestigd in 1993

Coureurs met de meeste overwinningen: Alain Prost (1984, 1987, 1988), Nigel Mansell (1986, 1990, 1992)

VERENIGD KONINKRIJK

Atlantische Oceaan

FRANKRIJK

SPANJE

PORTUGAL

ALGERIJE

0 —— 100 m

R. da Ponte

Curva 2

Curva 3

2

3

7

Orelha

5

4

Curva VIP

Tribunes

1

START/FINISH   Pits

Curva 1

Tribunes

R. Terceira Idade

In 1989 botsten Nigel Mansell en Ayrton Senna tegen elkaar toen ze de eerste bocht inreden. Mansell droeg nog bij aan de controverse doordat hij een zwarte vlag niet had gezien na een eerder incident in de Williams-pit.

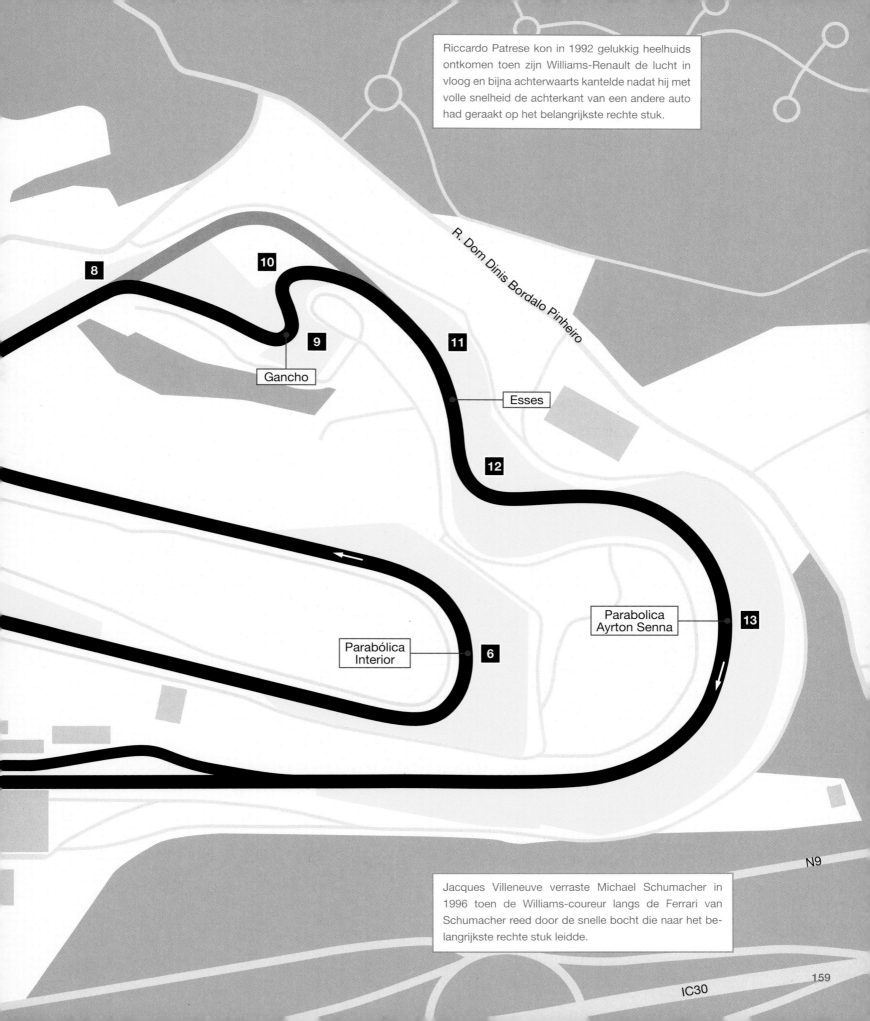

Riccardo Patrese kon in 1992 gelukkig heelhuids ontkomen toen zijn Williams-Renault de lucht in vloog en bijna achterwaarts kantelde nadat hij met volle snelheid de achterkant van een andere auto had geraakt op het belangrijkste rechte stuk.

R. Dom Dinis Bordalo Pinheiro

8

10

9
Gancho

11

Esses

12

Parabólica
Interior

6

Parabolica
Ayrton Senna

13

Jacques Villeneuve verraste Michael Schumacher in 1996 toen de Williams-coureur langs de Ferrari van Schumacher reed door de snelle bocht die naar het belangrijkste rechte stuk leidde.

Adelaide 1985

Adelaide Street Circuit

 AUSTRALIË

Dit circuit was vanaf het begin een groot succes. Het bestond uit een uitstekende combinatie van racen op straat en in een paardenrenbaan. De organisatie was uitstekend. Het lag dicht bij een kleine stad, die zich achter haar grand prix had geschaard. Het was een toonbeeld van hoe straatracen moet worden georganiseerd, met onovertroffen tijdelijke voorzieningen. Uiteindelijk moest het circuit het afleggen tegen de macht van Melbourne en Victoria.

Voor een land met een fraaie geschiedenis van autosport kwam Australië opvallend laat met een baan geschikt voor een grand-prix-kampioenschap. Een zakenman uit Adelaide, Bill O'Gorman, kwam met het idee om straten in een buitenwijk van de stad te gebruiken en kreeg de steun van de premier van Zuid-Australië, John Bannon. Het was de perfecte manier voor Adelaide om zich te profileren naast Sydney en Melbourne. Er werd een deal gemaakt voor zeven jaar, te beginnen met de laatste race van het seizoen van 1985.

Het kampioenschap was al beslecht, en de F1-teams kwamen ontspannen aan in de stad met haar vele parken. Ze waren onder de indruk van wat ze zagen. De pits en paddock lagen binnen de Victoria Park-renbaan. De asfaltlus kruiste de racebaan op twee plekken in deze idyllische omgeving voordat ze, via een chicane, naar de straten liep van wat hoofdzakelijk een woon- en winkelwijk was. Een reeks bochten van 90 graden leidde naar Rundle Road, waar een snelle bocht naar rechts de auto's naar Dequetteville Terrace voerde, een lang en breed recht stuk. Dan kwam er een smalle bocht naar rechts. Die vroeg niet alleen om hevig afremmen, maar markeerde ook het begin van een gebogen terugrit onder de bomen en opnieuw Victoria Park in.

Als de baan al indrukwekkend was voor een stratencircuit, dan waren de voorzieningen dat zeker. De pitsgebouwen waren dan wel tijdelijk, maar ze overtroffen veel permanente circuits in Europa. De drijvende kracht achter het hele evenement was een besmettelijk enthousiasme bij de inwoners van de stad. De slogan 'Adelaide Alive' (Adelaide leeft) kon niet toepasselijker zijn.

De eerste grand prix werd beschouwd als een succes. Keke Rosberg won voor Williams-Honda na een af en toe gespannen strijd met de Lotus-Renault van Ayrton Senna. In 1986 waren er nog meer ogen op Adelaide gericht met de aankomst in de stad

van drie coureurs die kans maakten om het wereldkampioenschap te winnen.

Het zou een buitengewone race worden. Alle drie de coureurs hadden op een gegeven moment de titel in handen als de posities precies hetzelfde bleven als ze waren. Maar omstandigheden leidden ertoe dat Nigel Mansell zich op spectaculaire wijze moest terugtrekken. Zijn linkerachterwiel explodeerde toen hij 290 km/u bereikte op Dequetteville Terrace (ook wel Brabham Straight genoemd). Op een of andere manier slaagde Mansell erin om de Williams-Honda naar de vluchtweg te manoeuvreren en hem daar tot stilstand te brengen. Daarna was de hoop van Williams op Nelson Piquet gevestigd, tot hij uit voorzorg werd binnengeroepen voor een bandenwissel. Hierdoor kon Alain Prost, het buitenbeentje, zijn McLaren-TAG, die bijna zonder brandstof zat, over de finish rijden. Hij won de race en zijn tweede kampioenschap.

Hoe dan ook zou Adelaide behoorlijk wat dramatiek kennen. Hevige regen en een crash zorgden er in 1989 voor dat de race moest worden stilgelegd. In 1993 scoorde Senna wat zijn laatste grand prix-overwinning zou worden. Michael Schumacher beëindigde een legendarisch duel met Damon Hill door tegen de Williams-Renault-coureur te botsen en zo de titel van 1994 te pakken. Mika Häkkinen was na een crash tijdens de kwalificatie in 1995 in levensgevaar, in hetzelfde jaar dat David Coulthards leidende Williams de muur raakte bij het binnenrijden van de pits en Hill uiteindelijk de winnaar werd.

Dat zou de laatste F1-race worden in Adelaide. De promotors wonnen voor een derde maal de prijs voor de best georganiseerde grand prix, maar verloren de financiële strijd tegen Melbourne. Adelaide overleefde qua autosport door een jaarlijkse, goed ondersteunde race voor Australische V8-toerauto's te organiseren.

Een legendarisch gevecht op een ongeëvenaard circuit. De Williams-Renault van Damon Hill zit de Benetton-Ford van Michael Schumacher achterna voor de leiding en de titel van het kampioenschap in 1994. Hier bereiken ze het einde van Brabham Straight en draaien ze Wakefield Road op.

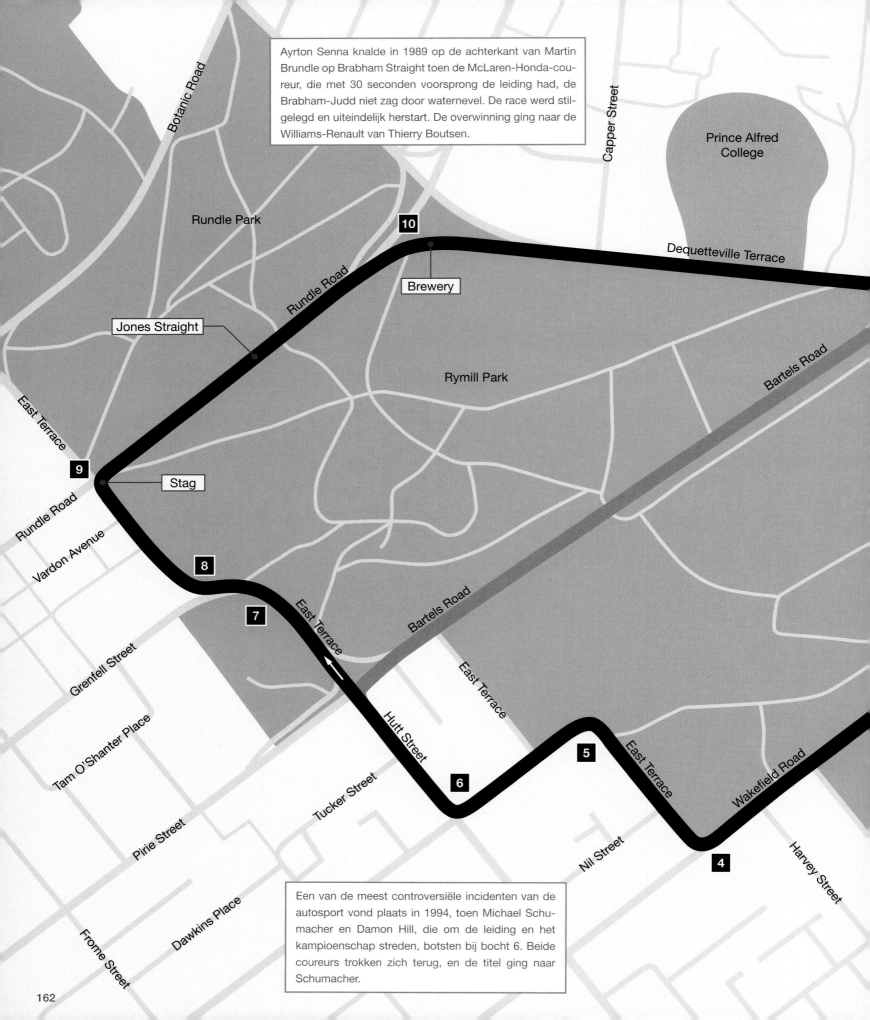

Ayrton Senna knalde in 1989 op de achterkant van Martin Brundle op Brabham Straight toen de McLaren-Honda-coureur, die met 30 seconden voorsprong de leiding had, de Brabham-Judd niet zag door waternevel. De race werd stilgelegd en uiteindelijk herstart. De overwinning ging naar de Williams-Renault van Thierry Boutsen.

Een van de meest controversiële incidenten van de autosport vond plaats in 1994, toen Michael Schumacher en Damon Hill, die om de leiding en het kampioenschap streden, botsten bij bocht 6. Beide coureurs trokken zich terug, en de titel ging naar Schumacher.

Prince Alfred College

Botanic Road
Rundle Park
Rundle Road
Jones Straight
Brewery
10
Rymill Park
Dequetteville Terrace
Capper Street
Bartels Road
East Terrace
9
Stag
Rundle Road
Vardon Avenue
8
7
East Terrace
Bartels Road
East Terrace
East Terrace
Grenfell Street
Tam O'Shanter Place
Hutt Street
5
Wakefield Road
Pirie Street
Tucker Street
6
Nil Street
4
Harvey Street
Frome Street
Dawkins Place

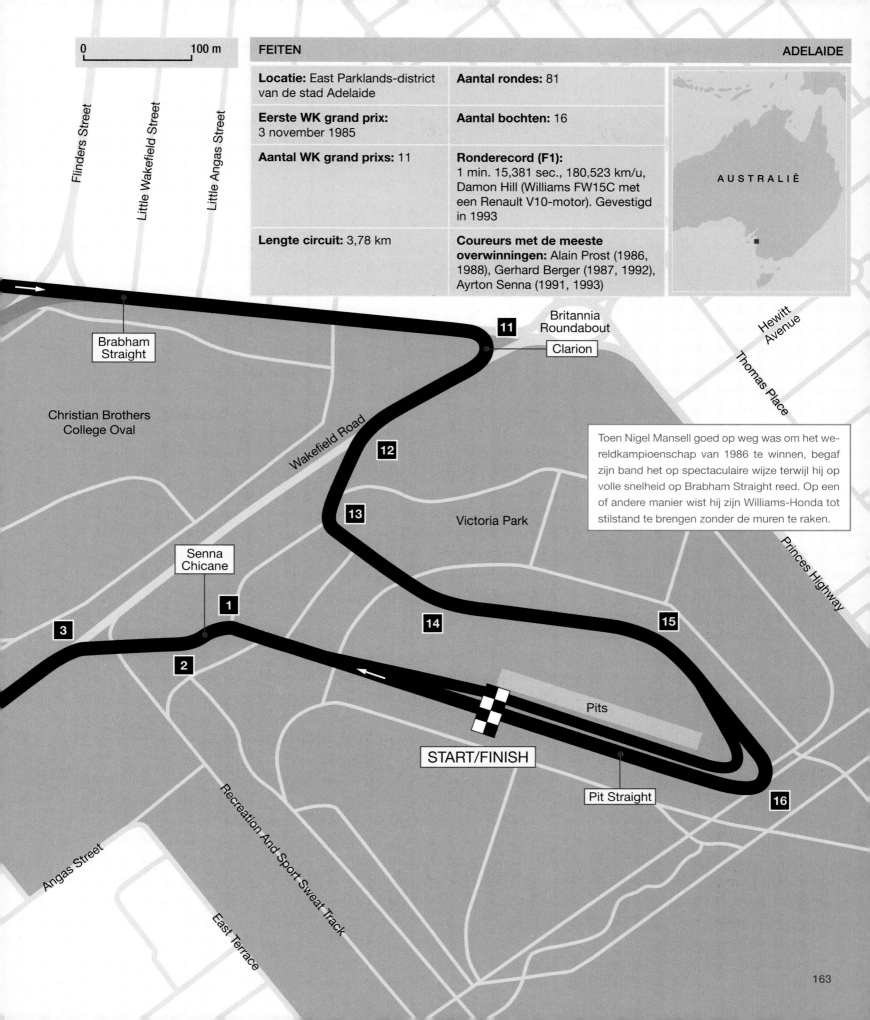

FEITEN

Locatie: East Parklands-district van de stad Adelaide	**Aantal rondes:** 81
Eerste WK grand prix: 3 november 1985	**Aantal bochten:** 16
Aantal WK grand prixs: 11	**Ronderecord (F1):** 1 min. 15,381 sec., 180,523 km/u, Damon Hill (Williams FW15C met een Renault V10-motor). Gevestigd in 1993
Lengte circuit: 3,78 km	**Coureurs met de meeste overwinningen:** Alain Prost (1986, 1988), Gerhard Berger (1987, 1992), Ayrton Senna (1991, 1993)

AUSTRALIË

0 — 100 m

Flinders Street
Little Wakefield Street
Little Angas Street

Brabham Straight

Britannia Roundabout

11

Clarion

Hewitt Avenue

Thomas Place

Christian Brothers College Oval

Wakefield Road

12

13

Victoria Park

Toen Nigel Mansell goed op weg was om het wereldkampioenschap van 1986 te winnen, begaf zijn band het op spectaculaire wijze terwijl hij op volle snelheid op Brabham Straight reed. Op een of andere manier wist hij zijn Williams-Honda tot stilstand te brengen zonder de muren te raken.

Princes Highway

Senna Chicane

1

3

2

14

15

START/FINISH

16

Pits

Pit Straight

Angas Street

Recreation And Sport Sweat Track

East Terrace

Jerez 1986

Circuito de Jerez

 SPANJE

Dit was een acceptabel permanent circuit in een natuurlijk amfitheater dat veel minder toeschouwers lokte dan de MotoGP. Het zorgde voor interessante races en het kampioenschap van 1997 werd er uitgevochten. Het circuit was een populaire locatie voor wintertesten. Er werden zeven grand prixs georganiseerd, maar het werd voor Barcelona Montmeló aan de kant geschoven.

Tijdens een rustige periode in de geschiedenis van de F1 in Spanje, nadat het park van Montjuïc en Jarama uit de gratie waren gevallen, besloot de burgemeester van Jerez de la Frontera om de bouw van een circuit dicht bij de stad goed te keuren. Het doel was om de befaamde sherrystreek te promoten, en dit leek een aanvaardbare ambitie na de eerste kennismaking met het permanente circuit met een lengte van 4,22 km.

Het lag verscholen in een natuurlijk amfitheater, niet ver van de kleine plaatselijke luchthaven. Het Circuito Permanente de Jerez (zoals het eerst werd genoemd) bood een redelijke combinatie van bochten, met slechts één chicane. Het circuit werd in april 1986 op tijd afgewerkt voor de tweede race van het seizoen. Ayrton Senna en Nigel Mansell bezorgden de nieuw leven ingeblazen Grand Prix van Spanje de perfecte introductie: de Lotus-Renault en de Williams-Honda reden zij aan zij over de finish. De finish was een van de niptste in de F1: Senna in zijn Lotus versloeg Mansell met 0,014 seconden na een race van een uur en 49 minuten.

Hoewel het niet ver van de dichtbevolkte centra van Sevilla en Cádiz lag, slaagde het circuit – en de F1 – er niet in om de verwachte 125.000 toeschouwers aan te trekken. Dit was wel de grootteorde van de bezoekersaantallen die regelmatig daaropvolgende races zouden bijwonen van het MotoGP-wereldkampioenschap motorrijden.

De F1 grand prix werd georganiseerd tot in 1990. In dat jaar haalde Jerez om de verkeerde reden de voorpagina's toen Martin Donnelly een verschrikkelijk ongeluk kreeg. De voorwielophanging van de uit het Ierse Ulster afkomstige coureur begaf het toen hij een snelle bocht naar rechts achter de pits inreed. De auto viel uit elkaar en Donnelly werd op de baan geslingerd. Hij had het geluk dat hij zijn zware beenverwondingen overleefde, maar zou nooit meer in de F1 racen.

De locatie leek gedoemd te zijn, vooral met de opkomst van een alternatief in Barcelona Montmeló, maar Jerez werd gebruikt om de Grand Prix van Europa van 1994 en 1997 te organiseren. Die laatste zorgde op verschillende vlakken voor controverse toen het kampioenschap er werd beslist.

De tweede plaats van Michael Schumacher werd hem afgenomen nadat er was geoordeeld dat hij opzettelijk tegen zijn rivaal Jacques Villeneuve was gebotst toen de Williams-Renault de leiding probeerde te nemen. Met de titel van het kampioenschap op zak stond Villeneuve toe dat Mika Häkkinen en David Coulthard hem inhaalden. Later werden Williams en McLaren ervan beschuldigd dat ze hadden samengewerkt om de aankomstvolgorde te bepalen. Die claim bleek ongegrond te zijn.

Intussen zat het circuit in de problemen doordat werd toegestaan dat de burgemeester van Jerez de zorgvuldig geplande podiumprocedure kwam verstoren. Het bestuursorgaan van de sport was woedend over de verlegenheid die werd veroorzaakt bij hoogwaardigheidsbekleders die de trofeeën moesten uitreiken en kondigde aan dat er geen races van het wereldkampioenschap FIA F1 meer zouden worden gehouden op het circuit van Jerez.

Het circuit (nu met een chicane vóór de plek van Donnelly's ongeval) wordt nog steeds gebruikt voor F1-testen en andere vormen van racen.

Ondanks zijn locatie en ontwerp, slaagden het Jerez-circuit en de F1 er niet in om de enorme publieksopkomst bij het motorracen te evenaren.

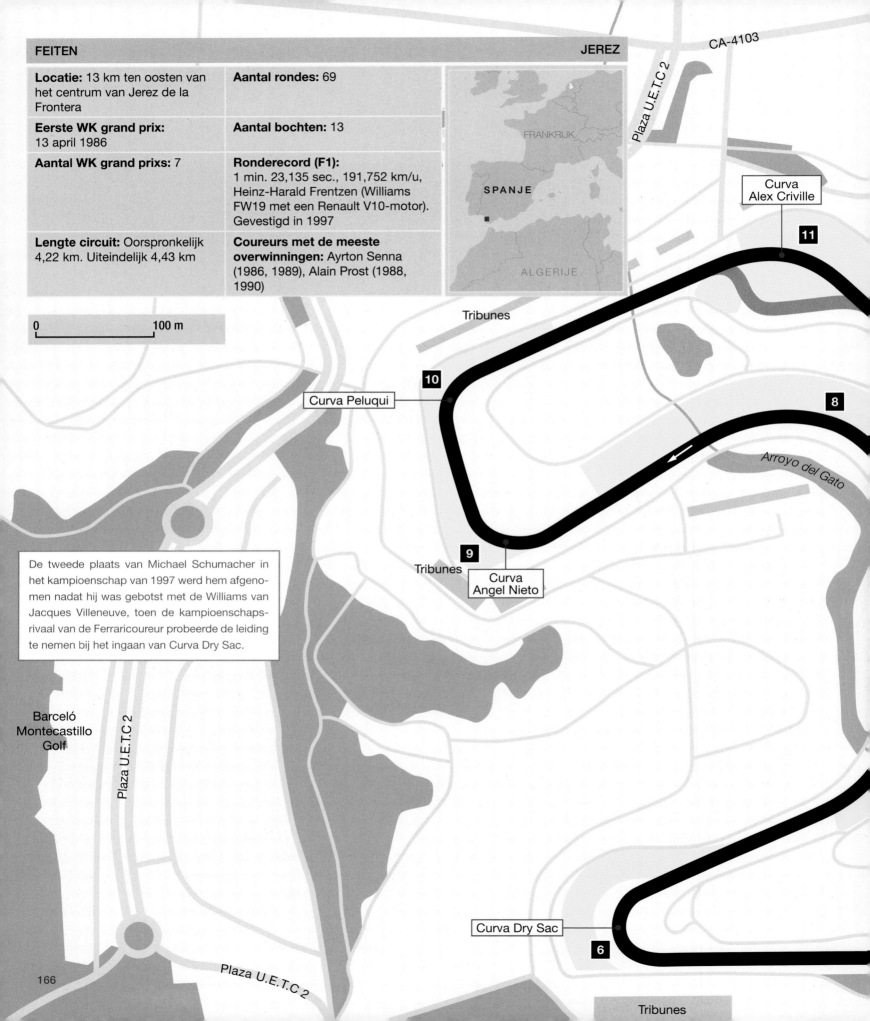

FEITEN

Locatie: 13 km ten oosten van het centrum van Jerez de la Frontera

Eerste WK grand prix: 13 april 1986

Aantal WK grand prixs: 7

Lengte circuit: Oorspronkelijk 4,22 km. Uiteindelijk 4,43 km

Aantal rondes: 69

Aantal bochten: 13

Ronderecord (F1): 1 min. 23,135 sec., 191,752 km/u, Heinz-Harald Frentzen (Williams FW19 met een Renault V10-motor). Gevestigd in 1997

Coureurs met de meeste overwinningen: Ayrton Senna (1986, 1989), Alain Prost (1988, 1990)

FRANKRIJK

SPANJE

ALGERIJE

0   100 m

CA-4103

Plaza U.E.T.C 2

Curva
Alex Criville

11

Tribunes

10

Curva Peluqui

8

Arroyo del Gato

9

Tribunes

Curva
Angel Nieto

De tweede plaats van Michael Schumacher in het kampioenschap van 1997 werd hem afgeno-men nadat hij was gebotst met de Williams van Jacques Villeneuve, toen de kampioenschaps-rivaal van de Ferraricoureur probeerde de leiding te nemen bij het ingaan van Curva Dry Sac.

Barceló
Montecastillo
Golf

Plaza U.E.T.C 2

Curva Dry Sac

6

Plaza U.E.T.C 2

Tribunes

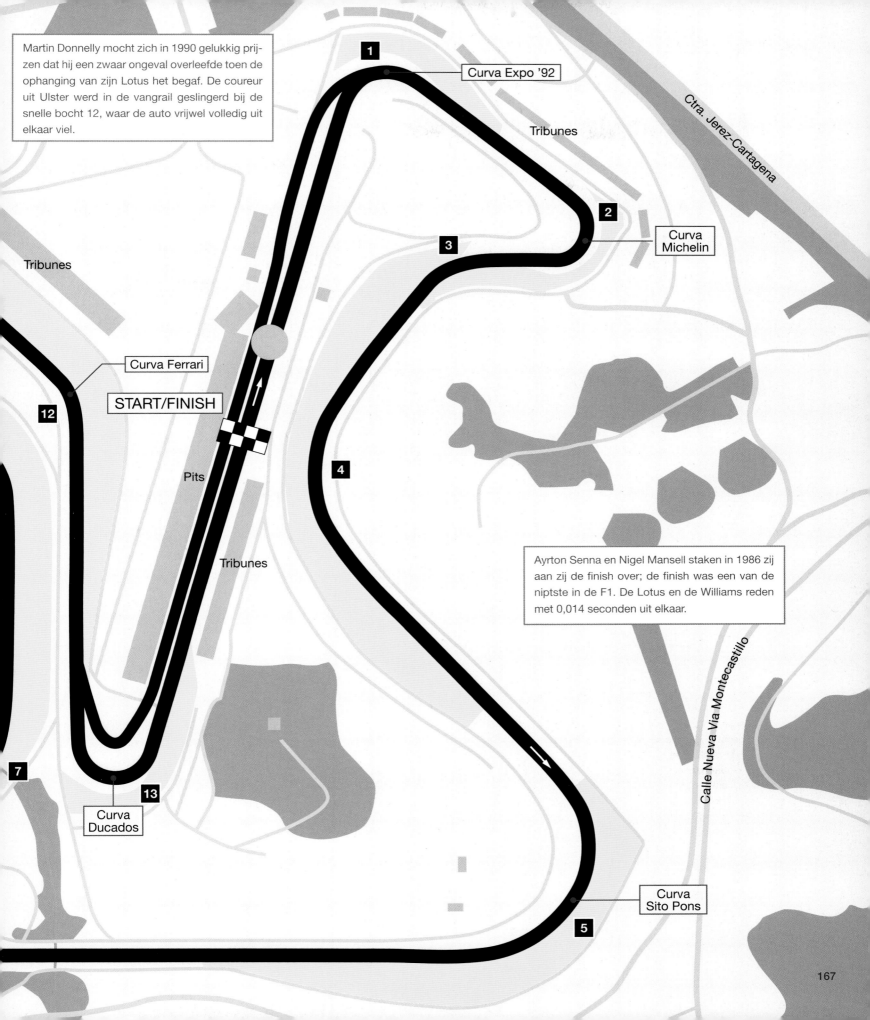

Martin Donnelly mocht zich in 1990 gelukkig prijzen dat hij een zwaar ongeval overleefde toen de ophanging van zijn Lotus het begaf. De coureur uit Ulster werd in de vangrail geslingerd bij de snelle bocht 12, waar de auto vrijwel volledig uit elkaar viel.

Ctra. Jerez-Cartagena

1

Curva Expo '92

Tribunes

2

Curva Michelin

3

Tribunes

Curva Ferrari

START/FINISH

12

Pits

4

Tribunes

Ayrton Senna en Nigel Mansell staken in 1986 zij aan zij de finish over; de finish was een van de niptste in de F1. De Lotus en de Williams reden met 0,014 seconden uit elkaar.

Calle Nueva Via Montecastillo

7

13

Curva Ducados

Curva Sito Pons

5

Hungaroring 1986

Hungaroring

 HONGARIJE

Dit was de eerste locatie van de F1 in Oost-Europa. Zowel de inwoners als de teams hadden wat tijd nodig om aan het idee te wennen. De Hongaren en mensen uit naburige landen kwamen in groten getale naar het speciaal voor dit doel gebouwde circuit, dat strak was ontworpen in een streek die met veel droogte af te rekenen had. Het circuit overleefde en is nu een vast onderdeel op de kalender, mede door het ooit zo glorieuze Boedapest.

Hongarije kon aanspraak maken op waardevolle en interessante banden met de geschiedenis van de autosport. De winnaar van de allereerste grand prix in 1906 was Ferenc Szisz, die in 1873 werd geboren in Szeghalom, in het toen Hongaarse gedeelte van het voormalige Oostenrijks-Hongaarse Rijk. Szisz was een ingenieur die voor Renault reed. Hij zou zonder twijfel interesse hebben gehad in het organiseren van de eerste Grand Prix van Hongarije in Népliget, een park van net geen 110 hectare groot in een zuid-oostelijke buitenwijk van Boedapest.

De smalle en bochtige baan van 4,99 km lang zorgde in 1936 voor de overwinning van de legendarische Alfa Romeo van Tazio Nuvolari (ingeschreven door Ferrari) op de macht van Mercedes-Benz. De tussenkomst van de Tweede Wereldoorlog maakte een einde aan plannen voor verdere grand prixs. De kans om een dergelijk evenement te organiseren leek decennia later nog meer een verre droom, toen Hongarije achter het IJzeren Gordijn belandde.

Bernie Ecclestone was de eerste die de mogelijkheid verkende om nieuwe wegen in te slaan met de F1 toen plannen voor een Russische grand prix uitdoofden en de eigenlijke baas van F1 zijn aandacht op Hongarije richtte. De Hongaarse regering keurde de bouw goed van een permanente baan in de buurt van Mogyoród, een gemeente 24 km ten noordoosten van de hoofdstad.

De gekozen locatie was een natuurlijke kom. De pits lagen aan de ene kant en de baan daalde af en doorkruiste de vallei naar het tegenoverliggende hoger gelegen stuk voordat ze via een reeks smalle bochten terugkeerde. Afgezien van het belangrijkste rechte stuk, dat naar een eerste bocht van 180 graden leidde, was er geen enkel stuk voor de auto's om voluit te gaan. Het stijgen en dalen door een onophoudelijke reeks bochten werd op sommige vlakken vergeleken met Monaco, maar dan zonder de indrukwekkende omgeving.

De Hungaroring mocht zich dan wel op een stoffige, dorre plek bevinden, hij zorgde toch voor genoeg uitdagingen. Vooral in de hitte van augustus werd de baan glad door fijne zandkorrels afkomstig van de randen. Het verraderlijke oppervlak werd nog gevaarlijker doordat er tussen de grand prixs bijna nooit op het circuit werd gereden.

Een menigte van bijna 200.000 mensen woonde de eerste editie van het internationale evenement bij, dat een onvermijdelijk patroon zou creëren van rechttoe-rechtaan-races die bijna twee uur duurden. De Ferrari van Nigel Mansell zou in 1989 die trend doorbreken. De coureur kwam van de twaalfde startpositie en nam de leiding over van Ayrton Senna met een typisch gewaagde manoeuvre toen de McLaren-Honda kort door een achterblijver werd ingesloten.

Senna zou het jaar daarop nog gefrustreerder raken. Het merendeel van de race kon hij de langzamere Williams-Renault van een onverstoorbare Thierry Boutsen niet inhalen. Dit was een scenario dat beter paste bij een baan die maar één kleine wijziging zou ondergaan, toen in 2003 het belangrijkste rechte stuk werd verlengd. Evenmin als het versmallen van de eerste bocht veranderde deze ingreep iets aan de reputatie van de baan als een plek waar je moeilijk kon inhalen.

Toch bleef de Hungaroring populair bij fans in heel Europa, vooral in Finland. De race had een plek in de statistieken veroverd door het kampioenschap te beslechten (Mansell in 1992 en Michael Schumacher in 2001) en voor een eerste F1-overwinning te zorgen voor Damon Hill (Williams-Renault 1993), Fernando Alonso (Renault 2003), Jenson Button (BAR-Honda 2006), Heikki Kovalainen (McLaren-Mercedes 2008) en Esteban Ocon (Alpine-Renault 2021). De uiteindelijke winnaar was Hongarije zelf, dat een gat in de markt had gevonden voor een goed georganiseerde grand prix.

Boven: Met de speciaal voor dit doel gebouwde baan profileerde Hongarije zich in de geschiedenis van de F1.

Onder: Mercedes, met Lewis Hamilton, op weg naar de zege in 2020.

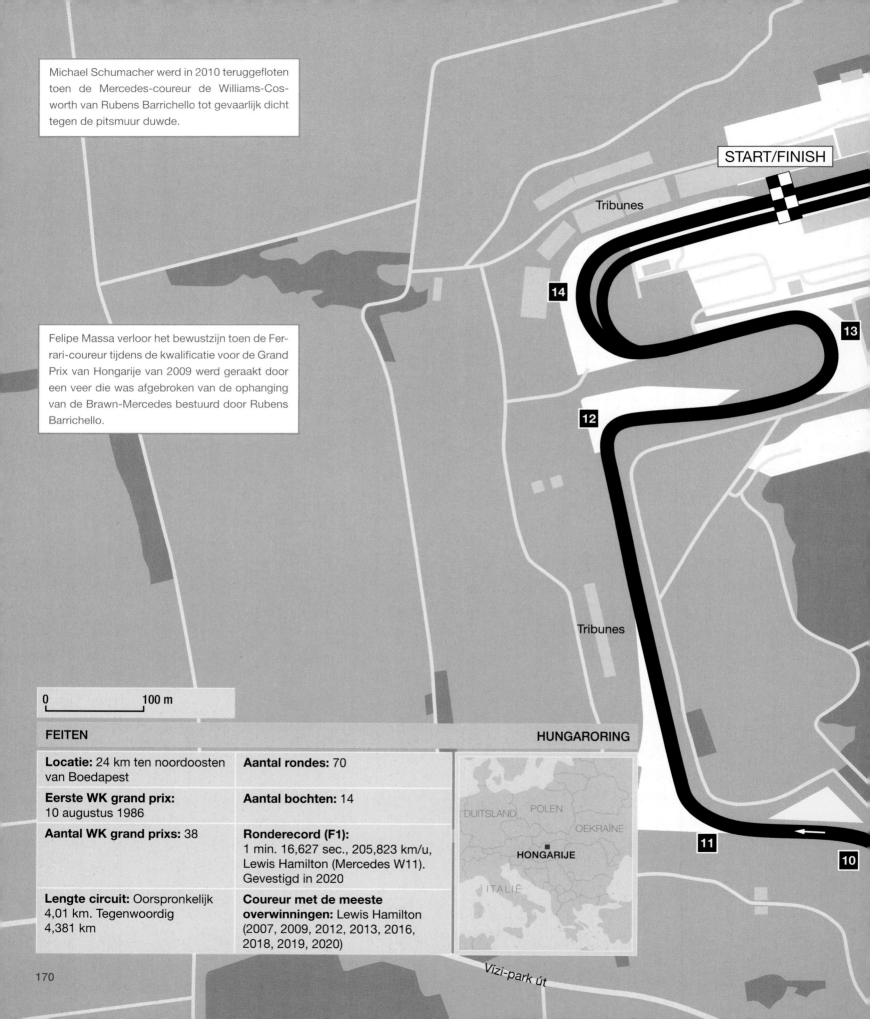

Michael Schumacher werd in 2010 teruggefloten toen de Mercedes-coureur de Williams-Cosworth van Rubens Barrichello tot gevaarlijk dicht tegen de pitsmuur duwde.

Felipe Massa verloor het bewustzijn toen de Ferrari-coureur tijdens de kwalificatie voor de Grand Prix van Hongarije van 2009 werd geraakt door een veer die was afgebroken van de ophanging van de Brawn-Mercedes bestuurd door Rubens Barrichello.

START/FINISH

Tribunes

14

13

12

Tribunes

0   100 m

FEITEN

HUNGARORING

Locatie: 24 km ten noordoosten van Boedapest	**Aantal rondes:** 70
Eerste WK grand prix: 10 augustus 1986	**Aantal bochten:** 14
Aantal WK grand prixs: 38	**Ronderecord (F1):** 1 min. 16,627 sec., 205,823 km/u, Lewis Hamilton (Mercedes W11). Gevestigd in 2020
Lengte circuit: Oorspronkelijk 4,01 km. Tegenwoordig 4,381 km	**Coureur met de meeste overwinningen:** Lewis Hamilton (2007, 2009, 2012, 2013, 2016, 2018, 2019, 2020)

DUITSLAND   POLEN

OEKRAÏNE

HONGARIJE

ITALIË

11

10

Vizi-park út

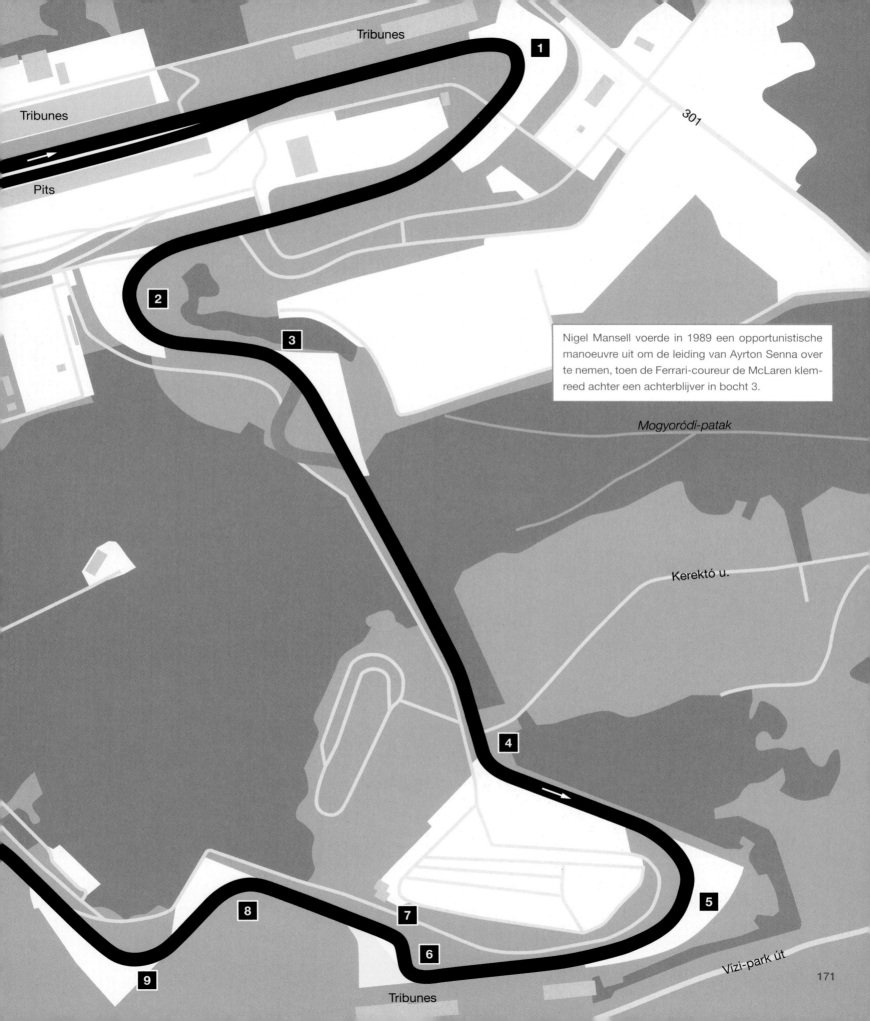

Nigel Mansell voerde in 1989 een opportunistische manoeuvre uit om de leiding van Ayrton Senna over te nemen, toen de Ferrari-coureur de McLaren klemreed achter een achterblijver in bocht 3.

Tribunes

Tribunes

Pits

301

Mogyoródi-patak

Kerektó u.

Vízi-park út

Tribunes

Suzuka 1987

Suzuka International Racing Course

 JAPAN

Suzuka is een fascinerend en moeilijk circuit. Het is een uitdagende combinatie van alle soorten bochten, hellingen en krommingen. Het is het enige achtvormige circuit in de F1. De baan blijft razend populair onder coureurs en de Japanse fans, die gereserveerd gepassioneerd zijn.

Soichiro Honda, de oprichter van het auto- en motorbedrijf, koos voor een beboste vallei naast rijstvelden in de buurt van de stad Suzuka om een testcircuit aan te leggen. Suzuka werd ontworpen door John Hugenholtz, de Nederlander die verantwoordelijk was voor Zandvoort. Hij verwerkte op slimme wijze alle soorten bochten in een 5,8 km lang achtvormig circuit. Het werd geopend in september 1962. Een van de eerste races was een 'grand prix' voor sportwagens en werd gewonnen door een Lotus 23, bestuurd door Peter Warr. Hij was de Engelsman die later naar Suzuka zou terugkeren als baas van het Lotus F1-team.

Tijdens een van de eerste motorevenementen raakte Ernst Degner zwaargewond in de snelle bocht naar de onderdoorgang van de brug. Toen de Oost-Duitse coureur herstelde van zijn ernstige brandwonden, werd de lange bocht, die later werd opgesplitst in twee lastige bochten naar rechts, naar hem vernoemd.

Suzuka werd intensief gebruikt, maar de organisatie van de Grand Prix van Japan op Mount Fuji in 1976 en 1977 zette Honda ertoe aan om te streven naar de F1. Er kwamen verschillende verbeteringen, zoals een chicane vóór de afdaling langs de pits, het verleggen van Spoon Curve om een groot uitloopgebied te creëren, een verbouwing van de pits en paddock en de toevoeging van een verbeterd medisch centrum.

Toen de F1-teams in november 1987 arriveerden voor de eerste grand prix, waren ze niet alleen getroffen door de verscheidenheid van het circuit, maar ook door de unieke sfeer. De baan was een prachtige mix van bochten, beginnend met een afdaling naar de eindeloze Esses die opliep naar een blinde en snelle bocht naar links vóór de schijnbaar onschuldige Degner-bochten. En zo ging het verder, onder een terugweg door met de geweldige 130R, een zeer snelle bocht naar links die niet helemaal vlak was.

Het enthousiasme voor de komst van een grand prix was zo groot dat de kaarten voor de hoofdtribune via loting moesten worden toegewezen en fans 's nachts op de toegangswegen sliepen om zeker binnen te raken.

Ze zouden lichtelijk teleurgesteld worden toen een veelgeprezen titelgevecht in feite werd beslecht tijdens de kwalificatie. De strijd tussen Williams-Honda-coureurs Nigel Mansell en Nelson Piquet eindigde abrupt toen Mansell crashte. Zijn Braziliaanse teamgenoot werd wereldkampioen van 1987 toen hij in de garage stond toe te kijken hoe Mansell uit de auto werd getild en met een rugblessure naar het ziekenhuis werd gebracht.

Omdat de Grand Prix van Japan aan het einde van het seizoen werd gehouden, werden er verschillende kampioenen gekroond, meestal onder spectaculaire omstandigheden. Dat was vooral het geval in 1989 en 1990, toen Alain Prost en Ayrton Senna erin slaagden om twee keer met elkaar te botsen, waarbij de titel eerst naar Prost ging, en twaalf maanden later naar Senna.

In 1991 werd de chicane dichter bij de laatste bocht geplaatst om de pitstraat vroeger te kunnen binnenrijden. Tien jaar later zou de ingang van de pitstraat weer dicht bij zijn oorspronkelijke positie komen te liggen als onderdeel van een pakket aan verbeteringen, waaronder nieuwe uitloopzones, herplaatste muren en een herprofilering van de Esses- en Dunlop-bochten.

De meest controversiële verandering volgde na een enorme crash van Allan McNish in 2002, waarbij de Toyota-coureur de auto door de vangrail boorde – gelukkig zonder zichzelf ernstig te verwonden – na een poging om de 130R met volle snelheid te nemen. De voorheen afschrikwekkende bocht naar links werd versoepeld om hem veiliger te maken, en dit was volgens sommigen een afzwakking van Suzuka als unieke test van vaardigheid en moed.

Toen Fuji in 2007 en 2008 de plek van Suzuka in gevaar leek te brengen, leidden hoognodige renovaties tot nieuwe pits en een nieuwe paddock. De moeilijkheidsgraad bleef. Dat werd op de slechtst mogelijke manier bewezen toen Jules Bianchi in 2014 in het schemerlicht van een natte baan tolde en zwaargewond raakte toen zijn Marussia-Ferrari een reddingsvoertuig raakte. Het feit dat Suzuka de daaropvolgende controverse overleefde, werd gezien als verder bewijs dat het een van de beste circuits ter wereld is.

Een van de vele nieuwigheden op Suzuka was een eersteklas pretpark vlak bij een uitdagend circuit. De Red Bull-Renault van Mark Webber in de Casio Triangle-chicane in 2013.

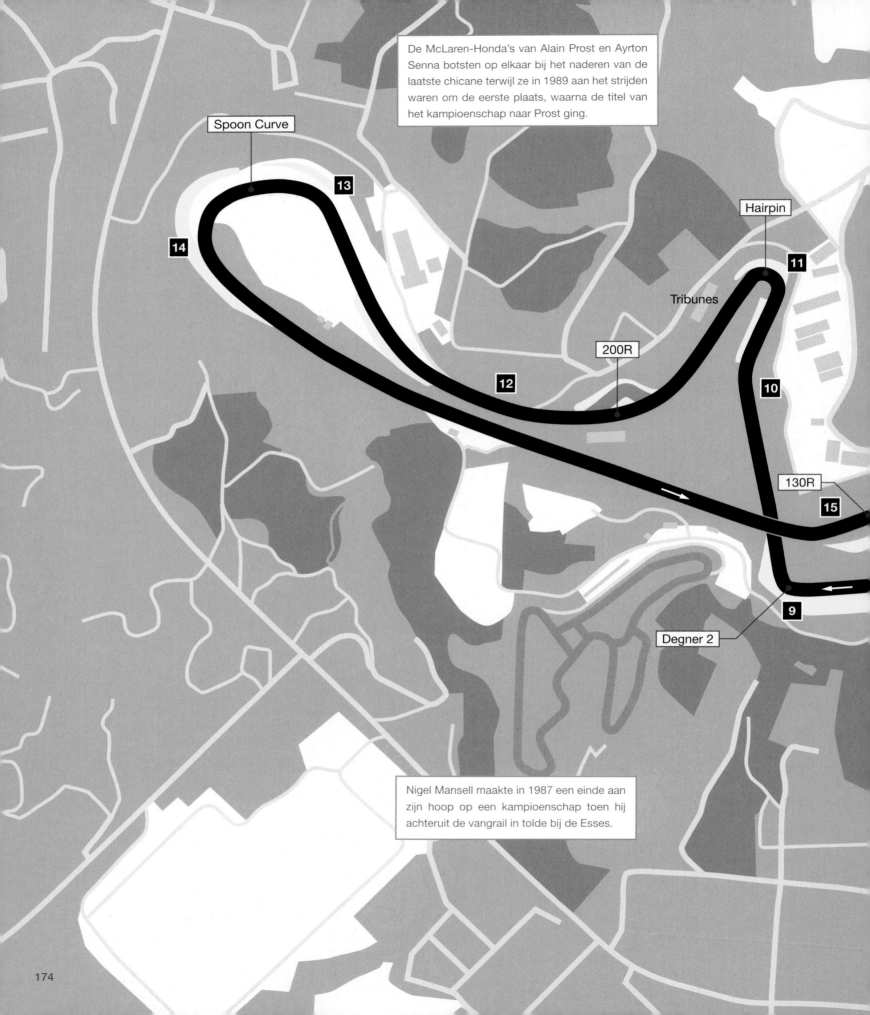

Spoon Curve

De McLaren-Honda's van Alain Prost en Ayrton Senna botsten op elkaar bij het naderen van de laatste chicane terwijl ze in 1989 aan het strijden waren om de eerste plaats, waarna de titel van het kampioenschap naar Prost ging.

13

14

Hairpin

11

Tribunes

200R

12

10

130R

15

9

Degner 2

Nigel Mansell maakte in 1987 een einde aan zijn hoop op een kampioenschap toen hij achteruit de vangrail in tolde bij de Esses.

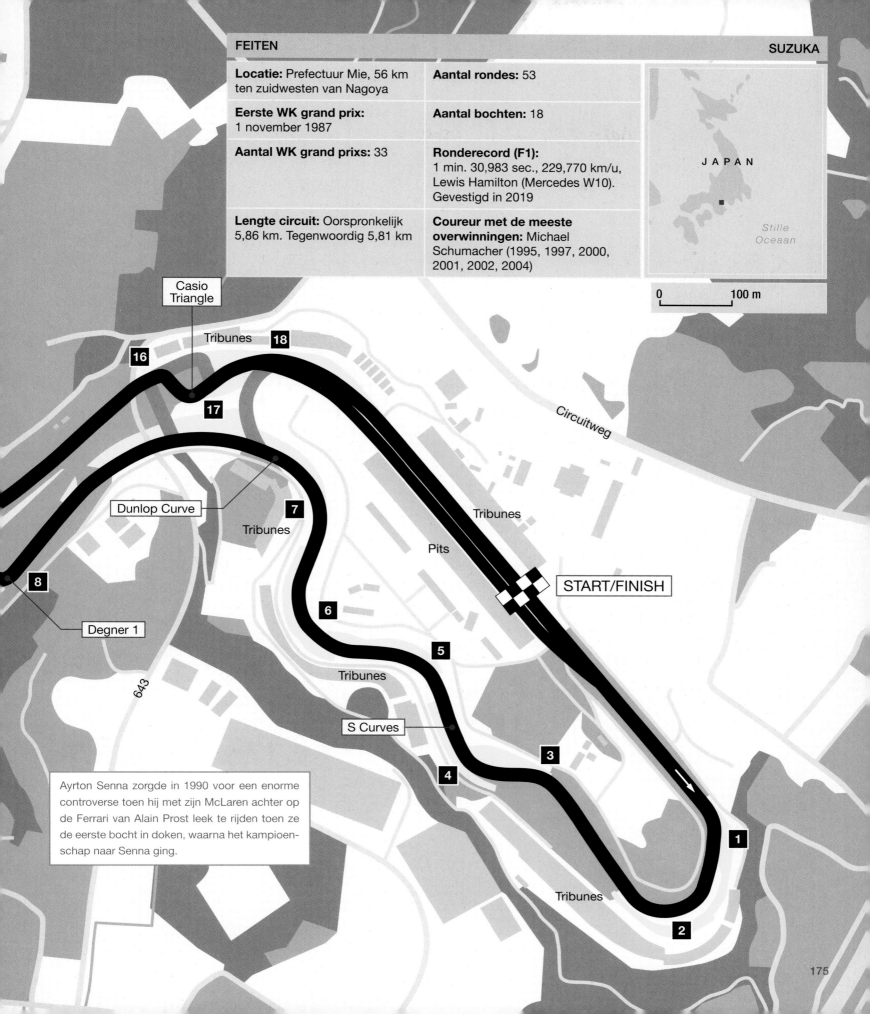

FEITEN

Locatie: Prefectuur Mie, 56 km ten zuidwesten van Nagoya

Eerste WK grand prix: 1 november 1987

Aantal WK grand prixs: 33

Lengte circuit: Oorspronkelijk 5,86 km. Tegenwoordig 5,81 km

Aantal rondes: 53

Aantal bochten: 18

Ronderecord (F1): 1 min. 30,983 sec., 229,770 km/u, Lewis Hamilton (Mercedes W10). Gevestigd in 2019

Coureur met de meeste overwinningen: Michael Schumacher (1995, 1997, 2000, 2001, 2002, 2004)

JAPAN

Stille Oceaan

0   100 m

Casio Triangle

Tribunes

16

18

17

Dunlop Curve

Tribunes

7

Tribunes

Circuitweg

Tribunes

Pits

START/FINISH

8

Degner 1

6

643

5

Tribunes

S Curves

3

4

1

Ayrton Senna zorgde in 1990 voor een enorme controverse toen hij met zijn McLaren achter op de Ferrari van Alain Prost leek te rijden toen ze de eerste bocht in doken, waarna het kampioenschap naar Senna ging.

2

Tribunes

175

Magny-Cours 1991

Circuit de Nevers Magny-Cours

 FRANKRIJK

Magny-Cours was een voormalig clubcircuit. Het kreeg een uitbreiding en een flinke upgrade als politieke zet om interesse voor het Franse platteland te wekken en industrie aan te trekken. Het circuit had een superglad oppervlak, maar werd niet beschouwd als een enorme uitdaging toen het achttien jaar lang onderdak bood aan de F1. Gebrek aan belangstelling betekende het einde van de F1-locatie.

Om een indicatie te geven van het bescheiden begin: het circuit werd in 1960 aangelegd door een boer op een stuk land naast zijn huis aan de RN7, vlak bij het dorp Magny-Cours. De baan was slechts 1,95 km lang en kreeg een impuls door de oprichting van de Winfield Racing School, die een reeks grand-prixwinnaars voor Frankrijk zou voortbrengen.

In 1971 werd de lengte verdubbeld dankzij de toevoeging van een lus, maar het circuit werd internationaal niet serieus genomen tot het midden van de jaren 1980, toen de regionale regering het zag als een investering en promotie-instrument. Magny-Cours, in de buurt van de stad Nevers in Midden-Frankrijk, 257,5 km ten zuiden van Parijs en 241,4 km ten noordwesten van Lyon, dreigde een industrieel buitenbeentje te worden. Het werd daarbij niet geholpen door het feit dat het circuit zo achteruitgegaan was dat het gesloten moest worden. President Mitterrand, een voormalig afgevaardigde voor de regio, legde zijn politieke gewicht in de schaal voor de ontwikkeling van het gebied rond Nevers in de aanloop naar zijn herverkiezing. Zijn plannen omvatten een grote opknapbeurt van het circuit van Magny-Cours in de hoop de Grand Prix van Frankrijk van Paul Ricard af te pakken.

Er werd bijna 25 miljoen dollar uitgegeven om de pits en de paddock, die vroeger aan de afdaling van Château d'Eau lagen, naar de buitenkant van het circuit te verplaatsen, waardoor Lycée de laatste bocht werd. Daarnaast slaagde de uitbreiding van een industrieel complex erin om toonaangevende raceteams en fabrikanten aan te trekken, waaronder Ligier en Martini. Het circuit, met nieuwe bochten die een kopie waren van bestaande circuits zoals Imola en de Nürburgring, werd geopend in 1989 en organiseerde twee jaar later de eerste Grand Prix van Frankrijk.

De reacties waren gemengd. Hoewel weinigen iets aan te merken hadden op de faciliteiten, vonden sommige coureurs het 4,27 km lange circuit te krap en vonden ze dat het geen fatsoenlijk recht stuk had, terwijl anderen meenden dat het goed geasfalteerd was en beter dan Paul Ricard. Hoe dan ook, de racefans waren blij omdat ze niet langer naar Zuid-Frankrijk hoefden te reizen. Ze kwamen met duizenden tegelijk – en vonden de toegang jammerlijk ontoereikend. Zozeer zelfs dat de plaatselijke gendarmerie er veel werk aan had om boze mensen met tickets weg te sturen. Zelfs de teleurstelling toen Nigel Mansells Williams-Renault de leiding afnam van de Ferrari van lokale held Alain Prost zou de moeite waard zijn geweest, als ze het hele gebeuren tenminste maar live hadden kunnen meemaken.

In 2003 werd er, in de hoop de inhaalmogelijkheden te verbeteren, een nieuw complex toegevoegd bij de laatste bocht. Het maakte weinig verschil; het enige onverwachte voordeel kwam van een kortere pitstraat. Omdat pitsbezoeken minder tijd in beslag namen, wist Michael Schumacher in 2004 te winnen, ook al was hij vier keer gestopt. In veel opzichten maakte Schumacher zich Magny-Cours eigen, want hij vestigde een record door acht keer te winnen op hetzelfde circuit.

Bij zijn laatste overwinning in 2006 waren de klachten over een smalle pitstraat en faciliteiten die niet meer aan de eisen voldeden, toegenomen. De financiële problemen namen ook toe en na veel wikken en wegen werd de grand prix van 2008 de laatste. Afgezien van het betreurenswaardige verlies van de Grand Prix van Frankrijk zelf heerste er een opmerkelijke tweestrijd binnen de F1 over het niet langer hoeven terugkeren naar de uitgestrekte vlakte van Magny-Cours.

Boven: Een slimme faciliteit met een glad oppervlak, gebouwd met hulp van de overheid om de rekening van 25 miljoen dollar te betalen.

Onder: Michael Schumacher maakte niet minder dan vier pitsstops op weg naar de overwinning in 2004.

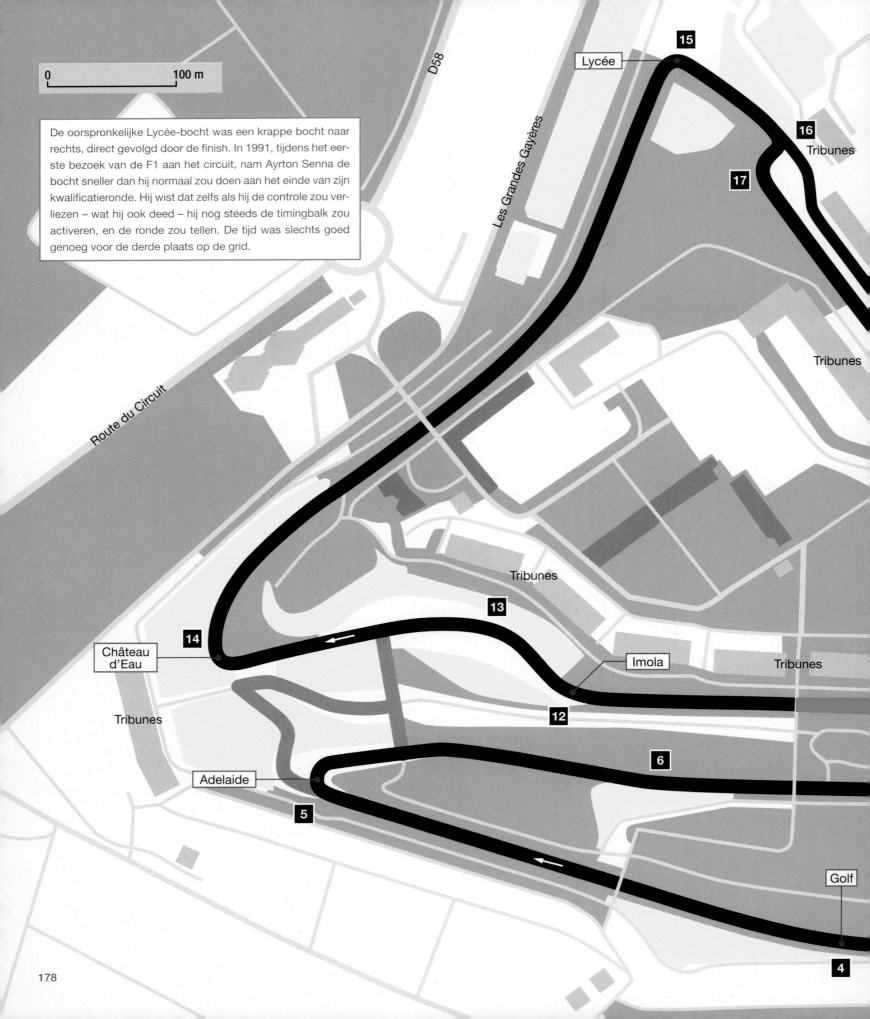

De oorspronkelijke Lycée-bocht was een krappe bocht naar rechts, direct gevolgd door de finish. In 1991, tijdens het eerste bezoek van de F1 aan het circuit, nam Ayrton Senna de bocht sneller dan hij normaal zou doen aan het einde van zijn kwalificatieronde. Hij wist dat zelfs als hij de controle zou verliezen – wat hij ook deed – hij nog steeds de timingbalk zou activeren, en de ronde zou tellen. De tijd was slechts goed genoeg voor de derde plaats op de grid.

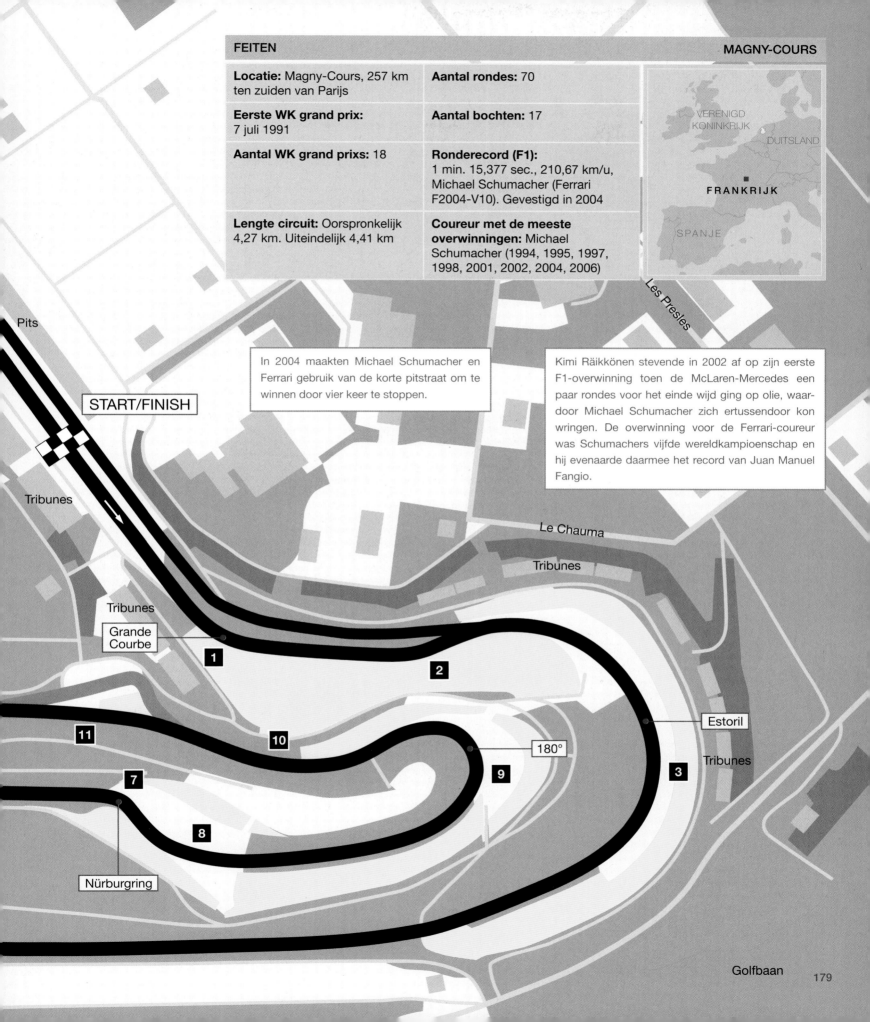

FEITEN

Locatie: Magny-Cours, 257 km ten zuiden van Parijs

Eerste WK grand prix: 7 juli 1991

Aantal WK grand prixs: 18

Lengte circuit: Oorspronkelijk 4,27 km. Uiteindelijk 4,41 km

Aantal rondes: 70

Aantal bochten: 17

Ronderecord (F1): 1 min. 15,377 sec., 210,67 km/u, Michael Schumacher (Ferrari F2004-V10). Gevestigd in 2004

Coureur met de meeste overwinningen: Michael Schumacher (1994, 1995, 1997, 1998, 2001, 2002, 2004, 2006)

VERENIGD KONINKRIJK

DUITSLAND

FRANKRIJK

SPANJE

Pits

In 2004 maakten Michael Schumacher en Ferrari gebruik van de korte pitstraat om te winnen door vier keer te stoppen.

Kimi Räikkönen stevende in 2002 af op zijn eerste F1-overwinning toen de McLaren-Mercedes een paar rondes voor het einde wijd ging op olie, waardoor Michael Schumacher zich ertussendoor kon wringen. De overwinning voor de Ferrari-coureur was Schumachers vijfde wereldkampioenschap en hij evenaarde daarmee het record van Juan Manuel Fangio.

START/FINISH

Les Presles

Le Chauma

Tribunes

Tribunes

Tribunes

Grande Courbe

1

2

Estoril

11

10

180°

9

3

Tribunes

7

8

Nürburgring

Golfbaan

Barcelona Montmeló 1991

Circuit de Barcelona-Cataluña

 SPANJE

Bij dit circuit is over alles goed nagedacht. Het heeft een logisch ontwerp met een goed zicht voor de toeschouwers, voorzieningen en een rechtstreekse spoorverbinding naar het nabijgelegen Barcelona. In het begin was de opkomst laag, maar die nam al snel toe. Tot uiteindelijk alle plaatsen uitverkocht waren, door het succes van Fernando Alonso. Het circuit werd vaak gebruikt voor testen, wanneer dit tussen de races in was toegestaan.

Spanje nam schijnbaar een risico toen in allerijl de plannen werden doorgevoerd om een nieuwe baan klaar te krijgen voor het seizoen van 1991. Het was oorspronkelijk de bedoeling om het Circuit de Cataluña in Montmeló 12 maanden later voor te stellen, tijdens het olympische jaar van Barcelona. Door een vroegtijdige afwerking te forceren leek het land, waar de interesse in racen sowieso al niet groot was, zich alleen maar meer problemen op de hals te halen. De ergste angsten leken bewaarheid te worden toen er sprake was van hopeloze communicatie, een slechte toegankelijkheid en onafgewerkte voorzieningen. Dit doembeeld werd nog versterkt door ernstige onweersbuien vroeg in de raceweek, waardoor er nog modder aan de potentiële chaos werd toegevoegd.

En toen was het zo ver: de zon scheen en de racebaan verraste iedereen met haar interessante ontwerp. Het circuit was aangelegd aan de zijkant van een heuvel. Het beschikte over glooiingen en een verscheidenheid aan bochten. De laatste, een snelle bocht naar rechts de heuvel af, mondde uit in een lang, breed recht stuk en nodigde aan het einde ervan uit tot inhalen. De locatie dicht bij een industrieterrein beloofde niet veel goeds, maar de belangrijkste factoren waren de korte afstand van Montmeló tot het centrum van Barcelona en een directe spoorverbinding die een nog betere toegang bood, boven op het nabijgelegen netwerk van snelwegen.

Met een datum in september en nog drie races te gaan in het seizoen, werd de Grand Prix van Spanje beschouwd als de laatste kans voor Nigel Mansell om op gelijke hoogte te blijven met Ayrton Senna aan de top van het kampioenschap. Mansell moest winnen, en dat is precies wat hij deed nadat hij de strijd met Senna was aangegaan. Het beeld van de Williams-Renault en McLaren-Honda, waar de vonken van afvlogen terwijl ze een hele tijd met 306 km/u zij aan zij reden, werd een van de meest iconische

in de autosport. Het Circuit de Cataluña begon naam te maken, en zou dat blijven doen, ondanks het gebrek aan enthousiasme voor de F1 bij de Spanjaarden.

Dat laatste begon in 2003 te veranderen, toen Fernando Alonso, die twee seizoenen in de marge had gereden bij Minardi, daarna als testcoureur bij het Renault-raceteam kwam. Hij begon poleposities op te eisen en won in augustus zijn eerste grand prix in Hongarije. Toen de Spaanse race naar mei werd verplaatst, moesten de fans tot 2004 wachten voordat ze de nieuwe nationale held konden verwelkomen. Alonso bracht daarna een menigte van 140.000 toeschouwers bij elkaar door in 2005 kampioen te worden en het jaar daarop een thuiszege te behalen.

Doordat de aerodynamica van de auto's steeds belangrijker werd, werd inhalen steeds moeilijker en konden bochten sneller worden genomen. Voor 2007 werd een nieuwe chicane ingebouwd op de plek waar de coureurs de laatste bocht naderden, maar dit maakte voor het racen weinig verschil. Hetzelfde kon worden gezegd van het versmallen van La Caixa een paar jaar eerder, hoewel deze bocht in 2021 nog eens zou worden vormgegeven. Barcelona leed ook onder het uitgebreide testen op de baan. Dit betekende namelijk dat de auto's bijna even competitief tegen elkaar reden als anders. Door die vertrouwdheid was er een gebrek aan actie op het circuit tijdens de trainingen, tot er een verbod kwam op testen tussen de races in.

Toch blijft het Circuit de Barcelona-Cataluña (de naam van de baan werd in 2013 veranderd ter ere van een sponsordeal met het stadsbestuur van Barcelona) populair. Dat komt door de uitstekende mogelijkheden om de race te zien en zijn locatie dicht bij een kleurrijke stad die goed bereikbaar is via een internationale luchthaven.

De Williams-Renault (5) van Nigel Mansell en de McLaren-Honda van Ayrton Senna bezorgden de baan een sensationele introductie tot de F1 in 1991 toen ze over het belangrijkste rechte stuk zij aan zij raceten.

Mika Häkkinens leidende McLaren-Mercedes viel in 2001 halverwege de laatste ronde stil door een defecte koppeling. Hierdoor ging de overwinning naar Michael Schumacher in zijn Ferrari.

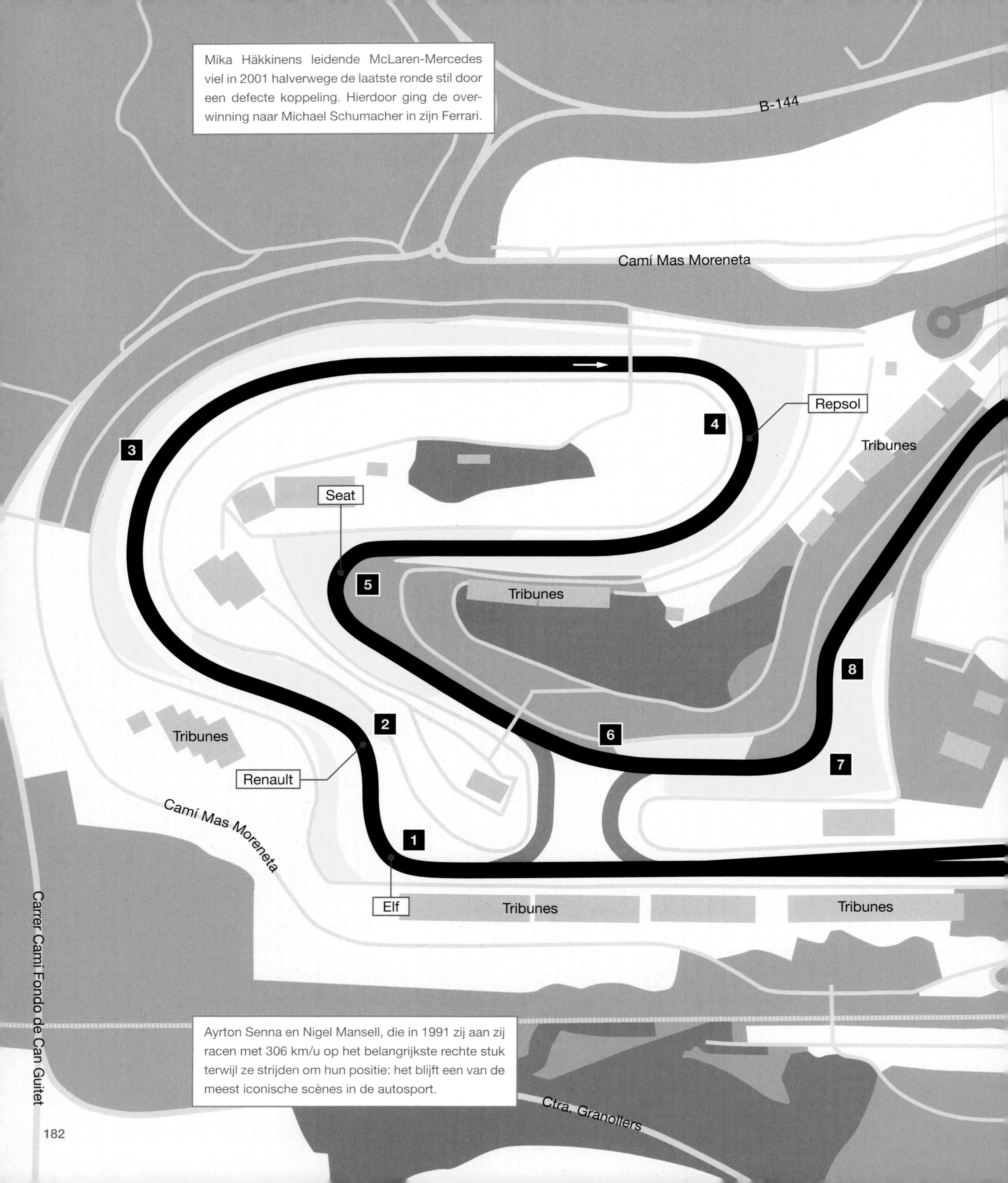

B-144

Camí Mas Moreneta

Repsol

Tribunes

4

3

Seat

5

Tribunes

8

2

6

Renault

7

Camí Mas Moreneta

1

Elf   Tribunes   Tribunes

Ayrton Senna en Nigel Mansell, die in 1991 zij aan zij racen met 306 km/u op het belangrijkste rechte stuk terwijl ze strijden om hun positie: het blijft een van de meest iconische scènes in de autosport.

Ctra. Granollers

Carrer Camí Fondo de Can Guitet

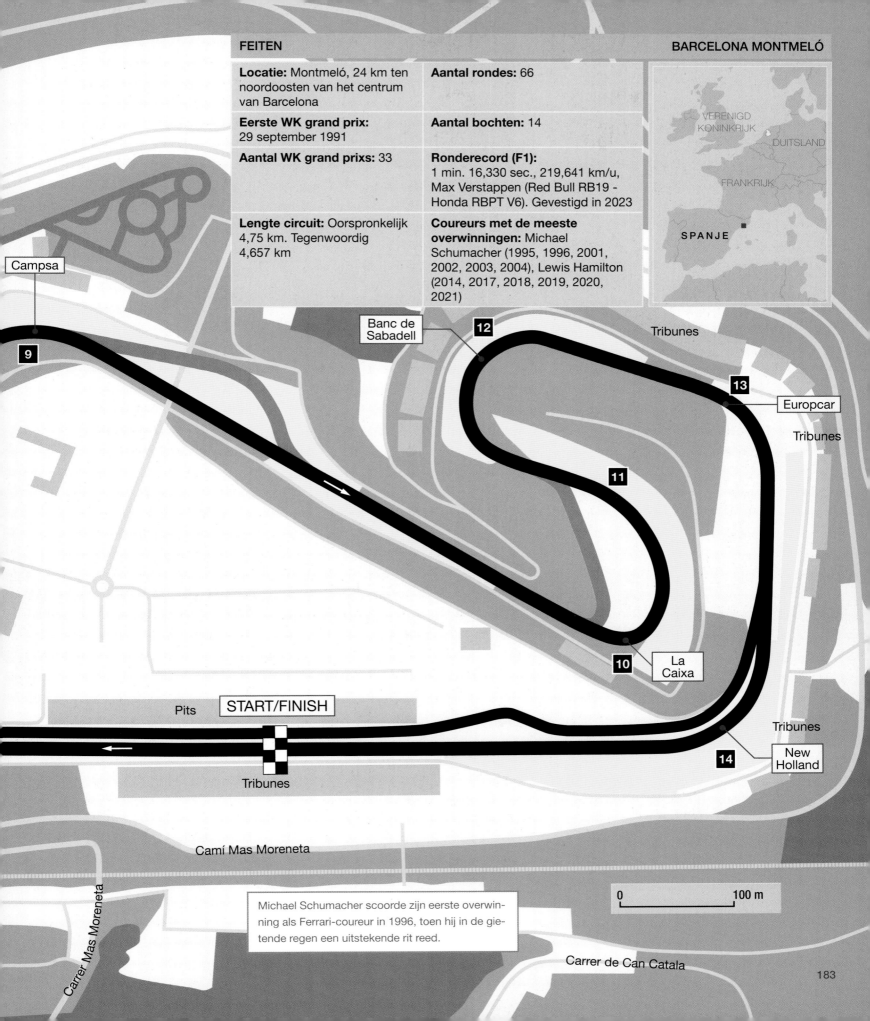

Locatie: Montmeló, 24 km ten noordoosten van het centrum van Barcelona

Eerste WK grand prix: 29 september 1991

Aantal WK grand prixs: 33

Lengte circuit: Oorspronkelijk 4,75 km. Tegenwoordig 4,657 km

Aantal rondes: 66

Aantal bochten: 14

Ronderecord (F1): 1 min. 16,330 sec., 219,641 km/u, Max Verstappen (Red Bull RB19 - Honda RBPT V6). Gevestigd in 2023

Coureurs met de meeste overwinningen: Michael Schumacher (1995, 1996, 2001, 2002, 2003, 2004), Lewis Hamilton (2014, 2017, 2018, 2019, 2020, 2021)

VERENIGD KONINKRIJK

DUITSLAND

FRANKRIJK

SPANJE

Campsa

9

Banc de Sabadell

12

Tribunes

13

Europcar

Tribunes

11

10

La Caixa

START/FINISH

Pits

Tribunes

14

New Holland

Tribunes

Camí Mas Moreneta

Carrer Mas Moreneta

0   100 m

Michael Schumacher scoorde zijn eerste overwinning als Ferrari-coureur in 1996, toen hij in de gietende regen een uitstekende rit reed.

Carrer de Can Catala

183

Melbourne 1996

Albert Park

 AUSTRALIË

Een meer dan waardige opvolger van Adelaide als gastheer van de Grand Prix van Australië. Het circuit is gelegen in Albert Park, op een tramrit van het centrum van Melbourne. Het werd een onmiddellijke hit dankzij de efficiënte organisatie, levendige sfeer en een redelijke baan met een goede doorstroming. Al vele jaren is het de ideale plek om het seizoen te beginnen.

Albert Park organiseerde de eerste van de huidige wereldkampioenschapsraces in 1996, maar eerder was de Grand Prix van Australië al in het stadspark verreden. Het was dan wel een evenement buiten het kampioenschap, maar het was in 1956 belangrijk genoeg om Stirling Moss en het constructeursteam van Maserati aan te trekken. De race zou verreden worden tegen de klok in op parkwegen rondom een meer, maar uiteindelijk zou er helemaal niet worden geracet vanwege lokale tegenstand.

Er werd pas weer aan racen in Albert Park gedacht toen Jeff Kennett, de premier van Victoria, het succes van de Grand Prix van Australië in Adelaide opmerkte en een plan steunde van de prominente zakenman Ron Walker om de race in Melbourne te houden.

Albert Park, op een tramrit van hartje Melbourne, leek een perfecte locatie, ook al was het de afgelopen decennia geleidelijk aan in verval geraakt. Dit was een goed excuus om het meer schoon te maken, bomen te planten en het park te laten passen bij het gewenste dynamische imago van de stad. Met de aanleg van een parkeerterrein en het opnieuw asfalteren van enkele van de oorspronkelijke wegen werd het Albert Park-circuit nieuw leven ingeblazen. De rijrichting werd omgedraaid, er werden nieuwe secties toegevoegd, samen met permanente garages die uitkwamen op een graspaddock. Deze paddock zou ongetwijfeld de populairste op de kalender worden zodra de F1-teams in maart 1996 arriveerden. Het circuit was dan wel vlak en bood slechts één snel gedeelte aan de andere kant van het meer, maar het had een goede flow.

Al met al werd het gezien als de perfecte plek om het seizoen te beginnen dankzij het aangename klimaat (vergeleken met Europa in die tijd van het jaar), een ruime keuze aan hotels en restaurants en een gemakkelijke bereikbaarheid dankzij een efficiënt transportsysteem. Dat leverde een enthousiast publiek af dat dol was op sport en zich wilde vermaken. Vooraf was er veel gespeculeerd over mogelijke protesten, maar uiteindelijk bleef het enige noemenswaardige incident beperkt tot een groep van vier personen die met spandoeken zwaaiden op de hoofdtribune tegenover het indrukwekkende pitscomplex. De enige klacht van de coureurs betrof het stoffige en aanvankelijk griploze circuit.

Dat zou een blijvend probleem worden waar de teams makkelijk mee om leerden gaan. Het management van het circuit poetste een toch al strakke organisatie op tot de echte top. Hierdoor won Australië in 1996 en 1997 de prijs voor de best georganiseerde grand prix.

Melbourne werd vanaf het begin beloond – als dat het juiste woord is – met drama. Drie bochten ver in de eerste grand prix ontkwam Martin Brundle uit Groot-Brittannië ongedeerd aan een enorm ongeluk toen zijn Jordan-Peugeot achter op een andere auto botste en over de kop op een vluchtweg terechtkwam. De Jordan-Peugeot brak in tweeën.

Een ander incident in 2001 vlak bij dezelfde plek kende een tragische afloop, toen de BAR-Honda van Jacques Villeneuve ook door de lucht vloog. Een achterwiel, dat door een hekpaal van de auto werd gerukt, raakte op een of andere manier door een gat van nauwelijks zijn eigen grootte en doodde een vrijwillige marshal tijdens een gruwelijk en bizar ongeluk.

Er waren onschuldige incidenten in overvloed, vaak in de eerste bocht, waar in 2002 elf van de tweeëntwintig starters werden uitgeschakeld. Omdat de Grand Prix van Australië meestal – maar niet altijd – de eerste race van het seizoen was, zou Melbourne vaak verantwoordelijk zijn voor het vestigen van records als 'Jongste F1-starter' of 'Beste beginnersprestatie'. Over het algemeen werd hij nog steeds beschouwd als een van de beste grand prixs van het seizoen.

In maart 2020 was de Grand Prix van Australië een vroeg slachtoffer van de COVID-19-pandemie: de race werd afgelast nadat de teams waren aangekomen. In 2022 keerde de race terug. Tegen die tijd waren er aanpassingen gedaan aan het circuit, met name de chicane net na het begin van het rechte stuk het verst van de finish was weggewerkt.

De Ferrari van Charles Leclerc op weg naar de overwinning in de race waarin Melbourne de terugkeer van de F1 verwelkomde in 2022, na de onderbreking door COVID-19.

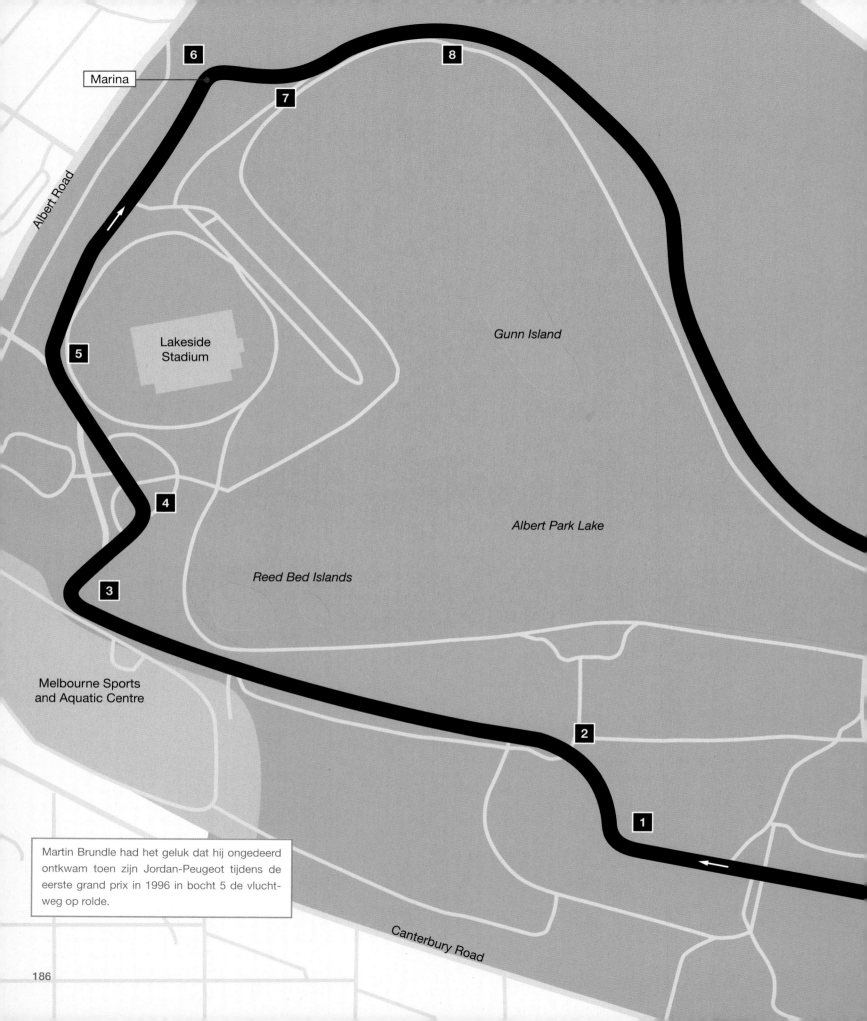

Martin Brundle had het geluk dat hij ongedeerd ontkwam toen zijn Jordan-Peugeot tijdens de eerste grand prix in 1996 in bocht 5 de vluchtweg op rolde.

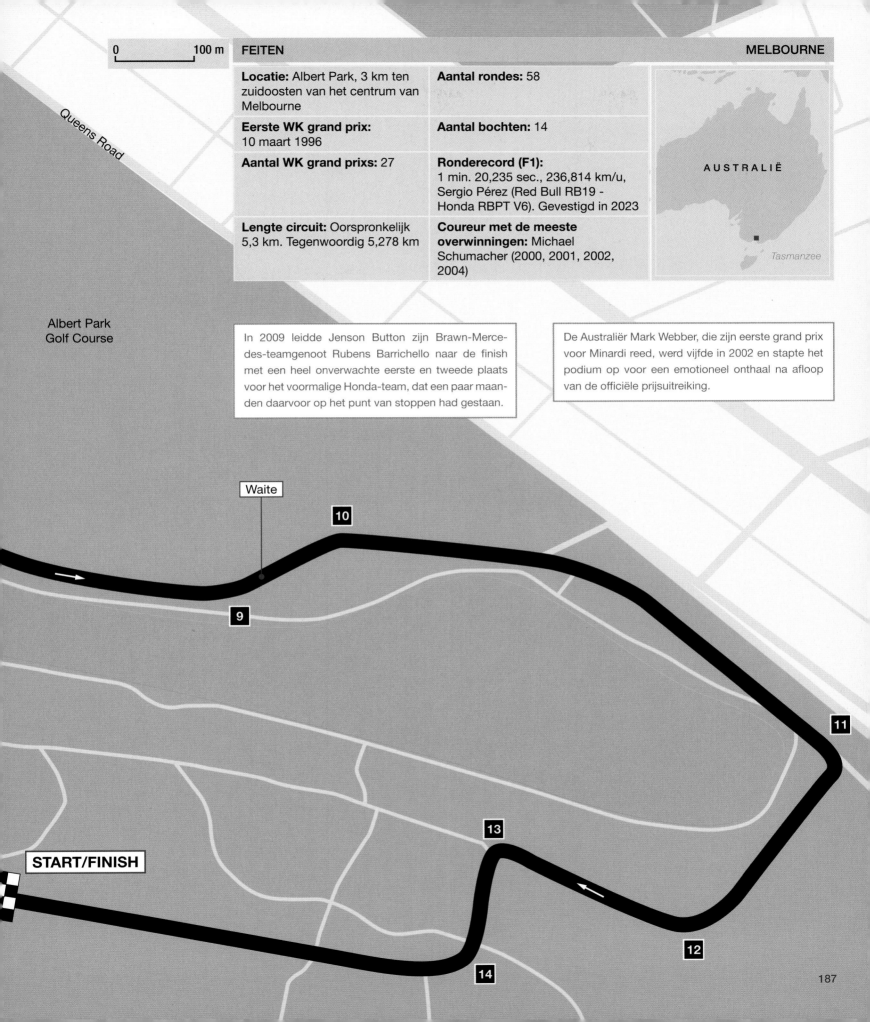

0   100 m

FEITEN

Locatie: Albert Park, 3 km ten zuidoosten van het centrum van Melbourne

Eerste WK grand prix: 10 maart 1996

Aantal WK grand prixs: 27

Lengte circuit: Oorspronkelijk 5,3 km. Tegenwoordig 5,278 km

Aantal rondes: 58

Aantal bochten: 14

Ronderecord (F1): 1 min. 20,235 sec., 236,814 km/u, Sergio Pérez (Red Bull RB19 - Honda RBPT V6). Gevestigd in 2023

Coureur met de meeste overwinningen: Michael Schumacher (2000, 2001, 2002, 2004)

AUSTRALIË

Tasmanzee

Queens Road

Albert Park
Golf Course

In 2009 leidde Jenson Button zijn Brawn-Mercedes-teamgenoot Rubens Barrichello naar de finish met een heel onverwachte eerste en tweede plaats voor het voormalige Honda-team, dat een paar maanden daarvoor op het punt van stoppen had gestaan.

De Australiër Mark Webber, die zijn eerste grand prix voor Minardi reed, werd vijfde in 2002 en stapte het podium op voor een emotioneel onthaal na afloop van de officiële prijsuitreiking.

Waite

10

9

11

13

START/FINISH

12

14

Sepang 1999

Sepang International Circuit

Een circuit met een uitstekende combinatie van bochten en een brede baan om inhalen aan te moedigen. Het was gelegen in een brede kom niet ver van de internationale luchthaven, en dicht genoeg bij Kuala Lumpur om een bescheiden publiek naar de eersteklas faciliteiten te lokken. Vochtigheid en enorme G-krachten maakten het tot een van de fysiek meest veeleisende circuits voordat Sepang in 2017 zijn negentiende en laatste grand prix hield.

De wortels van de motorsport in Maleisië gaan terug tot wegraces in de jaren 1960 en een permanent circuit (Shah Alam) dat werd gebruikt voor het wereldkampioenschap voor sportauto's in 1985. Maar pas in het decennium daarop verscheen het land echt op het internationale toneel, dankzij de vooruitziende blik van de toenmalige premier. Dr. Mahathir Bin Mohamad was erop gebrand om Maleisië in het begin van de jaren 1990 te promoten als een vooruitstrevende industriële natie en had plannen voor een grand-prixcircuit. Dat zou vlak bij een schitterende nieuwe internationale luchthaven komen als onderdeel van een zogenaamde Multimedia Super Corridor die naar de hoofdstad Kuala Lumpur zou leiden.

Circuitadviseur Hermann Tilke werd gevraagd om plannen te tekenen voor wat waarschijnlijk een van zijn beste ontwerpen zou worden. Tilke maakte gebruik van de enorme beschikbare ruimte en het glooiende landschap. Hij ontwierp een vloeiend circuit van 5,47 km met twee lange rechte stukken, die eindigden met brede ingangen naar krappe haarspeldbochten om inhalen aan te moedigen. De eerste bocht, die aanvankelijk in zichzelf draaide, bood verschillende lijnen en bereidde de coureurs voor op een verscheidenheid aan bochten met een gemiddelde snelheid en snelle bochten. Afgezien van de G-krachten die door een aantal bochten werden opgewekt, zouden de coureurs te maken krijgen met een vochtigheidsgraad die op dat moment nergens anders op de F1-kalender te vinden was.

De werkzaamheden begonnen in december 1996. Toen de F1-teams in oktober 1999 aankwamen voor de eerste Grand Prix van Maleisië, was men van mening dat de geschatte 12 miljoen dollar goed was besteed. Het uitstekende circuit werd verbeterd met ultramoderne faciliteiten en een heel grote, dubbelzijdige hoofdtribune met daarop enorme luifels in de vorm van een hibiscus, de nationale bloem van Maleisië.

Het nodigde uit tot inhalen, maar de eerste grand prix zou worden herinnerd vanwege de controverse buiten het circuit. Dit was de voorlaatste race van het seizoen en Mika Häkkinen van McLaren-Mercedes had een kleine twee punten voorsprong op Eddie Irvine van Ferrari. Michael Schumacher, die een aantal races had gemist vanwege een gebroken been, keerde terug om zijn Ferrari-teamgenoot te steunen. Hij leidde vanaf de polepositie, liet Irvine passeren en hield Häkkinen op de derde plaats. De eerste en de tweede plaats voor Ferrari werden vervolgens uitgesloten omdat men dacht dat de luchtgeleiders van de auto's de reglementaire limieten overschreden. Maar later zou Ferrari de zaak in een Parijse rechtszaal in hoger beroep winnen.

Schumachers teamwerk werd het jaar daarop beloond met de eerste van drie overwinningen voor de Duitser, terwijl zijn broer Ralf in 2002 met de eer streek voor Williams-BMW. Bij deze en daaropvolgende races waren de prestaties van de banden van het grootste belang bij baantemperaturen die tot 60°C konden oplopen.

Regen – vaak van tropische proporties – kon ook een probleem zijn. Jenson Button kreeg in 2009 met beide af te rekenen, toen hij op een droog circuit aan de leiding reed en het plots zo hard begon te regenen dat de race moest worden stilgelegd en vanwege het afnemende licht nooit meer zou worden hervat.

Het jaar daarop waren er signalen dat het circuit en de faciliteiten slijtagetekenen begonnen te vertonen nadat ze al een decennium in gebruik waren. Er werden wat werkzaamheden uitgevoerd, maar uiteindelijk zorgde de dalende kaartverkoop ervoor dat de grand prix van 2017 voorlopig de laatste was.

Boven: De kenmerkende, karakteristieke hibiscusvormige luifels boven de enorme hoofdtribune.

Onder: Eddie Irvine finisht in 1999 controversieel als eerste voor teamgenoot Schumacher tijdens de eerste Grand Prix op Sepang.

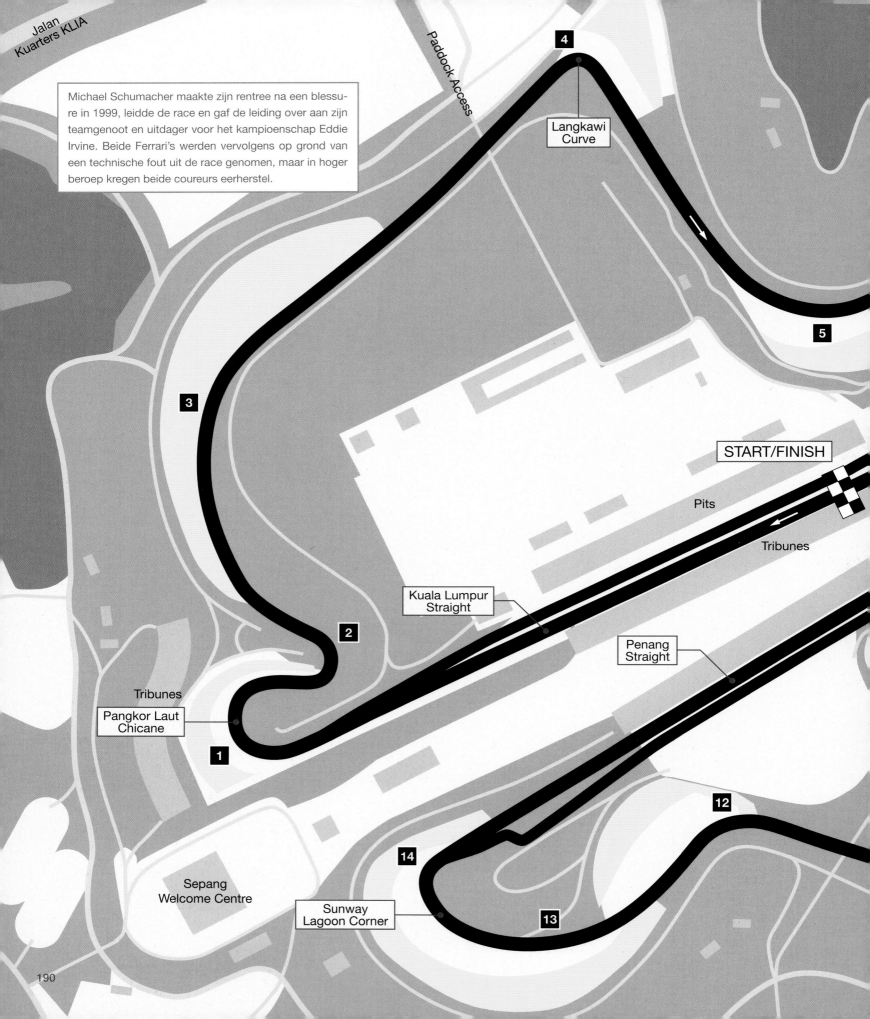

Michael Schumacher maakte zijn rentree na een blessure in 1999, leidde de race en gaf de leiding over aan zijn teamgenoot en uitdager voor het kampioenschap Eddie Irvine. Beide Ferrari's werden vervolgens op grond van een technische fout uit de race genomen, maar in hoger beroep kregen beide coureurs eerherstel.

Jalan Kuarters KLIA

Paddock Access

Langkawi Curve

4

5

3

2

START/FINISH

Pits

Tribunes

Kuala Lumpur Straight

Penang Straight

Tribunes

Pangkor Laut Chicane

1

12

14

Sepang Welcome Centre

Sunway Lagoon Corner

13

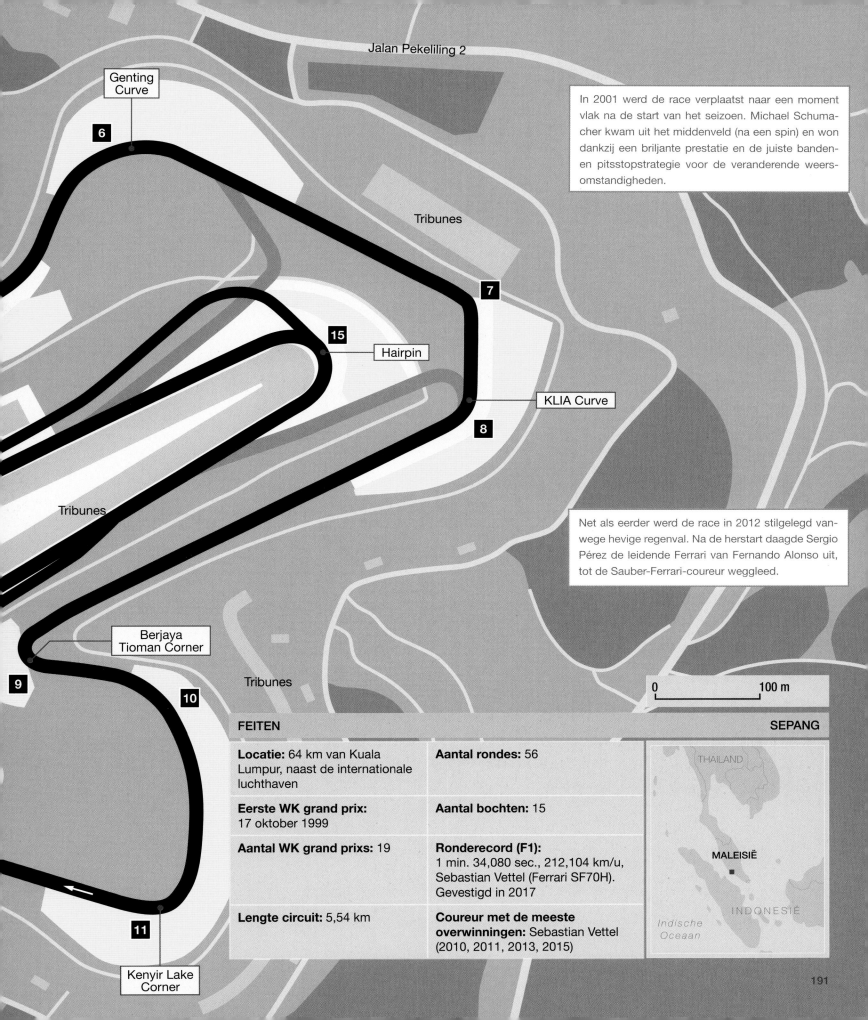

Jalan Pekeliling 2

Genting
Curve

6

In 2001 werd de race verplaatst naar een moment vlak na de start van het seizoen. Michael Schumacher kwam uit het middenveld (na een spin) en won dankzij een briljante prestatie en de juiste banden- en pitsstopstrategie voor de veranderende weersomstandigheden.

Tribunes

7

15

Hairpin

KLIA Curve

8

Net als eerder werd de race in 2012 stilgelegd vanwege hevige regenval. Na de herstart daagde Sergio Pérez de leidende Ferrari van Fernando Alonso uit, tot de Sauber-Ferrari-coureur weggleed.

Tribunes

Berjaya
Tioman Corner

9

10

Tribunes

0   100 m

11

Kenyir Lake
Corner

FEITEN

SEPANG

Locatie: 64 km van Kuala Lumpur, naast de internationale luchthaven

Aantal rondes: 56

Eerste WK grand prix: 17 oktober 1999

Aantal bochten: 15

Aantal WK grand prixs: 19

Ronderecord (F1): 1 min. 34,080 sec., 212,104 km/u, Sebastian Vettel (Ferrari SF70H). Gevestigd in 2017

Lengte circuit: 5,54 km

Coureur met de meeste overwinningen: Sebastian Vettel (2010, 2011, 2013, 2015)

THAILAND

MALEISIË

Indische
Oceaan

INDONESIË

Indianapolis Motor Speedway 2000

Indianapolis Motor Speedway

 VERENIGDE STATEN VAN AMERIKA

Het circuit gebruikte een deel van het beroemde ovaal met helling en een nieuw, speciaal gebouwd stuk voor het binnenveld. De F1 leek eindelijk een permanent thuis te hebben gevonden in de VS, maar een bespottelijke grand prix in 2005 en onenigheid over de voorwaarden maakten na acht races een einde aan de relatie.

In theorie had de Indianapolis Motor Speedway (IMS) wel een F1-geschiedenis, want de beroemde Indy 500 telde tussen 1950 en 1960 mee voor het wereldkampioenschap. Niet dat veel F1-coureurs zich geroepen voelden om de trans-Atlantische reis te maken om deel te nemen aan een race met zulke speciale vereisten. Hoe dan ook, Watkins Glen nam al snel de rol van gastheer van de Grand Prix van de Verenigde Staten over, waardoor teams als Lotus auto's speciaal voor de Indy 500 moesten bouwen.

Toen Tony George, voorzitter van de IMS, interesse toonde in het aanpassen van de speedway voor het organiseren van een grand prix, leek het idee logisch. Hier was sprake van een wereldberoemd autosportcentrum met gevestigde faciliteiten. De moeilijkheid zou zijn om aan de speciale eisen van de F1 te voldoen.

Tot groot ongenoegen van de Indy-veteranen voerde George een grootschalig programma uit dat met de botte bijl inhakte op het beroemde verleden door Gasoline Alley te herstructureren om plaats te bieden aan de F1-garages.

Wat het F1-circuit zelf betreft, werd er een goede start gemaakt door uit bocht 1 met een helling te komen en in tegengestelde richting over het uitgestrekte rechte stuk naar de uitgang van bocht 4 te scheuren. Maar de teleurstelling kwam toen het nieuwe gedeelte naar het binnenveld zwenkte. Een paar redelijke bochten en wendingen leidden naar een kort recht stuk dat parallel liep aan het hoofdgedeelte, voordat een zeer krappe opeenvolging van bochten de auto's uitspuwde naar de helling bij het uitkomen van bocht 2 op het ovale circuit. Gezien de geschiedenis van hoge snelheid van de IMS zou het laatste gedeelte het imago van

grand-prixauto's, die verondersteld worden de beste ter wereld te zijn, nauwelijks flatteren.

Voor de rest voldeden de organisatie en faciliteiten van de IMS, in combinatie met een royale gastvrijheid, aan de verwachtingen. De eerste grand prix in september 2000 verliep vlekkeloos en er kwamen meer dan 220.000 toeschouwers opdagen – verreweg de grootste F1-opkomst in de VS.

Dat gevoel leek in 2001 op een emotionele manier te worden bekrachtigd toen de grand prix gepland stond voor 30 september. Dit zou het eerste grote internationale evenement zijn binnen de grenzen van de VS sinds de terroristische aanslagen van 9/11. De Amerikanen omarmden de gelegenheid als een manier om te reageren op de gruweldaden en zo goed mogelijk te laten zien dat alles in het land bij het oude bleef.

Vier jaar later zouden de eenheid en de acceptatie die de F1 had gecreëerd teniet worden gedaan door een schandelijk voorval. Als gevolg van een geschil dat snel politiek werd, namen slechts zes auto's deel aan de grand prix, na een zorgwekkend bandenprobleem tijdens de training. Michelin, het bedrijf dat in gebreke werd gesteld, maakte het enigszins goed door terugbetalingen aan te bieden, waarop de fans reageerden door in 2006 in verrassende aantallen terug te keren.

Ondertussen zorgde op de achtergrond een meningsverschil over vergoedingen ervoor dat er na acht jaar al geen grand-prix-races meer werden gehouden op de IMS. George richtte zijn aandacht op de MotoGP en paste het wegparcours voor de motoren aan.

Het goede en het slechte van de F1 in Indianapolis. (Boven) Fans tonen in 2001 hun dankbaarheid voor het vertrouwen van de grand-prixteams die twee weken na de terroristische aanslagen van 11 september een race hielden. (Onder) De gevoelens waren vier jaar later minder barmhartig, toen een meningsverschil over de veiligheid leidde tot een farce en er slechts zes auto's aan de start verschenen.

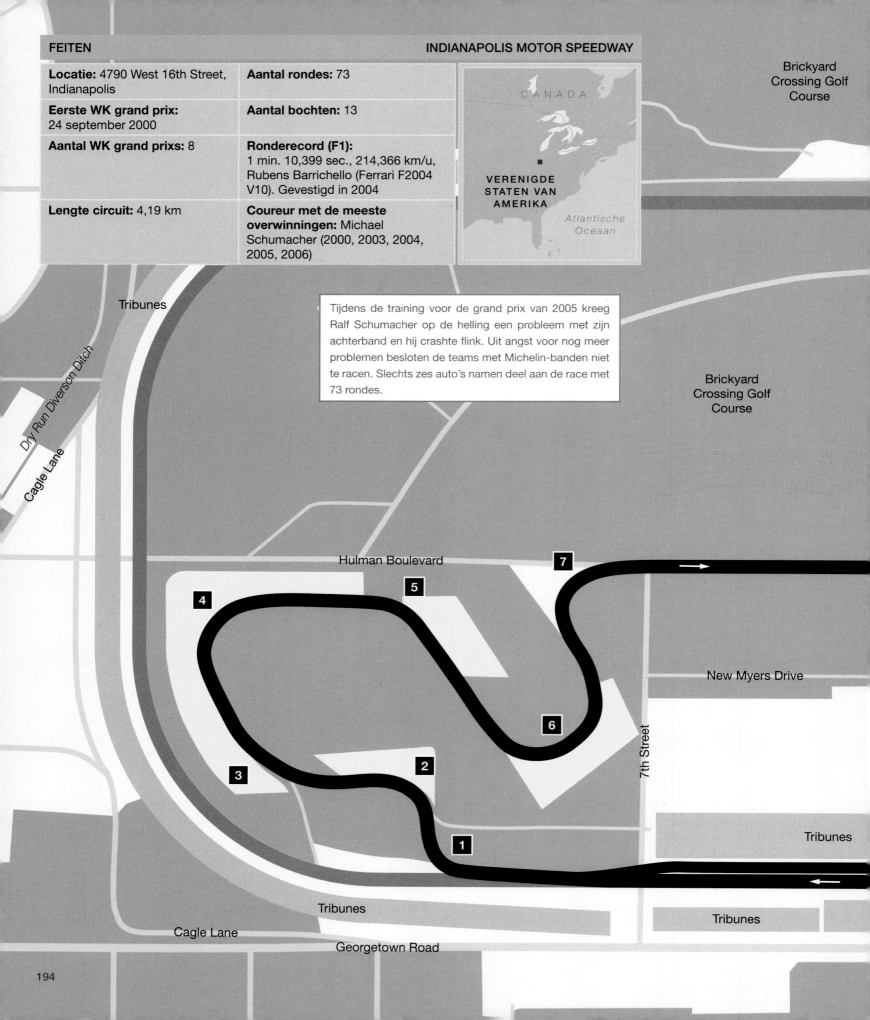

FEITEN

Locatie: 4790 West 16th Street, Indianapolis

Eerste WK grand prix: 24 september 2000

Aantal WK grand prixs: 8

Lengte circuit: 4,19 km

Aantal rondes: 73

Aantal bochten: 13

Ronderecord (F1): 1 min. 10,399 sec., 214,366 km/u, Rubens Barrichello (Ferrari F2004 V10). Gevestigd in 2004

Coureur met de meeste overwinningen: Michael Schumacher (2000, 2003, 2004, 2005, 2006)

CANADA

VERENIGDE STATEN VAN AMERIKA

Atlantische Oceaan

Brickyard Crossing Golf Course

Tijdens de training voor de grand prix van 2005 kreeg Ralf Schumacher op de helling een probleem met zijn achterband en hij crashte flink. Uit angst voor nog meer problemen besloten de teams met Michelin-banden niet te racen. Slechts zes auto's namen deel aan de race met 73 rondes.

Tribunes

Dry Run Diverson Ditch

Cagle Lane

Brickyard Crossing Golf Course

Hulman Boulevard

New Myers Drive

7th Street

Tribunes

Tribunes

Tribunes

Cagle Lane

Georgetown Road

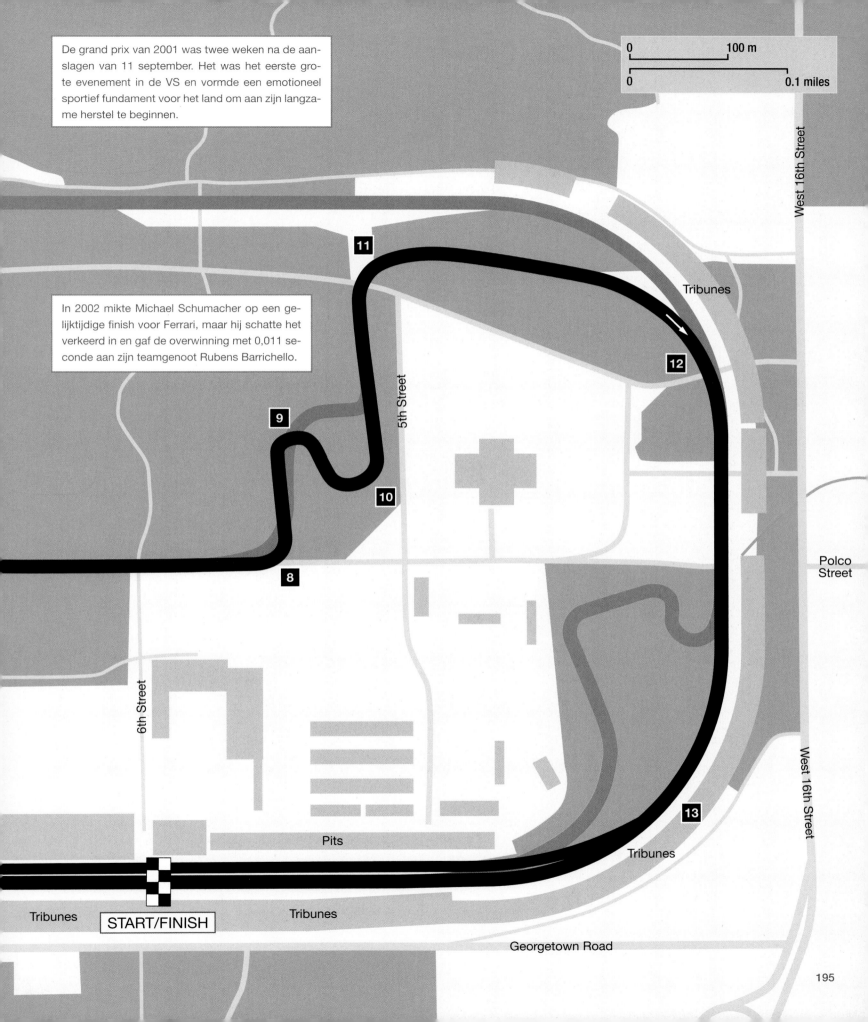

De grand prix van 2001 was twee weken na de aanslagen van 11 september. Het was het eerste grote evenement in de VS en vormde een emotioneel sportief fundament voor het land om aan zijn langzame herstel te beginnen.

In 2002 mikte Michael Schumacher op een gelijktijdige finish voor Ferrari, maar hij schatte het verkeerd in en gaf de overwinning met 0,011 seconde aan zijn teamgenoot Rubens Barrichello.

0   100 m
0   0.1 miles

West 16th Street

Tribunes

11

9

5th Street

12

10

8

Polco Street

6th Street

West 16th Street

13

Pits

Tribunes

Tribunes

START/FINISH

Tribunes

Georgetown Road

195

Bahrein 2004

Bahrain International Circuit, Sakhir

 BAHREIN

Dit was een gloednieuwe faciliteit in de woestijn. Het circuit beschikte over smetteloze faciliteiten die in de loop der jaren geleidelijk volwassen zijn geworden. Een lastige lay-out, deels glooiend, zorgde voor een zware test in de hitte en af en toe goede races. Er werden twee kampioenschapsraces gehouden in het door COVID geteisterde jaar 2020, waarbij de buitenbaan gebruikt werd voor de Grand Prix van Sakhir.

Het opbloeiende wereldwijde profiel van de F1 zou zeker de aandacht trekken van rijke landen in het Midden-Oosten, die de sport graag wilden gebruiken om internationaal geloofwaardig over te komen. Bahrein won de race om de eerste grand prix in 2004 – en 'race' was het sleutelwoord toen Bernie Ecclestone de datum op onhandige wijze zes maanden naar voren schoof.

De Bahreiners, aangemoedigd en geleid door autosportliefhebber kroonprins Sheikh Salman bin Hamad Al Khalifa, namen de uitdaging voortreffelijk aan. Ze voltooiden het werk in achttien maanden met een smetteloos circuit dat precies voldeed aan de wensen van Ecclestone. Dat hield in dat de paddock en de faciliteiten onberispelijk waren, maar alles er aanvankelijk uitzag als een smetteloos industrieel complex in plaats van een centrum voor autoport van wereldklasse.

Ontwerper Hermann Tilke koos ervoor om van de pits en de hoofdtribune een 'oase' te maken, terwijl de rest van het circuit werd omschreven als het 'woestijngedeelte'. In werkelijkheid had hij weinig keus, gezien het kale terrein op de plek van een voormalige kamelenboerderij, 32 km van de hoofdstad Manama.

Tilke maakte slim gebruik van het beetje helling dat er was om het circuit op sommige plaatsen te laten stijgen en dalen, waarbij de blinde bochtige afdaling naar een haarspeldbocht nog lastiger werd gemaakt door een licht schuin aflopend profiel. Drie redelijk rechte stukken werden verbonden door stukken met middelmatige en langzame snelheid, waarbij het speciaal geïmporteerde baanoppervlak ondanks de stoffige omgeving verrassend veel grip bood. Zoals altijd was het de kunst om een goed ritme te vinden.

Naast een hoofdtribune met het opmerkelijke uiterlijk van een tentdak was het opvallendste kenmerk van Sakhir een ronde viptoren van tien verdiepingen, ontworpen in een kenmerkende Arabische stijl en met een indrukwekkend uitzicht over een groot deel van het circuit. Gebruikers van de tribune moesten het doen met het rechte stuk en de pits; dit was de enige plek om in de schaduw te kunnen kijken. Later werd die situatie omzeild door de introductie van een nachtrace.

Ondanks het feit dat er geen autosportgeschiedenis was, wat tot een dunbevolkte tribune leidde toen de eerste grand prix op 4 april 2004 werd verreden, werkte Bahrein hard om de kwaliteit en waardering voortdurend te verbeteren. Het organiseren van de openingsrace van het seizoen in 2008 en 2010 zorgde voor extra animo, maar de toevoeging van een lus bij bocht 4 was een stap terug. Alle bijkomende inhaalacties – voor zover die er waren – gebeurden buiten het zicht van de tribune, en de auto's verschenen minder vaak in het zicht. Het idee werd in 2010 na één race geschrapt.

De openingssecties van de race, met veel uitloop, vormden in 2014 het decor voor een prachtig wiel-aan-wielgevecht tussen de Mercedessen van Lewis Hamilton en Nico Rosberg. Drie jaar eerder maakten de organisatoren van de race zich echter grote zorgen toen rellen op straat leidden tot de afgelasting van de race, waardoor de F1 midden in een politieke vuurzee terechtkwam. De race van 2014 werd verreden na zonsondergang, wat daarna de norm zou worden.

Toen COVID-19 op het laatste moment revisies van de kalender voor 2020 afdwong, organiseerde Bahrein twee races. De Grand Prix van Sakhir werd verreden op de buitenbaan, een week nadat de Grand Prix van Bahrein op het gebruikelijke circuit had plaatsgevonden.

Boven: Bahrein sloeg in 2004 in alle opzichten een nieuwe weg in door een circuit in de woestijn te bouwen voor de eerste grand prix in het Midden-Oosten.

Onder: Lewis Hamilton werd een vaste winnaar in Bahrein, te beginnen in 2014 toen de grand prix een nachtrace werd.

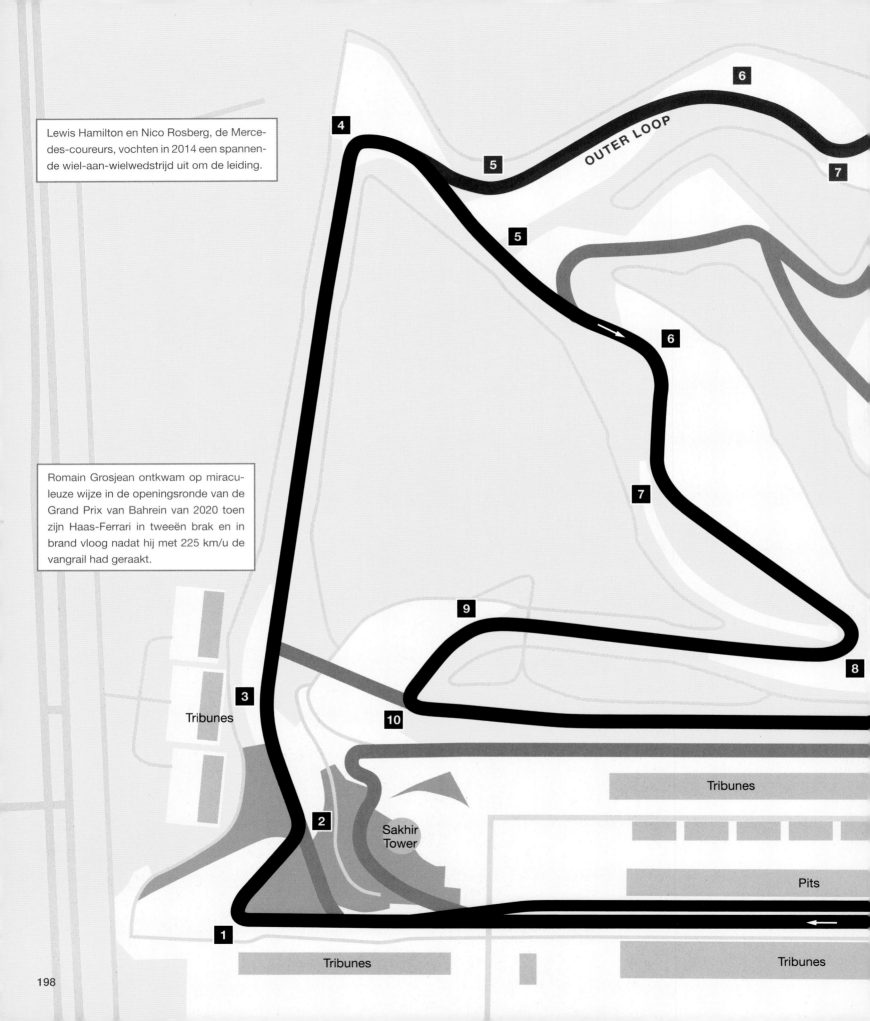

Lewis Hamilton en Nico Rosberg, de Merce-des-coureurs, vochten in 2014 een spannen-de wiel-aan-wielwedstrijd uit om de leiding.

Romain Grosjean ontkwam op miraculeuze wijze in de openingsronde van de Grand Prix van Bahrein van 2020 toen zijn Haas-Ferrari in tweeën brak en in brand vloog nadat hij met 225 km/u de vangrail had geraakt.

OUTER LOOP

Tribunes

Tribunes

Sakhir Tower

Tribunes

Pits

Tribunes

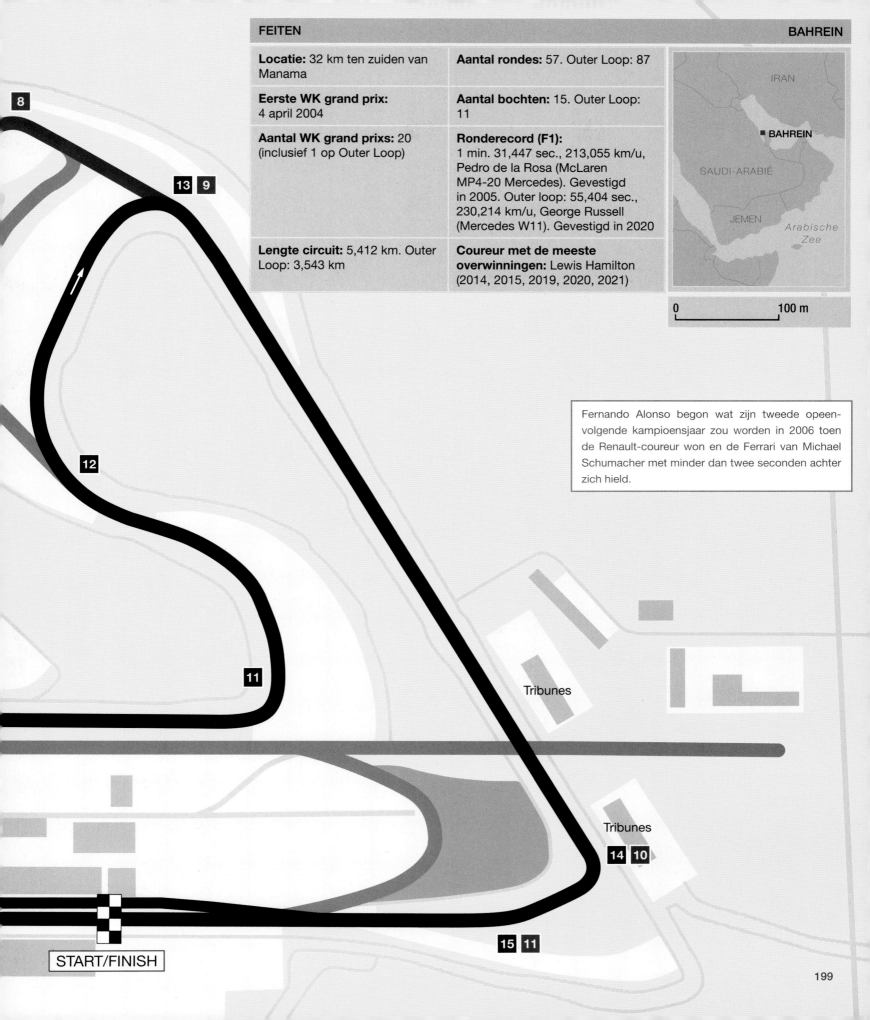

Locatie: 32 km ten zuiden van Manama

Eerste WK grand prix: 4 april 2004

Aantal WK grand prixs: 20 (inclusief 1 op Outer Loop)

Lengte circuit: 5,412 km. Outer Loop: 3,543 km

Aantal rondes: 57. Outer Loop: 87

Aantal bochten: 15. Outer Loop: 11

Ronderecord (F1): 1 min. 31,447 sec., 213,055 km/u, Pedro de la Rosa (McLaren MP4-20 Mercedes). Gevestigd in 2005. Outer loop: 55,404 sec., 230,214 km/u, George Russell (Mercedes W11). Gevestigd in 2020

Coureur met de meeste overwinningen: Lewis Hamilton (2014, 2015, 2019, 2020, 2021)

IRAN

■ BAHREIN

SAUDI-ARABIË

JEMEN

Arabische Zee

0   100 m

Fernando Alonso begon wat zijn tweede opeenvolgende kampioensjaar zou worden in 2006 toen de Renault-coureur won en de Ferrari van Michael Schumacher met minder dan twee seconden achter zich hield.

8

13 9

12

11

Tribunes

Tribunes

14 10

START/FINISH

15 11

Shanghai 2004

Shanghai International Circuit

 CHINA

Dit was een door de overheid gefinancierd racecircuit op enige afstand van het centrum van Shanghai. Het was een technisch hoogstandje, gebouwd in 18 maanden op moerasland. Het circuit had een interessante lay-out met een paar lastige versies van standaardbochten. Het merendeel van de tribunes bleef leeg. Teamkantoren werden op palen gebouwd, in een inventieve maar uitgestrekte paddock zonder sfeer.

Om zichzelf te profileren als China's metropool die je beslist moet hebben gezien, en met het oog op de Olympische Spelen van 2008 in Peking, richtte Shanghai zich op het aantrekken van een grand prix voor 2004. De eerste horde – een circuit dat voldeed aan de strenge normen van de F1 – werd met overtuiging genomen, waarbij de Chinese regering een joint venture steunde om 2,6 miljard renminbi bij elkaar te krijgen. Om het echt moeilijk te maken kozen ze ervoor om de faciliteit in een moeras te bouwen in het Jiading-district, ten noordwesten van de stad, en voltooiden ze het prestigieuze project in achttien maanden; een opmerkelijke prestatie op vele niveaus.

De lay-out van het circuit was geïnspireerd op de Chinese cultuur en het 'Shang'-symbool, het eerste karakter in de naam van de stad Shanghai, dat 'boven' of 'opstijgen' betekent. Het leek weinig uit te maken dat het circuit bijna vlak was, afgezien van een val bij een eindeloze eerste bocht die in zichzelf keerde voordat hij in de tegenovergestelde richting draaide. Een breed en extreem lang recht stuk achteraan had aan het einde het bekende inhaalkenmerk van een haarspeldbocht. Daartussen lag een mix van bochten met gemiddelde en langzame snelheid; in wezen een typisch hedendaags circuit dat eerder technisch dan inspannend was.

Een tribune die plaats bood aan 30.000 toeschouwers was verbonden met de weelderige pitsgebouwen aan de overkant door twee vleugelachtige constructies die de baan overstaken aan beide uiteinden van het rechte stuk tussen start en finish. Het opvallendst was echter een verzameling teampaviljoens op palen in een meer,

wat moest lijken op de oude Yuyuan-tuin in Shanghai. Volgens de promotietekst was dit bedoeld om 'een eiland van rust en meditatie te creëren voor de snelle wereld van de Formule 1'. Als er al iets was wat negatief werkte, dan was het wel de grote vlakte van beton tussen het meer en de garages waar mensen rondhingen, kletsten en sfeer maakten.

Het belangrijkste gespreksonderwerp van het eerste raceweekend was Michael Schumacher die tijdens de kwalificatie in de eerste bocht tolde en vanuit de pitstraat startte. De Ferrari-coureur slaagde er voor de tweede keer dat seizoen niet in om op het podium te eindigen.

De organisatoren beweerden dat er 260.000 bezoekers waren gedurende het weekend. Dat cijfer werd in twijfel getrokken toen in de pers van Shanghai werd geklaagd over het feit dat je bijna een maandsalaris moest uitgeven voor een kaartje plus de extra's die nodig waren voor een dagje uit. Dit, in combinatie met een gebrek aan autosporttraditie in China (en de afwezigheid van een lokale coureur), zou bijdragen aan dalende bezoekersaantallen en lege hoofdtribunes verborgen onder reclamebanners.

Als de race rustig verliep – wat vaak het geval was – dan gold dat niet voor de terugreis naar het centrum van Shanghai. Te hard rijdende automobilisten wisselden zo wild van rijstrook dat daarmee vergeleken zelfs de levendigste grand prix er tam uitzag. Hetzelfde kon worden gezegd van het nachtleven in zo'n bruisende wereldstad. Dat hielp in ieder geval om van China een welkome aanvulling op de kalender te maken.

Shanghai International Circuit: een uitzonderlijk staaltje techniek op moerasland. De 26 teamkantoren op palen in het meer aan de achterkant van het pits- en paddockcomplex dragen bij aan de nieuwigheid, maar niet aan de sfeer.

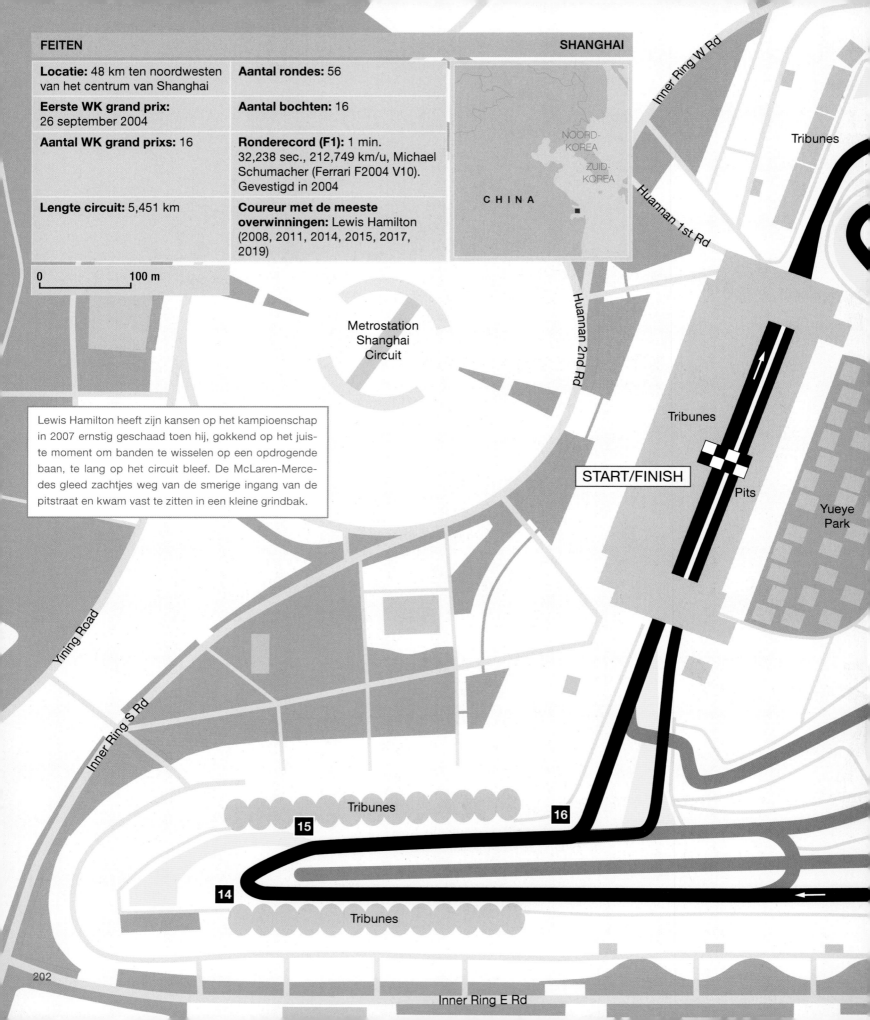

FEITEN

Locatie: 48 km ten noordwesten van het centrum van Shanghai

Eerste WK grand prix: 26 september 2004

Aantal WK grand prixs: 16

Lengte circuit: 5,451 km

Aantal rondes: 56

Aantal bochten: 16

Ronderecord (F1): 1 min. 32,238 sec., 212,749 km/u, Michael Schumacher (Ferrari F2004 V10). Gevestigd in 2004

Coureur met de meeste overwinningen: Lewis Hamilton (2008, 2011, 2014, 2015, 2017, 2019)

NOORD-KOREA

ZUID-KOREA

CHINA

0   100 m

Metrostation Shanghai Circuit

Lewis Hamilton heeft zijn kansen op het kampioenschap in 2007 ernstig geschaad toen hij, gokkend op het juiste moment om banden te wisselen op een opdrogende baan, te lang op het circuit bleef. De McLaren-Mercedes gleed zachtjes weg van de smerige ingang van de pitstraat en kwam vast te zitten in een kleine grindbak.

Inner Ring W Rd

Tribunes

Huannan 1st Rd

Huannan 2nd Rd

Tribunes

START/FINISH

Pits

Yueye Park

Yining Road

Inner Ring S Rd

Tribunes

15

14

Tribunes

16

Inner Ring E Rd

Jenson Button behaalde een stijlvolle overwinning en leidde het kampioenschap in 2010 (China was verplaatst van het einde naar het begin van het seizoen) nadat hij de juiste bandenkeuze had gemaakt voor zijn McLaren-Mercedes tijdens alweer een race met wisselende omstandigheden.

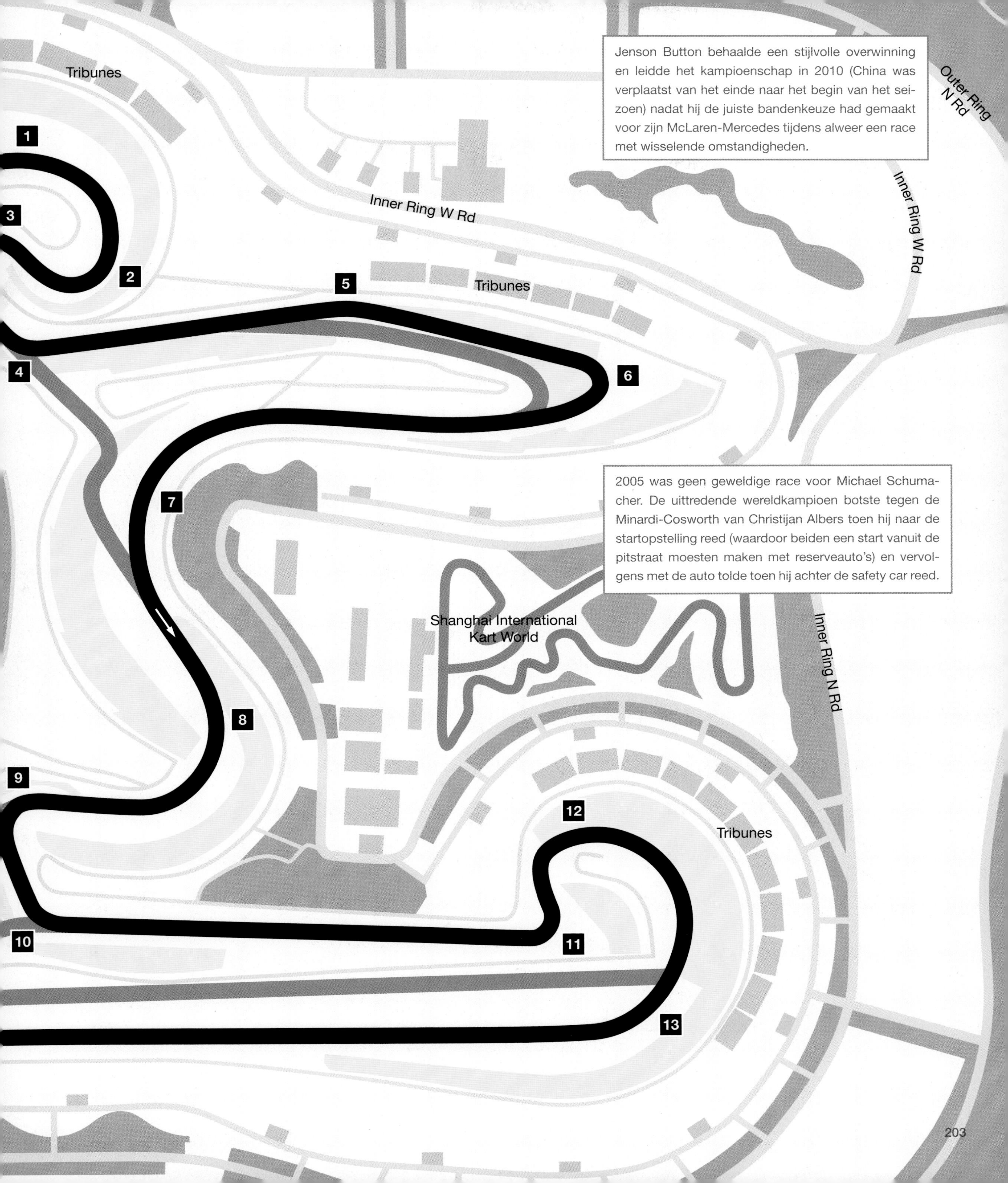

Tribunes
Outer Ring N Rd
Inner Ring W Rd
Inner Ring W Rd
Tribunes
Shanghai International Kart World
Inner Ring N Rd
Tribunes
1
2
3
4
5
6
7
8
9
10
11
12
13

2005 was geen geweldige race voor Michael Schumacher. De uittredende wereldkampioen botste tegen de Minardi-Cosworth van Christijan Albers toen hij naar de startopstelling reed (waardoor beiden een start vanuit de pitstraat moesten maken met reserveauto's) en vervolgens met de auto tolde toen hij achter de safety car reed.

Istanbul 2005

Istanbul Park

 TURKIJE

Dit was verreweg het beste van de moderne permanente circuits. Redelijk rechte stukken, gevarieerde bochten en een goed gebruik van hellingen zorgden voor *close racing*. Met name bocht 8, met een drievoudige apex, vormde een uitdaging. Een gebrek aan autosportcultuur en betalende toeschouwers betekende het einde na zeven grand prixs, maar de race werd in 2020 nieuw leven ingeblazen.

Een ander door de overheid gesteund project, Istanbul Park, werd door de F1 verwelkomd omdat het grand-prixraces weer op nieuw terrein bracht. De naam Istanbul Park (of Istanbul Otodrom, zoals het aanvankelijk heette) was een verkeerde benaming, omdat de locatie aan de overkant van de Bosporus lag, in het Aziatische deel van het land. Maar zulke details deden er niet toe toen het circuit uiteindelijk werd gevestigd in de buurt van het stadje Akfirat, 50 kilometer ten oosten van Istanbul.

Het werd ontworpen door Hermann Tilke. Het oorspronkelijke plan was om de race met de wijzers van de klok mee te laten rijden, maar naarmate de werkzaamheden vorderden, realiseerde Tilke zich dat het circuit nog uitdagender zou zijn als het een van de slechts drie (in die tijd) circuits zou worden die tegen de wijzers van de klok in zouden worden verreden.

Het circuit draaide naar links, in een kurkentrekker naar beneden rechtsaf, richting nog meer krappe bochten voordat het weer naar beneden dook. Een krappe bocht naar rechts op het laagste punt van het circuit was een voorbode van een klim met een blinde nadering van bocht 8. Die zeer lange bocht naar links zou al snel berucht worden om zijn drievoudige apex met een hobbel op ongeveer een derde van de doorgang. Dan ging het weer bergafwaarts naar links en rechts voordat de coureurs over het rechte stuk naar een mogelijkheid tot een inhaalmanoeuvre gingen, die leidde naar nog meer krappe bochten waar de coureur nekpijn van kreeg, vóór het rechte stuk van de start en finish.

Het was bijna vanzelfsprekend dat de pits en de hoofdtribune met 25.000 zitplaatsen van het verwachte hoge niveau zouden zijn. Torens van zeven verdiepingen aan beide uiteinden van de pitstraat zouden deel uitmaken van de uitgebreide accommodatie voor 5000 vipgasten. Extra zitplaatsen op de tribunes op verschillende punten rondom het 5,3 km lange circuit brachten de totale capaciteit tot rond de 155.000. Het bereiken van deze aantallen zou een blijvend probleem worden voor Istanbul Park.

De eerste grand prix in augustus 2005 trok veel publiek om Kimi Räikkönen te zien winnen voor McLaren-Mercedes en daarmee het kampioenschap open te gooien met nog vijf races te gaan. Toen Felipe Massa de volgende drie Grand Prixs van Turkije won, was het geen verrassing om de Ferrari-coureur Istanbul Park te horen prijzen, het circuit dat hem zijn eerste F1-overwinning had bezorgd en zijn carrière een nieuwe wending had gegeven.

Ferrari zou in 2010 zijn achthonderdste grand prix vieren in Turkije, maar de race zou ook herinnerd worden vanwege een controversiële botsing tussen Mark Webber en Sebastian Vettel.

Als het ging om een bewogen race van start tot finish, zou het moeilijk zijn om de grand prix van 2011 te overtreffen, met meer dan tachtig geplande pitsstops en de daaruit voortvloeiende overvloed aan inhaalacties.

En toch kon zo'n uitzonderlijke actie op het circuit Istanbul Park niet behoeden voor een neergang. Die was te wijten aan een gebrek aan belangstelling van toeschouwers. De afwezigheid van een ingebakken autosporttraditie in Turkije had al vanaf het begin invloed op het succes van deze onderneming.

Het zei echter veel over het potentieel van Istanbul Park toen Bernie Ecclestone een financieel belang nam en beweerde de toekomst van de race veilig te hebben gesteld. Maar zelfs hij kon niets veranderen aan de lege plaatsen op de hoofdtribune. De Grand Prix van Turkije van 2011 zou voorlopig de laatste zijn.

Met een nieuwe luchthaven op slechts iets meer dan 11 km en aangename verblijfplaatsen langs de kust van de Zee van Marmara werd dit beschouwd als een triest verlies, en niet alleen vanwege het uitstekende racecircuit. De Grand Prix van Turkije keerde terug op de kalender tijdens het door COVID getroffen seizoen van 2020.

Boven: Een van de beste F1-circuits van de nieuwe generatie verdiende een betere toekomst.

Onder: Een historische overwinning voor Ferrari en Felipe Massa in 2006.

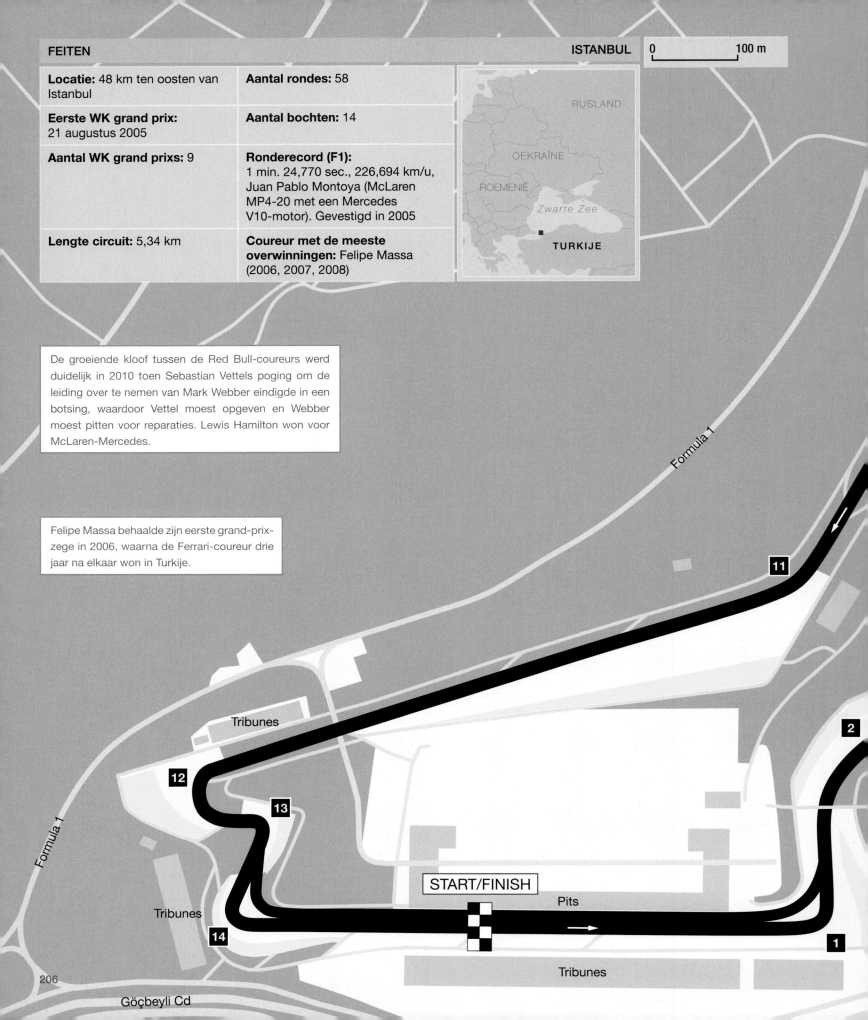

FEITEN

0   100 m

Locatie: 48 km ten oosten van Istanbul

Aantal rondes: 58

Eerste WK grand prix: 21 augustus 2005

Aantal bochten: 14

Aantal WK grand prixs: 9

Ronderecord (F1): 1 min. 24,770 sec., 226,694 km/u, Juan Pablo Montoya (McLaren MP4-20 met een Mercedes V10-motor). Gevestigd in 2005

Lengte circuit: 5,34 km

Coureur met de meeste overwinningen: Felipe Massa (2006, 2007, 2008)

RUSLAND

OEKRAÏNE

ROEMENIË

Zwarte Zee

TURKIJE

De groeiende kloof tussen de Red Bull-coureurs werd duidelijk in 2010 toen Sebastian Vettels poging om de leiding over te nemen van Mark Webber eindigde in een botsing, waardoor Vettel moest opgeven en Webber moest pitten voor reparaties. Lewis Hamilton won voor McLaren-Mercedes.

Felipe Massa behaalde zijn eerste grand-prix-zege in 2006, waarna de Ferrari-coureur drie jaar na elkaar won in Turkije.

Formula 1

11

Tribunes

12

2

13

Formula 1

START/FINISH

Pits

Tribunes

14

1

Tribunes

Göçbeyli Cd

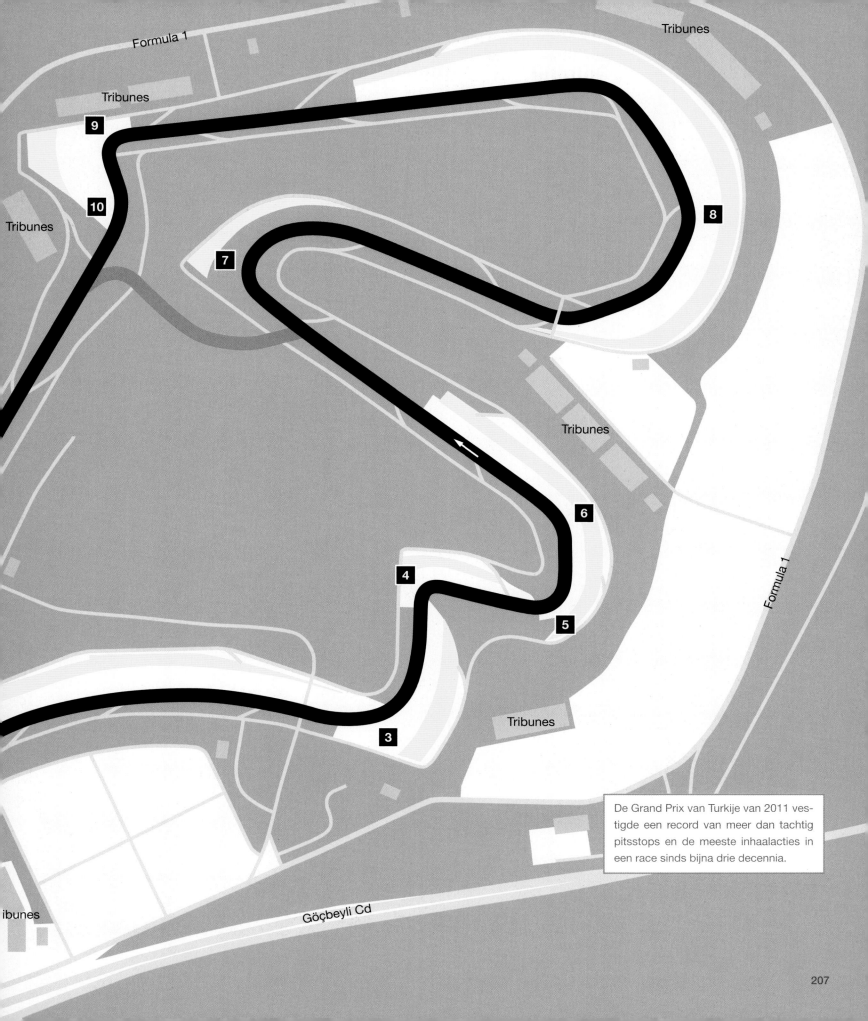

De Grand Prix van Turkije van 2011 vestigde een record van meer dan tachtig pitsstops en de meeste inhaalacties in een race sinds bijna drie decennia.

Singapore 2008

Marina Bay Circuit

 SINGAPORE

Dit was een avontuurlijk project in de straten van het zakendistrict en langs Marina Bay. Het circuit werd geïntroduceerd in 2008 en was de eerste grand prix die 's nachts werd verreden. De race heeft veel opgeleverd. Hij was snel een van de populairste – en meest unieke – grand prixs op de kalender. Het hobbelige oppervlak, de scherpe bochten en de vochtigheid maakten het circuit tot een zware test.

Een vijfjarige deal tussen F1, het bureau voor toerisme van Singapore en ondernemer Ong Beng Seng bracht de F1 in 2008 naar de straten van deze zakelijke stadstaat. Het was misschien een nieuw concept – vooral met de moedige beslissing om een race van het F1-wereldkampioenschap 's nachts te laten plaatsvinden – maar autosport was niet nieuw in de regio.

Er waren grote races geweest op het Thompson Road Circuit ten noorden van de stad. De eerste evenementen stonden bekend als de Grand Prix van Maleisië voordat Singapore in 1965 onafhankelijk werd. In 1973 werd het 4,8 km lange circuit gezien als te gevaarlijk en te moeilijk om te beheersen in het licht van de toenemende snelheden. De laatste Grand Prix van Singapore uit die tijd werd gewonnen door Vern Schuppan in een March F2-auto.

Plannen om een permanent circuit aan te leggen kwamen nooit verder dan een discussie en een Grand Prix van Singapore kwam pas ter sprake toen de F1 zijn blik op het Verre Oosten begon te richten. Zelfs toen leek het voorstel om de drukke straten naast het zakencentrum om te bouwen al ambitieus, vooral toen werd voorgesteld om de race onder schijnwerpers te houden.

Maar toen de lokale autoriteiten eenmaal achter het idee stonden, werden alle obstakels, zowel fysieke als morele, snel uit de weg geruimd. De vraag waar de noodzakelijke pits, de paddock en het administratieve centrum moesten komen, werd opgelost door een permanent gebouw en het belangrijkste rechte stuk te bouwen op een stuk land vlak bij het reusachtige Singapore Flyer-reuzenrad met uitzicht op Marina Bay. Het grootste deel van de baan liep over boulevards en snelwegen, over de oude Anderson Bridge en langs iconische monumenten zoals het stadhuis en het heilige cricketveld. Rondom de 4,99 km lange baan bootsten krachtige lampen de daglichtomstandigheden na. Het voordeel van 's nachts rijden was dat de race op aangename uren kon gevolgd worden door het televisiepubliek in Europa.

Kijkers van de eerste grand prix op Marina Bay Circuit waren getuige van een enorm succesvol evenement waarbij heel veel bedrijven en horecazaken goed hun geld verdienden met de eerste nachtrace van de F1, een evenement dat vlekkeloos verliep. Of zo leek het tenminste.

Fernando Alonso behaalde een verrassende overwinning nadat hij vanaf de vijftiende plaats op de grid was gestart. Het leek ook een fortuinlijke overwinning, want de Renault-coureur profiteerde optimaal van een toevallige pitsstop. Die vond plaats vlak voordat zijn teamgenoot Nelson Piquet Junior crashte en er een safety car op de baan moest komen, waardoor Alonso naar voren kon schuiven. Een jaar later bleek dat de crash van Piquet opzettelijk geweest was. De Grand Prix van Singapore van 2008 zou berucht worden – maar zonder negatieve gevolgen voor de organisatoren.

De race zou immers steeds succesvoller worden: coureurs moesten het hoofd bieden aan de fysieke eisen van de vochtigheid en een hobbelig circuit omzoomd door betonnen muren, toeschouwers genoten van de unieke sfeer en omgeving. Op basis van de lessen van het eerste jaar werd de ingang van de pitstraat gewijzigd, werden bocht 1 en 2 aangepast om het inhalen te vergemakkelijken en werden de hoge kerbs uit de chicane bij bocht 10 weggewerkt. Die laatste bocht bleef voor problemen zorgen totdat de chicane helemaal werd weggehaald en er in 2013 een gewone bocht voor in de plaats kwam. Voor de rest bleef Marina Bay Circuit een heerlijke en ongebruikelijke toevoeging aan de kalender en werd het contract met de F1 verlengd tot 2028.

De eerste nachtrace van de F1 draaide perfect, de schijnwerpers benadrukten de betoverende omgeving met majestueuze gebouwen en de waterkant, en de baan zelf zorgde voor afwisseling en unieke uitdagingen.

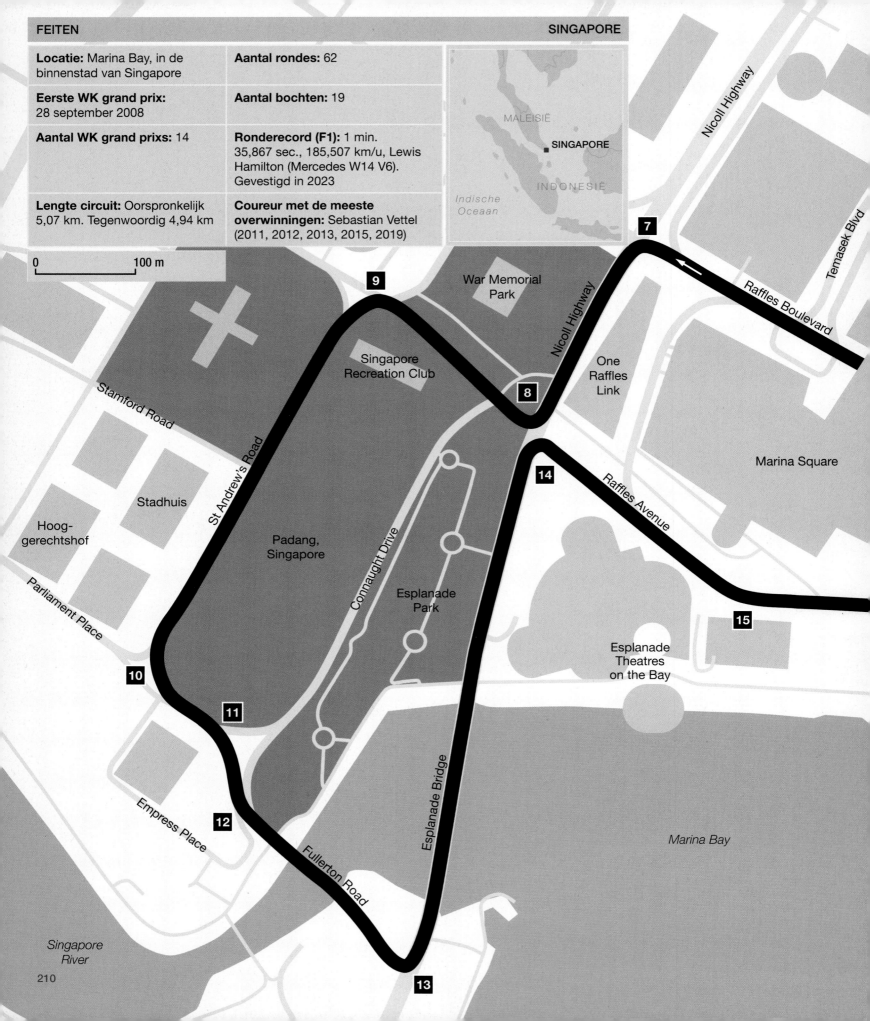

Locatie: Marina Bay, in de binnenstad van Singapore

Eerste WK grand prix: 28 september 2008

Aantal WK grand prixs: 14

Lengte circuit: Oorspronkelijk 5,07 km. Tegenwoordig 4,94 km

Aantal rondes: 62

Aantal bochten: 19

Ronderecord (F1): 1 min. 35,867 sec., 185,507 km/u, Lewis Hamilton (Mercedes W14 V6). Gevestigd in 2023

Coureur met de meeste overwinningen: Sebastian Vettel (2011, 2012, 2013, 2015, 2019)

MALEISIË

SINGAPORE

INDONESIË

Indische Oceaan

0   100 m

Nicoll Highway

Temasek Blvd

7

Raffles Boulevard

9

War Memorial Park

Singapore Recreation Club

Nicoll Highway

One Raffles Link

8

Marina Square

Stamford Road

14

Raffles Avenue

Stadhuis

St Andrew's Road

Hooggerechtshof

Padang, Singapore

Connaught Drive

Esplanade Park

Parliament Place

10

11

15

Esplanade Theatres on the Bay

Empress Place

12

Esplanade Bridge

Marina Bay

Fullerton Road

Singapore River

13

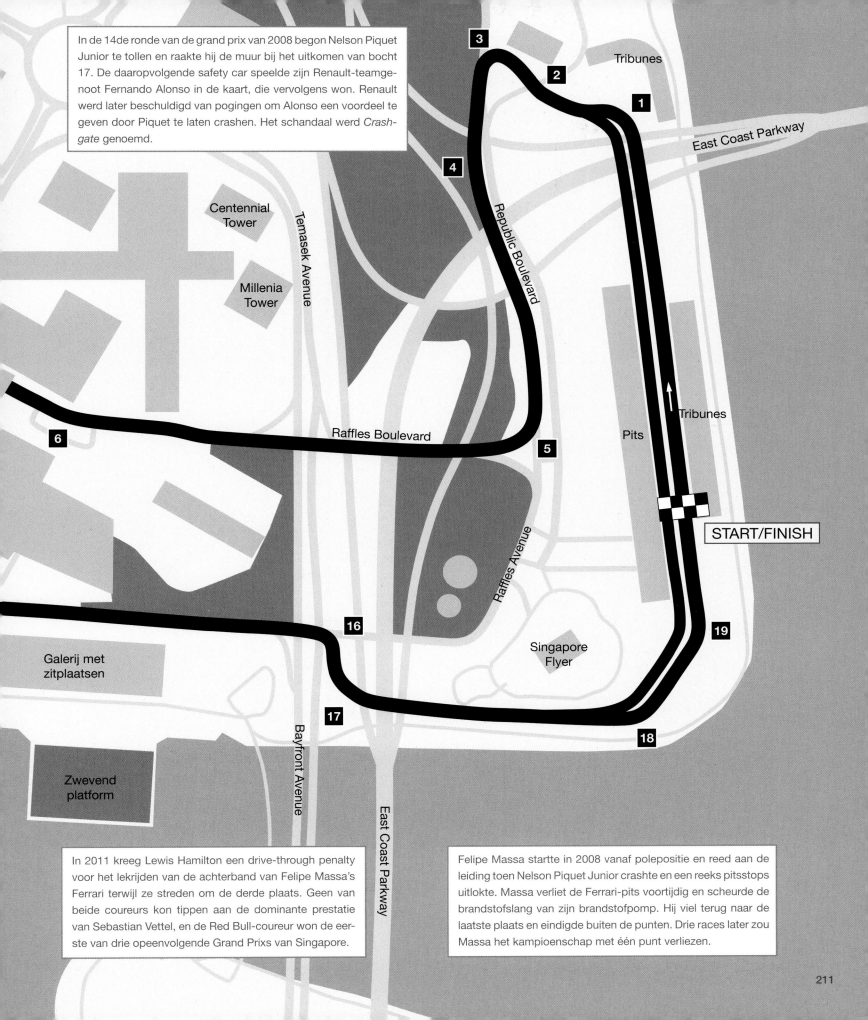

In de 14de ronde van de grand prix van 2008 begon Nelson Piquet Junior te tollen en raakte hij de muur bij het uitkomen van bocht 17. De daaropvolgende safety car speelde zijn Renault-teamgenoot Fernando Alonso in de kaart, die vervolgens won. Renault werd later beschuldigd van pogingen om Alonso een voordeel te geven door Piquet te laten crashen. Het schandaal werd *Crashgate* genoemd.

Tribunes

East Coast Parkway

Centennial Tower

Millenia Tower

Temasek Avenue

Republic Boulevard

Raffles Boulevard

Tribunes

Pits

Raffles Avenue

START/FINISH

Galerij met zitplaatsen

Singapore Flyer

Bayfront Avenue

Zwevend platform

East Coast Parkway

In 2011 kreeg Lewis Hamilton een drive-through penalty voor het lekrijden van de achterband van Felipe Massa's Ferrari terwijl ze streden om de derde plaats. Geen van beide coureurs kon tippen aan de dominante prestatie van Sebastian Vettel, en de Red Bull-coureur won de eerste van drie opeenvolgende Grand Prixs van Singapore.

Felipe Massa startte in 2008 vanaf polepositie en reed aan de leiding toen Nelson Piquet Junior crashte en een reeks pitsstops uitlokte. Massa verliet de Ferrari-pits voortijdig en scheurde de brandstofslang van zijn brandstofpomp. Hij viel terug naar de laatste plaats en eindigde buiten de punten. Drie races later zou Massa het kampioenschap met één punt verliezen.

Abu Dhabi 2009

Yas Marina Circuit

 VERENIGDE ARABISCHE EMIRATEN

Dit circuit werd gebouwd voor een torenhoge prijs op een eiland, vlak bij de luchthaven van Abu Dhabi. Het beschikte over ongeëvenaarde faciliteiten, maar de lay-out van de baan was teleurstellend. Het racen van zonsondergang tot in het donker droeg bij aan de sfeer tegen de achtergrond van de jachthaven. Het circuit heeft het kampioenschap meer dan eens beslist sinds de introductie in 2009, waarbij de laatste ronde in 2021 zeer omstreden was.

Na het besluit van Bahrein om in 2004 een grand prix te organiseren, zette de regering van Abu Dhabi een grootschalig plan op, gebaseerd op de reputatie van het emiraat van zorgvuldige planning en beheer. Dit zou echter iets groots zijn: er zou 1 miljard dollar worden uitgegeven aan de aanleg van een racecircuit op Yas Island, niet ver van de internationale luchthaven.

Dit werd het Yas Marina Circuit, en het zou deel uitmaken van een groot complex met een drag strip, een concertzaal, hotels, een winkelcentrum, een golfbaan en Ferrari World (een themapark met een enorme rode overkapping). Een deel van het circuit zou worden overbrugd door het Yas Hotel (nu het W Abu Dhabi) met een futuristisch dak dat 's nachts van kleur zou veranderen. De vijf hoofdtribunes werden overdekt om schaduw te bieden.

De faciliteiten op het circuit waren ongeëvenaard. Het hoofdkwartier van het team keek uit op een jachthaven, die al snel vol lag met exotische vaartuigen – zodra het water erin was gepompt. De paddock was netjes en compact en bood een perfecte sfeer in het redelijk milde (voor Abu Dhabi) klimaat in november. Toen de moeilijk tevreden te stellen teams geen fout konden vinden in de veertig garages met airconditioning, was dat het bewijs van de slimme zet van Abu Dhabi om CEO Richard Cregan in te huren. De voormalige teammanager van Toyota begreep de gespecialiseerde vereisten van de F1 en zocht een bekwaam ondersteuningsteam uit de Europese racewereld bij elkaar.

Er was slechts één tekortkoming: het circuit zelf. Er was veel aandacht besteed aan een nieuwe pitsuitgang, waarbij auto's onder de baan door zouden rijden om veilig terug te keren voorbij de eerste bocht. Er waren een heel lang recht stuk en een aantal lastige bochten met ongunstige hellingshoek die om precisie vroegen, maar afgezien van een stijgende bocht na bocht 1 was er weinig dat de adrenaline op gang bracht.

Het was een technisch circuit dat een uitdaging vormde voor coureurs en technici bij het afstellen van hun auto's. Ondanks het feit dat Abu Dhabi vanaf nul was begonnen, had het op een of andere manier de boot gemist door geen circuit aan te bieden dat het mogelijk maakte om zij aan zij te racen.

Dat zou in 2010 op de meest pijnlijke manier bewezen worden, toen Fernando Alonso door een gebrekkige pitsstrategie van Ferrari een eind achteraan kwam en vast kwam te zitten achter een Renault. Die was weliswaar langzamer dan de Ferrari, maar was niet van plan om te stoppen en Alonso een vrije baan te geven. Gedurende 37 rondes probeerde Alonso alles wat hij kon om hoger dan de zevende plaats te komen. Zijn frustratie werd nog groter toen hij het kampioenschap naar Sebastian Vettel in de leidende Red Bull zag gaan.

Het organiseren van de laatste race van het kampioenschap droeg bij aan de sfeer die werd gecreëerd door de unieke start in de schemering en het racen tot in de warme avond. Een perfect schijnwerpersysteem werd ondersteund door de steeds veranderende ledverlichting op het trapsgewijze dak van het hotel. Er bestond geen twijfel over dat de Grand Prix van Abu Dhabi als evenement een waardevolle toevoeging aan de kalender was. In 2021 zou Yas Marina echter berucht worden doordat een controversiële beslissing van de wedstrijdleiding het kampioenschap in de laatste ronde van een 22 races tellend seizoen in andere handen deed overgaan.

Boven: De steeds veranderende lichten op het dak van het W Hotel dragen bij aan de sfeer van een race die in de schemering begint.

Onder: De pitstraat kreeg een unieke afslag onder het belangrijkste rechte stuk.

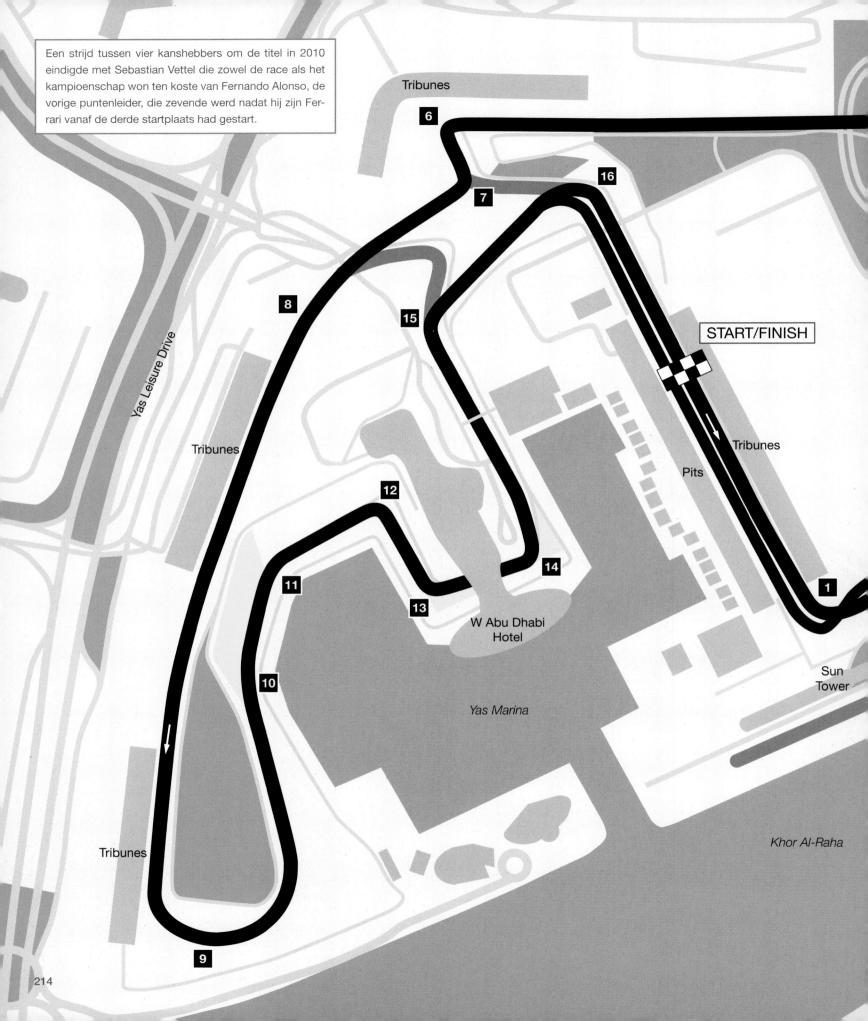

Een strijd tussen vier kanshebbers om de titel in 2010 eindigde met Sebastian Vettel die zowel de race als het kampioenschap won ten koste van Fernando Alonso, de vorige puntenleider, die zevende werd nadat hij zijn Ferrari vanaf de derde startplaats had gestart.

Tribunes

6

16

7

START/FINISH

8

15

Yas Leisure Drive

Tribunes

Tribunes

Pits

12

14

11

13

W Abu Dhabi Hotel

10

Sun Tower

Yas Marina

1

Tribunes

Khor Al-Raha

9

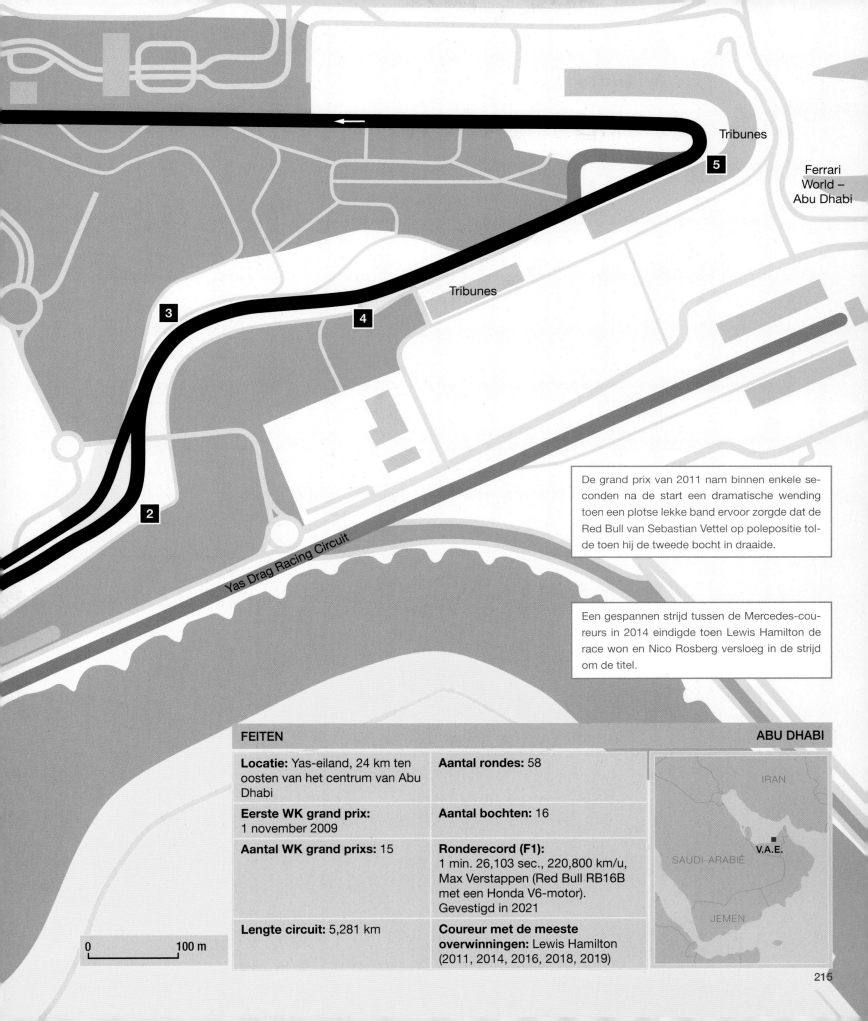

Tribunes

5

Ferrari
World –
Abu Dhabi

Tribunes

3

4

De grand prix van 2011 nam binnen enkele seconden na de start een dramatische wending toen een plotse lekke band ervoor zorgde dat de Red Bull van Sebastian Vettel op polepositie tolde toen hij de tweede bocht in draaide.

2

Yas Drag Racing Circuit

Een gespannen strijd tussen de Mercedes-coureurs in 2014 eindigde toen Lewis Hamilton de race won en Nico Rosberg versloeg in de strijd om de titel.

FEITEN

ABU DHABI

Locatie: Yas-eiland, 24 km ten oosten van het centrum van Abu Dhabi	**Aantal rondes:** 58
Eerste WK grand prix: 1 november 2009	**Aantal bochten:** 16
Aantal WK grand prixs: 15	**Ronderecord (F1):** 1 min. 26,103 sec., 220,800 km/u, Max Verstappen (Red Bull RB16B met een Honda V6-motor). Gevestigd in 2021
Lengte circuit: 5,281 km	**Coureur met de meeste overwinningen:** Lewis Hamilton (2011, 2014, 2016, 2018, 2019)

IRAN

V.A.E.

SAUDI-ARABIË

JEMEN

0   100 m

India 2011

Buddh International Circuit

 INDIA

Het circuit was in 2011 gastheer voor de eerste Grand Prix van India. De glooiende permanente baan met een goede mix van snelle en lastige bochten kreeg de warme goedkeuring van de coureurs. Politieke en financiële problemen vertraagden de plannen om een vast onderdeel van de F1-kalender te worden.

In tegenstelling tot enkele recentere aanwinsten op de grand-prix-kalender was India al lang een mogelijkheid, gezien het enthousiasme van het land voor autosport en een potentieel lucratieve markt voor sponsors. Grand prixs werden al sinds de jaren 1990 op televisie uitgezonden en de komst van Indiase sponsors, om nog maar te zwijgen van het Force India-team, zorgde voor nog meer interesse.

Er bestonden al permanente circuits, die echter ongeschikt werden geacht voor de F1, toen het idee in de jaren 1990 voor het eerst werd geopperd. Een locatie in Hyderabad werd overwogen voordat de politieke nadruk richting Mumbai verschoof, maar geen van beide plekken kwam van de grond. Er werd verder getalmd over voorgestelde locaties elders, tot 2007, toen de focus werd verlegd naar Greater Noida, vlak bij New Delhi. Een plan voor het Buddh International Circuit, gesteund door privéondernemingen, werd goedgekeurd en de eerste grand prix stond uiteindelijk gepland voor oktober 2011. De bouw werd slechts enkele weken voor de komst van de F1-teams voltooid.

Het eindproduct, verspreid over 353 hectare en met een kostprijs van meer dan 400 miljoen dollar, was het wachten waard. Ontwerper Hermann Tilke had opgeroepen tot behoorlijk wat grondwerk voor de stijgingen en dalingen die het 5,15 km lange circuit uitdagender zouden maken dan sommige van zijn eerdere creaties.

Het verplaatsen van vier miljoen kubieke ton aarde legde de basis voor wijde bochten die coureurs vergeleken met delen van Spa-Francorchamps, maar dan beter. De openingssector bestond uit lange rechte stukken, lichte hellingveranderingen en brede bochten om inhalen te stimuleren. Een lange lusvormige bocht naar rechts in het zicht van een grote hoofdtribune was het belangrijkste kenmerk van de laatste sector. Op het rechte stuk van de start/finish overdekte een enorme gebogen luifel de hoofdtribune met niet minder dan 13.000 zitplaatsen als aanvulling op de pits- en paddockzone van wereldklasse. Buddh International had zijn eigen manier om de culturele verschillen van de teams te omarmen in deze stad vol eigenaardige tradities, althans voor Europese begrippen.

Er zouden aanvankelijk drie grand prixs worden verreden, die alle drie werden gewonnen door Sebastian Vettel en Red Bull. Hoewel de eerste in 2011 een saaie aangelegenheid was, waren de berichten positief en de enthousiaste reacties van 100.000 fans kwamen overeen met de eerste gevoelens van de deelnemers. De Grand Prix van India leek een blijvertje te worden, totdat een verschuiving van het einde van het seizoen naar het begin ertoe leidde dat de race van 2014 een jaar werd uitgesteld. En daarna voor onbepaalde tijd, dankzij geschillen over operationele kosten en belastingen. De verliezers waren de gepassioneerde racefans en de F1 zelf.

Boven: Het Buddh International Circuit werd goed ontvangen door de coureurs en racefans, maar politiek en financiën zouden een rol gaan spelen.

Onder: Sebastian Vettel won alle drie de Grand Prixs en de Red Bull-Renault-coureur vierde zijn vierde kampioenschap in 2013.

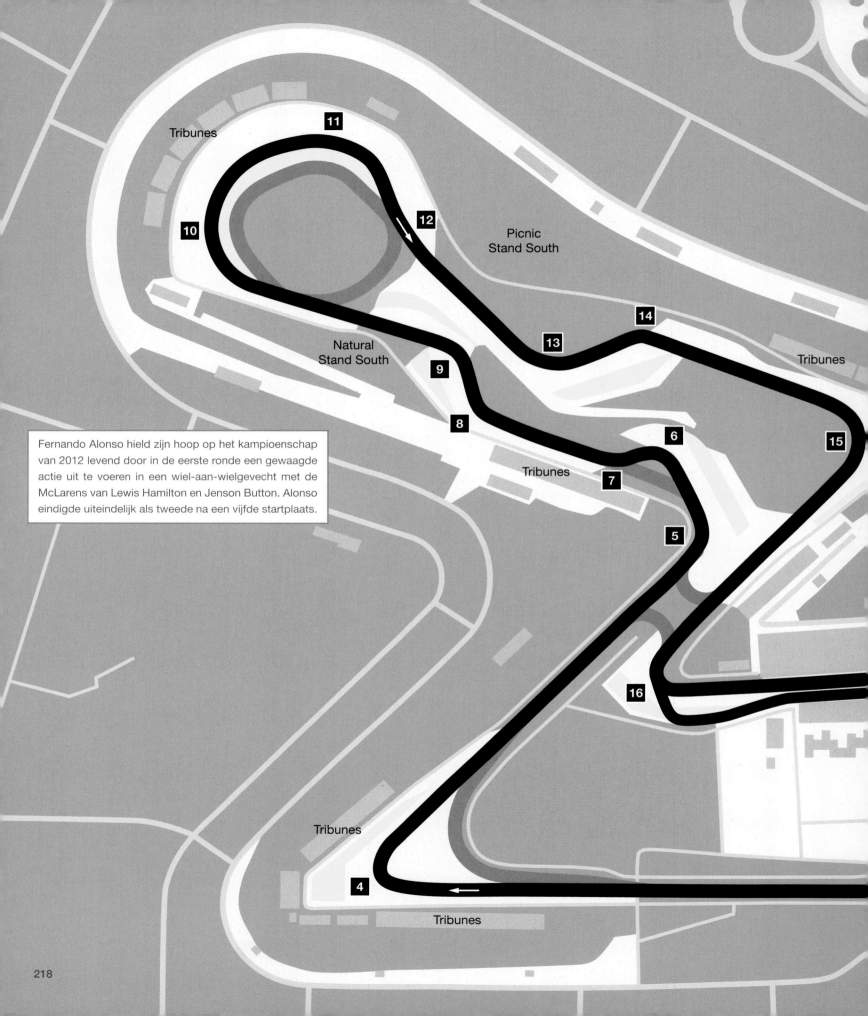

Fernando Alonso hield zijn hoop op het kampioenschap van 2012 levend door in de eerste ronde een gewaagde actie uit te voeren in een wiel-aan-wielgevecht met de McLarens van Lewis Hamilton en Jenson Button. Alonso eindigde uiteindelijk als tweede na een vijfde startplaats.

Tribunes

11

10

12

Picnic Stand South

14

13

Natural Stand South

9

8

Tribunes

6

15

7

5

16

Tribunes

4

Tribunes

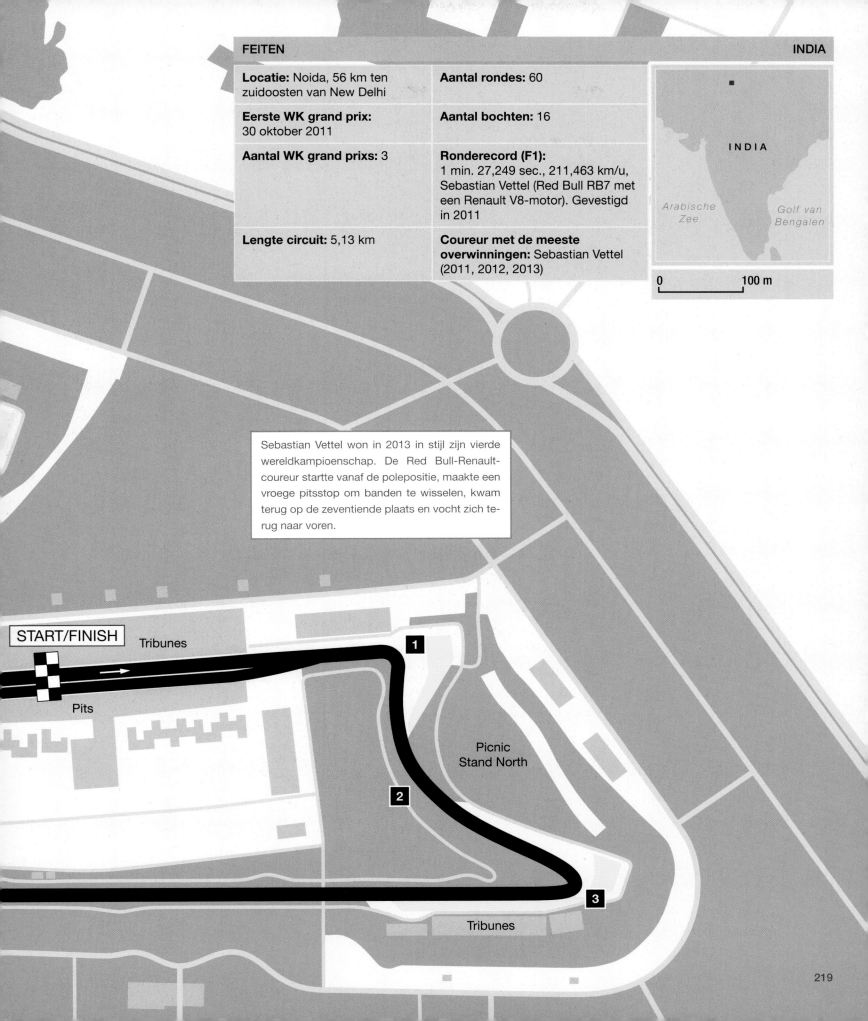

FEITEN

Locatie: Noida, 56 km ten zuidoosten van New Delhi

Eerste WK grand prix: 30 oktober 2011

Aantal WK grand prixs: 3

Lengte circuit: 5,13 km

Aantal rondes: 60

Aantal bochten: 16

Ronderecord (F1): 1 min. 27,249 sec., 211,463 km/u, Sebastian Vettel (Red Bull RB7 met een Renault V8-motor). Gevestigd in 2011

Coureur met de meeste overwinningen: Sebastian Vettel (2011, 2012, 2013)

INDIA

Arabische Zee

Golf van Bengalen

0   100 m

Sebastian Vettel won in 2013 in stijl zijn vierde wereldkampioenschap. De Red Bull-Renault-coureur startte vanaf de polepositie, maakte een vroege pitsstop om banden te wisselen, kwam terug op de zeventiende plaats en vocht zich terug naar voren.

START/FINISH
Tribunes
Pits

1

2

Picnic Stand North

3

Tribunes

Austin 2012

Circuit of the Americas

 VERENIGDE STATEN VAN AMERIKA

De Verenigde Staten hadden in 2012 eindelijk een permanent circuit dat het waard was om opgenomen te worden in het F1-schema. Het was een uitstekende combinatie van bochten en zwenkingen, dalend en stijgend zodat de toeschouwers alles goed konden zien. Het circuit was goed aangelegd en kende een enthousiast publiek. De bruisende stad Austin heeft zich vanaf het begin achter de race geschaard.

Het idee dat de Verenigde Staten eindelijk een permanent racecircuit van wereldklasse zouden hebben, leek gedoemd te mislukken niet lang nadat de bouw was begonnen op onontwikkeld land zo'n 24 km ten zuidoosten van Austin in Texas. Een groot meningsverschil tussen de promotor, Tavo Hellmund, en het managementbedrijf leidde ertoe dat de bouw werd stilgelegd en de terugkeer van de Grand Prix van de Verenigde Staten op losse schroeven kwam te staan. Hellmund verliet het bedrijf en dreigde met een rechtszaak, maar er werden voldoende garanties gegeven om de race weer op de kalender van 2012 te krijgen.

De werkzaamheden aan het Circuit of the Americas werden hervat, tot grote opluchting van velen aan beide zijden van de Atlantische Oceaan. De behoefte van de F1 aan een Amerikaanse vertegenwoordiging in het wereldkampioenschap was zelfs nog groter dan de wens van de VS om eindelijk een veilige thuisbasis te bieden. Een snelle blik bij de eerste kennismaking was genoeg om te laten zien dat het doel was bereikt.

De rit naar zacht glooiende velden vlak bij Texas State Highway 130 was misleidend, want binnen de omheining had Hermann Tilke een circuit met enorme hellingen gecreëerd, te beginnen met een lastige rit bergopwaarts naar de eerste bocht. Een brede haarspeldbocht naar links ging vooraf aan een steile afdaling naar een snelle bocht naar rechts en verder naar een serie snelle wendingen die deden denken aan het Maggotts/Becketts-complex op Silverstone. Een klim naar bocht 9 en 10 bracht de deelnemers naar een ander hoogtepunt, waar de hoofdtribune een uitstekend uitzicht bood op de terugweg door de vallei.

Het langste rechte stuk leidde naar een laatste deel gevuld met een mix van bochten, waaronder een zeer lange bocht naar rechts met meerdere apexen, naar het voorbeeld van bocht 8 in Turkije. Hieromheen en op weg naar het rechte stuk van de start/finish

stonden rijen horeca-accommodaties, die het zakelijke aspect van het weekend symboliseerden.

Over dat laatste gesproken: op de zogenaamde Grand Plaza in het midden bevonden zich kraampjes, toiletten en een groenzone. Het hele gebied werd gedomineerd door een opvallende uitkijktoren met een lift (natuurlijk supersnel) of 428 treden voor wie geen haast had. Vanaf de top was het mogelijk om het centrum van Austin te zien, de rebelse stad die de grand prix genereus omarmde. Hoewel het circuit veel groter was dan Adelaide, werden er meteen vergelijkingen gemaakt met de ontvangst op de eerste thuisbasis van de Grand Prix van Australië.

De bereidheid om deze locatie te laten werken verzachtte de aanvankelijke klachten dat de horecaruimtes van de teams te eenvoudig waren (in tegenstelling tot bijvoorbeeld de roestvrijstalen pracht van de keukens in Bahrein). Die tekortkoming deed er nog minder toe toen het milde klimaat de teamleden in staat stelde om buiten te zitten en te genieten van de sfeer van een compacte en huiselijke paddock. Dit was beslist niet de zielloze betonnen vlakte van Shanghai.

Op de racedag kwamen 117.429 toeschouwers – een enorm aantal naar Amerikaanse maatstaven (Indianapolis niet meegerekend) – in de zon genieten van een race die de interesse wist vast te houden dankzij de McLaren-Mercedes van Lewis Hamilton. Die nam veertien rondes voor het einde de leiding over van de Red Bull van Sebastian Vettel. Mario Andretti, de wereldkampioen van 1978 en een logische keuze als ambassadeur van het circuit, nam de podiuminterviews voor zijn rekening. Het vrolijke beeld van de dag werd vervolledigd door het feit dat Pirelli had geregeld dat elk van de drie coureurs op het podium een zwarte Texaanse cowboyhoed droeg in plaats van de gebruikelijke pet. Er was geen twijfel meer mogelijk: de Grand Prix van de Verenigde Staten was terug.

Boven: Door slimme marketing droegen Lewis Hamilton, Sebastian Vettel en Fernando Alonso Pirelli-cowboyhoeden in plaats van petjes op het podium na de eerste race in 2012.

Onder: De Grand Prix van de Verenigde Staten leek eindelijk een permanente thuisbasis te hebben gevonden met een uitstekend circuit, gesteund door de enthousiaste stad Austin.

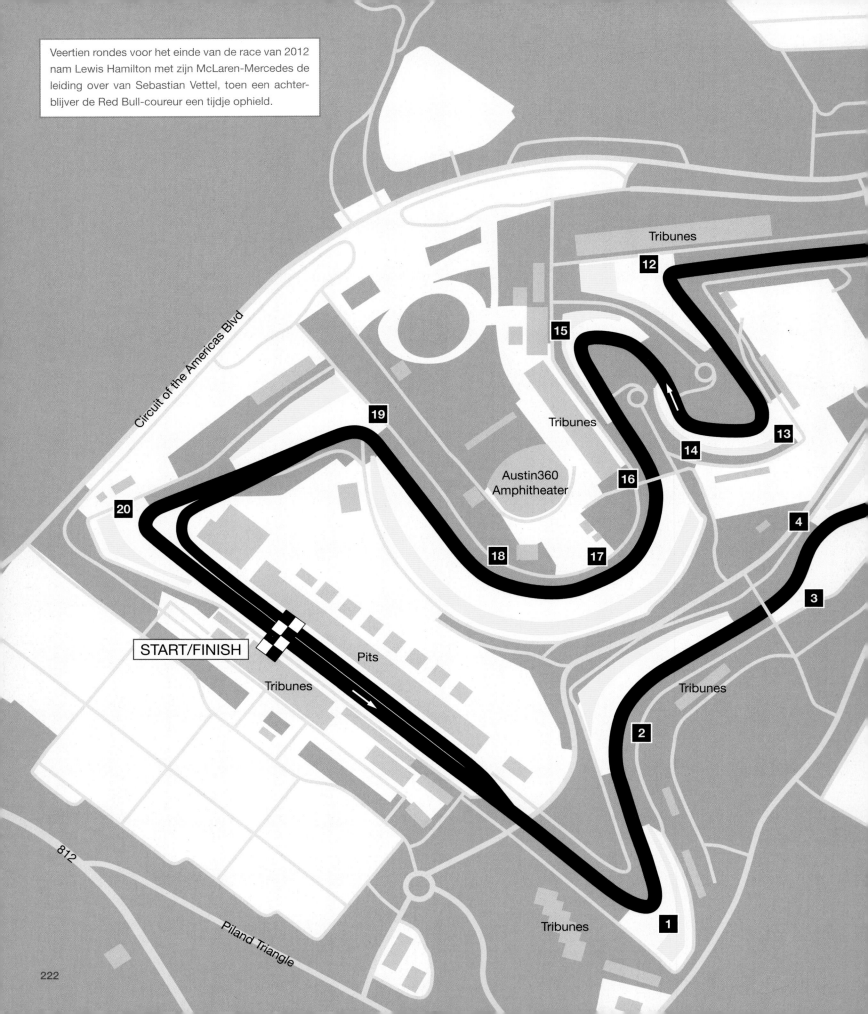

Veertien rondes voor het einde van de race van 2012 nam Lewis Hamilton met zijn McLaren-Mercedes de leiding over van Sebastian Vettel, toen een achterblijver de Red Bull-coureur een tijdje ophield.

Tribunes

12

15

Circuit of the Americas Blvd

19

Tribunes

14

13

Austin360
Amphitheater

16

20

4

18

17

3

START/FINISH

Pits

2

Tribunes

Tribunes

812

1

Piland Triangle

Tribunes

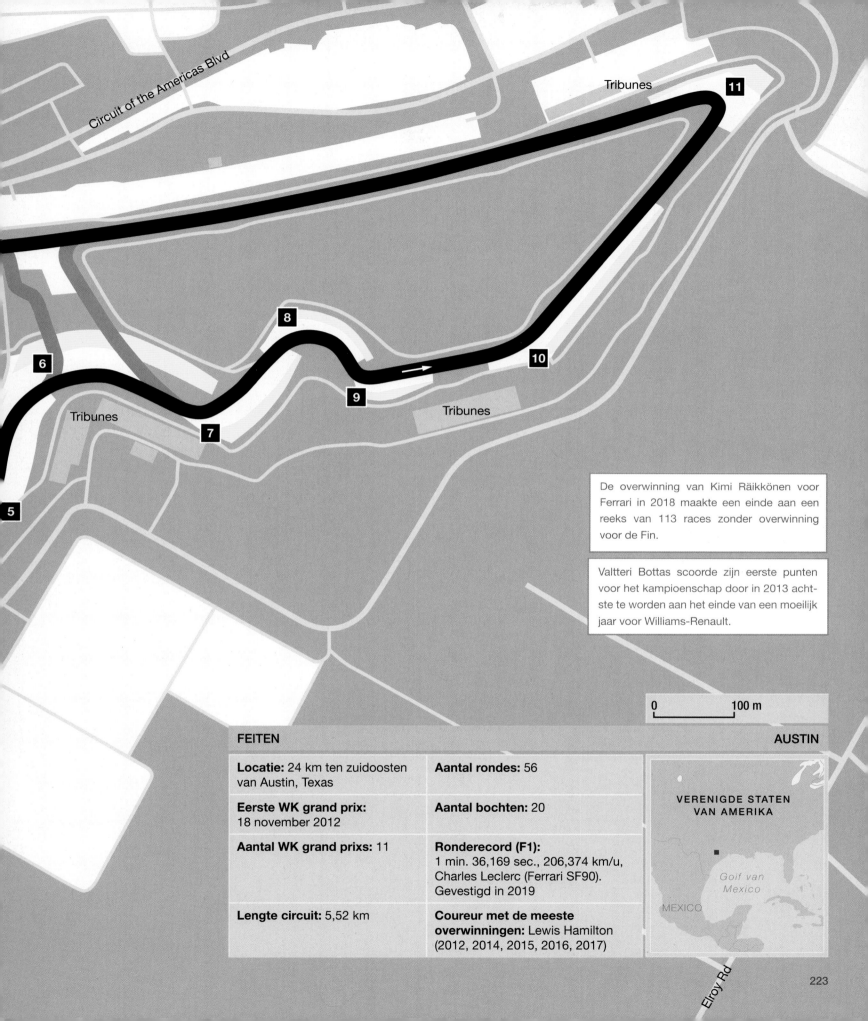

Circuit of the Americas Blvd

Tribunes

11

8

6

10

Tribunes

9

Tribunes

7

5

De overwinning van Kimi Räikkönen voor Ferrari in 2018 maakte een einde aan een reeks van 113 races zonder overwinning voor de Fin.

Valtteri Bottas scoorde zijn eerste punten voor het kampioenschap door in 2013 achtste te worden aan het einde van een moeilijk jaar voor Williams-Renault.

0   100 m

FEITEN

AUSTIN

Locatie: 24 km ten zuidoosten van Austin, Texas	**Aantal rondes:** 56
Eerste WK grand prix: 18 november 2012	**Aantal bochten:** 20
Aantal WK grand prixs: 11	**Ronderecord (F1):** 1 min. 36,169 sec., 206,374 km/u, Charles Leclerc (Ferrari SF90). Gevestigd in 2019
Lengte circuit: 5,52 km	**Coureur met de meeste overwinningen:** Lewis Hamilton (2012, 2014, 2015, 2016, 2017)

VERENIGDE STATEN
VAN AMERIKA

Golf van
Mexico

MEXICO

Elroy Rd

Sotsji 2014

Sochi Autodrome

 RUSLAND

Na vele valse starts elders werd Sotsji de eerste grand prix in Rusland. Het circuit werd gebouwd in navolging van de Olympische Winterspelen van 2014, op dezelfde locatie met permanente pits- en paddockfaciliteiten. De steun van de overheid zorgde ervoor dat de race werd toegevoegd aan de kalender, ondanks een groeiend gebrek aan enthousiasme binnen de F1. De politieke situatie in Oekraïne in 2022 betekende het onmiddellijke einde van de Grand Prix van Rusland.

Plannen voor een grand prix van Rusland – felbegeerd door Bernie Ecclestone – waren al in de maak sinds de millenniumwisseling. Er werden verschillende projecten besproken, zoals de Pulkovskoe Ring en Nagatino Island, maar die leidden tot niets. Wel werd er een circuit gebouwd bij de stad Fedyukino in de provincie Moskou, op een niveau dat hoog genoeg was om races van de Formule Renault-series en de FIA GT- en Superbike-wereldkampioenschappen te organiseren. Een geplande F1-grand-prix ging niet door, maar ondertussen werd er wel een akkoord bereikt over de aanleg van een circuit in de badplaats Sotsji, waar hard werd gewerkt aan de Olympische Winterspelen van 2014.

Een deel van het circuit, inclusief de pits en de paddock, zou permanent zijn. Voor de rest zouden dienstwegen van de olympische locaties gebruikt worden. De locatie beperkte Hermann Tilkes mogelijkheden, maar de ontwerper kwam met een redelijke mix, beginnend met een zeer lange bocht van 180 graden naar links rond het voormalige Medals Plaza en langs het Bolsjoj-ijspaleis, voordat het circuit noordwaarts ging langs de rand van het Olympisch Park, langs de schaats- en curlingcentra. Een reeks hoekige bochten van 90 graden in de stijl van Amerikaanse straten bracht

de deelnemers in 2014 aan het einde van de op twee na langste ronde. Er werd een datum vastgesteld voor de race in oktober van dat jaar.

De eerste reactie van de coureurs was dat het circuit gevarieerd en interessant was. De eindeloze bocht 3 zorgde voor een hoge belasting van de rechtervoorband, op een vergelijkbare manier als bocht 8 in Istanbul, met het verschil dat de bandenslijtage in Sotsji niet zo ernstig was. Bocht 13 werd ook als uitdagender ervaren dan verwacht, omdat de eerste indrukken op papier en op racesimulators bedrieglijk waren geweest.

Een grand prix in Rusland ging onvermijdelijk gepaard met politieke nuances, vooral toen president Vladimir Poetin zijn goedkeuring gaf door te komen kijken naar de race – of een deel ervan – in het gezelschap van Bernie Ecclestone. Ze werden vergezeld door 55.000 fans, van wie de meesten wanhopig hadden uitgekeken naar een Formule 1-race op Russische bodem. De toeschouwers werden niet teleurgesteld door wat de kieskeurige F1-insiders een goed georganiseerde grand prix vonden. De invasie van Oekraïne in 2022 maakte echter meteen een einde aan alle banden tussen de Formule 1 en Rusland.

Boven: De eerste grand prix in Rusland maakte gebruik van een stratencircuit, met veel van de faciliteiten die waren aangelegd voor de Olympische Winterspelen van 2014.

Onder: Het plaatselijke enthousiasme voor een grand prix in Rusland bleef groot in 2021.

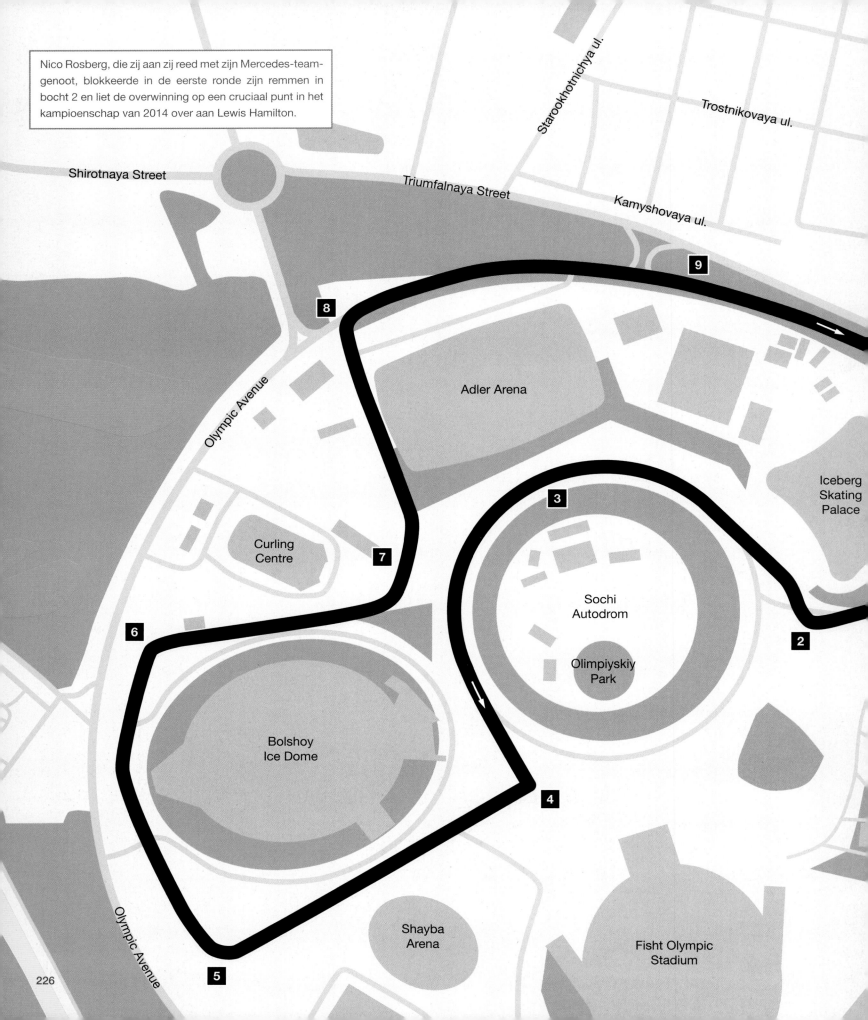

Nico Rosberg, die zij aan zij reed met zijn Mercedes-team-genoot, blokkeerde in de eerste ronde zijn remmen in bocht 2 en liet de overwinning op een cruciaal punt in het kampioenschap van 2014 over aan Lewis Hamilton.

Starookhotnichya ul.

Trostnikovaya ul.

Shirotnaya Street

Triumfalnaya Street

Kamyshovaya ul.

9

8

Olympic Avenue

Adler Arena

Iceberg
Skating
Palace

3

Curling
Centre

7

Sochi
Autodrom

2

6

Olimpiyskiy
Park

Bolshoy
Ice Dome

4

Shayba
Arena

Fisht Olympic
Stadium

Olympic Avenue

5

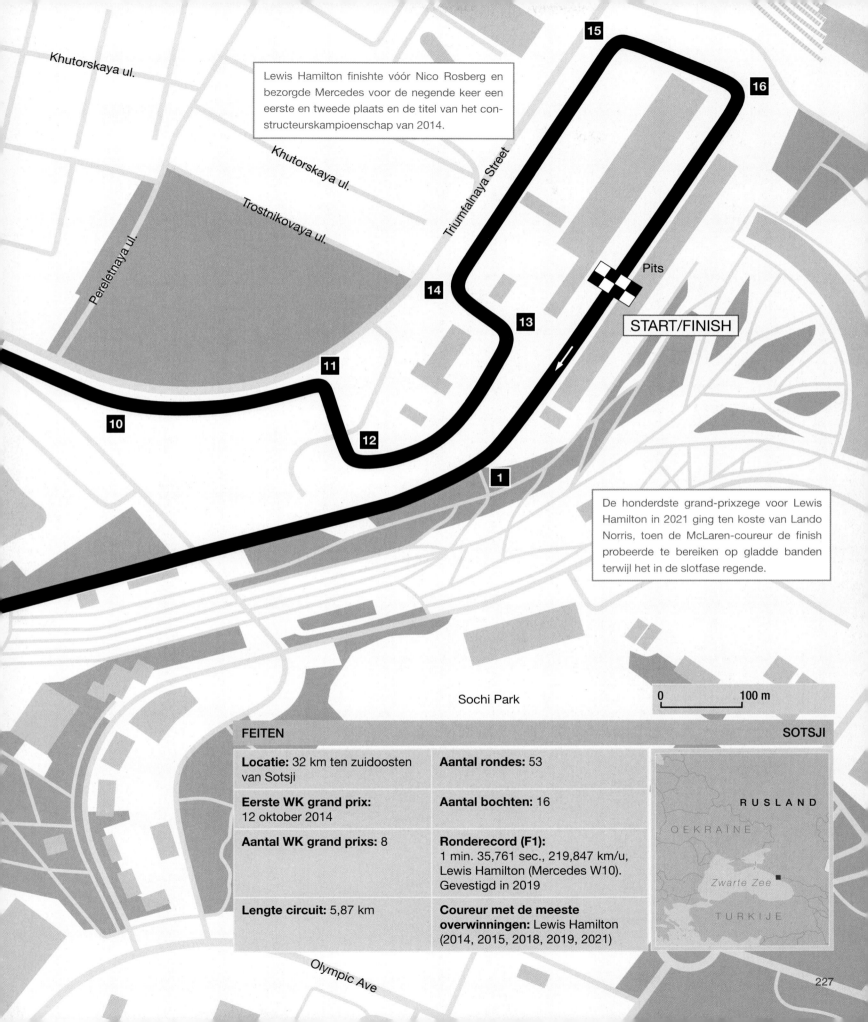

Lewis Hamilton finishte vóór Nico Rosberg en bezorgde Mercedes voor de negende keer een eerste en tweede plaats en de titel van het constructeurskampioenschap van 2014.

Khutorskaya ul.

Khutorskaya ul.

Trostnikovaya ul.

Pereletnaya ul.

Triumfalnaya Street

Pits

START/FINISH

15

16

14

13

11

10

12

1

De honderdste grand-prixzege voor Lewis Hamilton in 2021 ging ten koste van Lando Norris, toen de McLaren-coureur de finish probeerde te bereiken op gladde banden terwijl het in de slotfase regende.

Sochi Park

0   100 m

FEITEN

SOTSJI

Locatie: 32 km ten zuidoosten van Sotsji	**Aantal rondes:** 53
Eerste WK grand prix: 12 oktober 2014	**Aantal bochten:** 16
Aantal WK grand prixs: 8	**Ronderecord (F1):** 1 min. 35,761 sec., 219,847 km/u, Lewis Hamilton (Mercedes W10). Gevestigd in 2019
Lengte circuit: 5,87 km	**Coureur met de meeste overwinningen:** Lewis Hamilton (2014, 2015, 2018, 2019, 2021)

RUSLAND

OEKRAÏNE

Zwarte Zee

TURKIJE

Olympic Ave

227

Bakoe 2016

Baku City Circuit

 AZERBEIDZJAN

Een grand prix met een korte geschiedenis, die net zo spectaculair was als het circuit zelf. Het circuit van Bakoe, dat door de straten van de hoofdstad van Azerbeidzjan liep, werd vergeleken met een combinatie van Monaco en Monza. De krappe secties en supersnelle rechte stukken zorgden voor incidenten en spectaculaire races.

In 2010 werd voor het eerst gesproken over een grand prix in de straten van Bakoe. Drie jaar later kreeg Hermann Tilke de opdracht om een circuit te ontwerpen. De eerste race was gepland voor juni 2016 en zou de achtste race van het kampioenschap worden en de titel Grand Prix d'Europe dragen.

Aanvankelijke twijfels over de haalbaarheid van een autorace door delen van een Unesco Werelderfgoedlocatie werden al snel weggenomen. Een serie korte rechte stukken met bochten van 90 graden in de buurt van overheidsgebouwen in het centrum van de stad leidde naar een stuk door de historische wijk. Het geplaveide oppervlak was dan wel bedekt met asfalt, maar het verleden kon niet worden vermeden. Er bleef namelijk een smalle doorgang over van slechts 7,6 meter breed op een punt tussen een oud stenen torentje en een flatgebouw. De auto's kwamen uit deze lus op de brede, zacht glooiende promenade bij de Kaspische Zee voor een 2 km lange spurt naar de finish.

Tijdens zijn beste ronde in 2016 haalde de Williams-Mercedes van Valtteri Bottas op een gegeven moment slechts 96,56 km/u, maar dat klom op tot 378 km/u. Dat was destijds de hoogste snelheid ooit tijdens een officiële training/kwalificatie. Deze unieke combinatie vormde een test voor de coureurs en de technici, omdat ze te maken kregen met technische secties en stukken waar met hoge snelheid werd gereden. Omdat de muren dicht bij elkaar stonden, zouden fouten worden afgestraft.

Het eerste grand-prixweekend kende de verwachte kinderziektes (onveilige kunstmatige kerbs en een putdeksel dat losraakte tijdens de training), maar alles bij elkaar genomen was Bakoe indrukwekkend. Een bewogen race, gewonnen door de Mercedes van Nico Rosberg, verliep zonder noemenswaardige incidenten.

Dat was het jaar daarop niet het geval. Tijdens de race, die nu bekendstond als de Grand Prix van Azerbeidzjan, moest, zoals gebruikelijk zou worden, de safety car een aantal keren uitrijden. Tijdens een daarvan botste de Ferrari van Sebastian Vettel achter op de Mercedes van Lewis Hamilton. Vettel beweerde dat Hamilton opzettelijk had geremd, kwam langszij en zwenkte uit naar de Mercedes. Hij werd bestraft voor gevaarlijk rijgedrag.

Contact met de muren – en tussen auto's – werd schering en inslag. In 2018 botsten de Red Bulls van Max Verstappen en Daniel Ricciardo op elkaar terwijl ze om de vierde plaats streden. De COVID-19-pandemie zorgde ervoor dat de grand prix van 2020 werd geannuleerd en dat de race van het jaar daarop achter gesloten deuren werd verreden.

Dat deed niets af aan het drama, want Verstappen verloor een comfortabele voorsprong toen zijn Red Bull met nog vijf rondes te gaan een klapband kreeg bij 322 km/u op het rechte stuk. Verstappen kon uit het wrak stappen, maar de race werd afgevlagd. Bij de herstart leek het alsof Hamilton andere coureurs zou meenemen toen hij zijn remmen blokkeerde en rechtdoor ging in de eerste bocht.

Deze incidenten en de efficiënte manier waarop ermee werd omgegaan op een spectaculair circuit droegen ertoe bij dat de Grand Prix van Bakoe in relatief korte tijd hoog aangeschreven stond.

Het circuit bestaat uit een unieke combinatie van snelle en langzame secties door hedendaagse wijken van Bakoe en de oude stad.

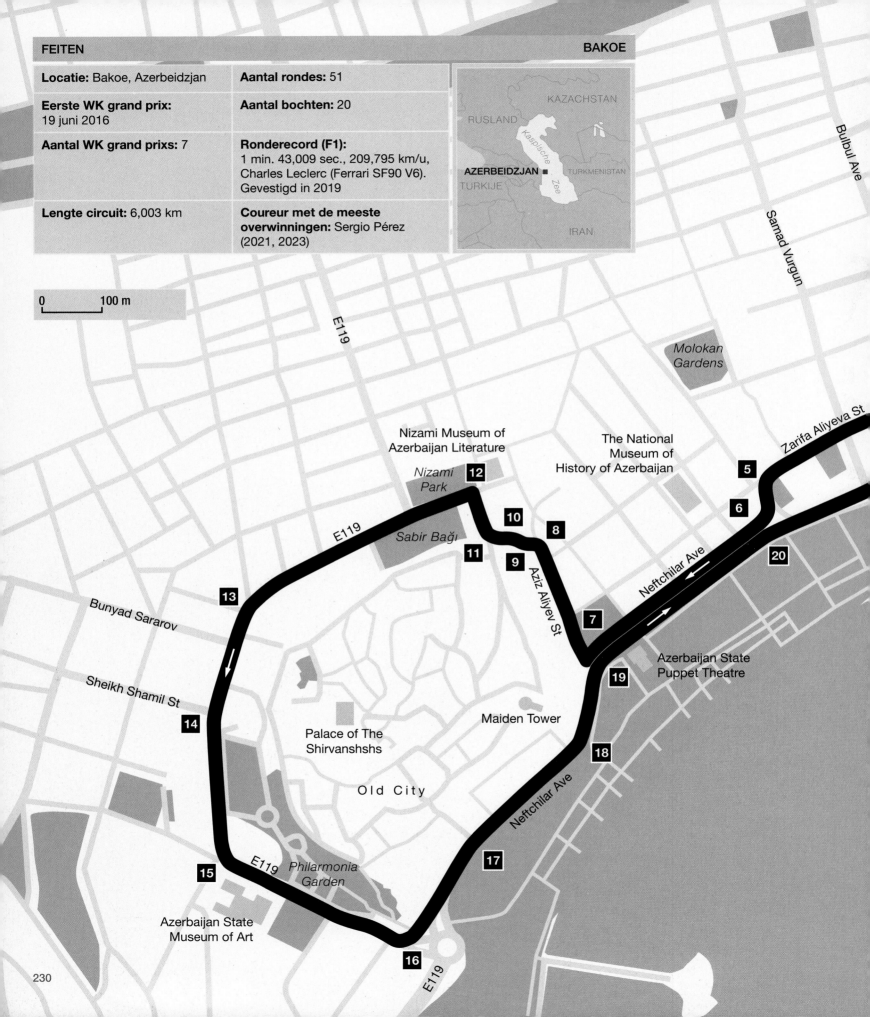

FEITEN

Locatie: Bakoe, Azerbeidzjan	**Aantal rondes:** 51
Eerste WK grand prix: 19 juni 2016	**Aantal bochten:** 20
Aantal WK grand prixs: 7	**Ronderecord (F1):** 1 min. 43,009 sec., 209,795 km/u, Charles Leclerc (Ferrari SF90 V6). Gevestigd in 2019
Lengte circuit: 6,003 km	**Coureur met de meeste overwinningen:** Sergio Pérez (2021, 2023)

KAZACHSTAN

RUSLAND

Kaspische Zee

AZERBEIDZJAN

TURKMENISTAN

TURKIJE

IRAN

0   100 m

E119

Bulbul Ave

Samad Vurgun

Molokan Gardens

Zarifa Aliyeva St

Nizami Museum of Azerbaijan Literature

The National Museum of History of Azerbaijan

Nizami Park

12

5

E119

10

8

6

Sabir Bağı

11

9

20

Neftchilar Ave

Bunyad Sararov

13

Aziz Aliyev St

7

Sheikh Shamil St

19

Azerbaijan State Puppet Theatre

14

Maiden Tower

Palace of The Shirvanshshs

18

O l d   C i t y

Neftchilar Ave

E119   *Philarmonia Garden*

17

15

Azerbaijan State Museum of Art

16

E119

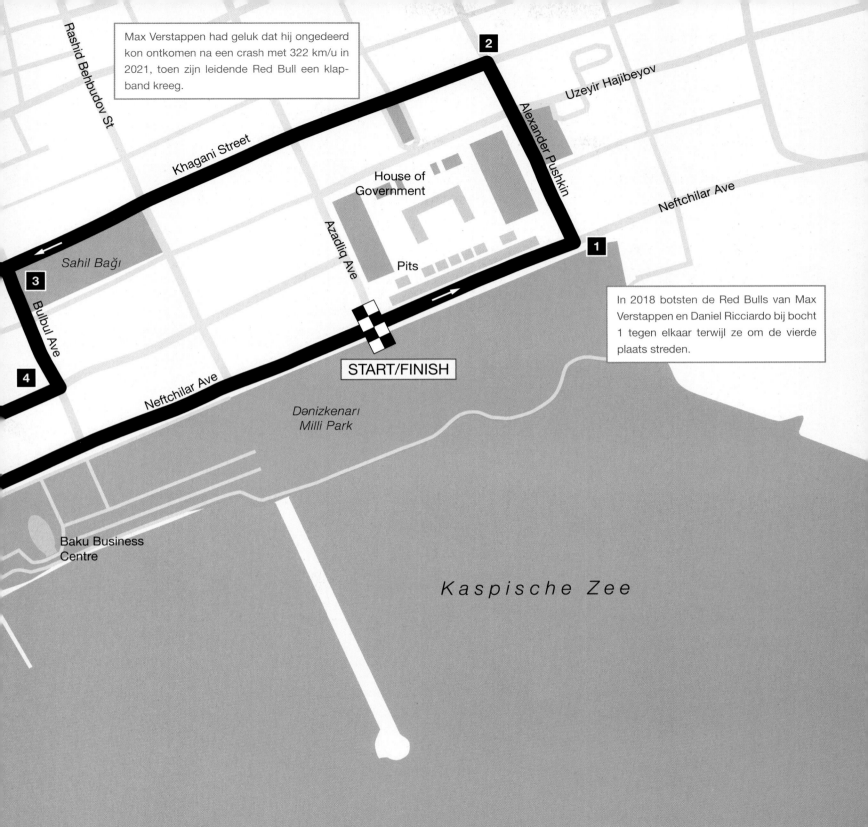

Max Verstappen had geluk dat hij ongedeerd kon ontkomen na een crash met 322 km/u in 2021, toen zijn leidende Red Bull een klapband kreeg.

Rashid Behbudov St

Khagani Street

2

Uzeyir Hajibeyov

House of Government

Alexander Pushkin

Neftchilar Ave

Azadliq Ave

1

Pits

Sahil Bağı

3

Bulbul Ave

In 2018 botsten de Red Bulls van Max Verstappen en Daniel Ricciardo bij bocht 1 tegen elkaar terwijl ze om de vierde plaats streden.

4

START/FINISH

Neftchilar Ave

Dənizkənarı Milli Park

Baku Business Centre

K a s p i s c h e   Z e e

Aan het einde van een safety car in 2017 raakte Sebastian Vettel de achterkant van de leidende Mercedes van Lewis Hamilton toen ze bocht 15 uit reden. De Ferrari-coureur dacht dat Hamilton opzettelijk snelheid had geminderd, kwam langszij en zwenkte uit naar de Mercedes.

Lusail 2021

Lusail International Circuit

 QATAR

Het circuit was een door COVID-19 geïnspireerde vervanger, normaal gebruikt voor motorraces, maar perfect geschikt om de F1-kalender van 2021 mee te vullen. Het bestond uit een lang recht stuk en een uitdagende mix van snelle wijde bochten. Vlakke kerbs, favoriet bij motorfietsen, zorgden in de hitte voor problemen met de F1-banden. De 57 rondes tellende race betekende de start van een langlopend F1-contract elders in Qatar.

Het circuit bij Lusail, ten noorden van Doha, werd in iets meer dan een jaar gebouwd voor 58 miljoen dollar en voorbereid voor de motor-Grand-Prix van Qatar van 2004. Hoewel het af en toe werd gebruikt voor toerwagens en verschillende eenzitters, werden op het enige permanente racecircuit in Qatar voornamelijk motorraces gehouden. Dankzij de installatie van de baanverlichting kon Lusail de grootste verlichte permanente locatie ter wereld worden (later werd deze titel opgeëist door Yas Marina Circuit in Abu Dhabi) en in 2008 de eerste nachtrace in de geschiedenis van de MotoGP organiseren.

De F1 stond nooit op de agenda, totdat het verstrekkende effect van de coronapandemie op internationale evenementen Lusail tot een haalbare optie maakte. Er werden aanpassingen gedaan aan de ingang van de pitstraat en op bepaalde plaatsen werden de vangrails verbeterd. Er werd aangekondigd dat er op 21 november 2021 een Grand Prix van Qatar zou plaatsvinden, waarmee dit de vierde volledige nachtrace op de F1-kalender zou worden.

De grand-prixteams troffen een relatief smal circuit aan van 5,380 km met een recht stuk van 1,068 km. Hoewel er bij de in totaal zestien bochten een paar langzame zaten, waren de meeste snel en vloeiend. Eén sectie vereiste inzet en nauwkeurigheid bij de start om geen tijd te verliezen in de bochten die volgden.

De F1-teams ontdekten ook het effect van het verleden van Lusail, dat voornamelijk uit motorraces bestond. Daardoor was er behoefte aan vlakke (in plaats van verhoogde) kerbs. Toen de coureurs de kerbs ten volle benutten met hoge snelheden, zorgde de kracht van de ruwe en geribbelde oppervlakken voor meer schade aan de banden dan verwacht. In de hoge omgevingstemperaturen kregen minstens vier coureurs te maken met een defect linkervoorwiel. Dat specifieke wiel kreeg het in de stukken met hoge snelheid zowel in de lengterichting als aan de zijkant het zwaarst te verduren.

De banden sparen speelde een grote rol in de 57 rondes tellende race, die grotendeels zonder problemen verliep. Ondanks de vrij afgelegen woestijnlocatie (vergelijkbaar met Bahrein) en de nogal armoedige staat (vergeleken met andere F1-locaties) deed Lusail meer dan zijn werk. Het organiseren van een grand prix in Qatar werkte in twee richtingen. De Golfstaat toonde een latente interesse in motorsport en de F1 kon zijn waarde als sport en uitstalraam op de wereldmarkt voor deze kleine natie bewijzen.

Qatar tekende een tienjarig contract met de F1, met als voorwaarde dat het circuit in 2022 niet op de kalender zou staan. Het land wilde namelijk al zijn energie steken in het organiseren van de FIFA-wereldbeker. Om commerciële redenen zou het circuit in Lusail voortaan Lusail International Circuit heten, als erkenning voor de grote nieuwe stad die voor het voetbaltoernooi werd gebouwd. Ondertussen werd er een F1-straatrace gepland in Doha, de hoofdstad van het land. Er werd ook gesproken over een nieuwe permanente locatie. Lusail leek in alle opzichten zijn tijd gehad te hebben.

Een nachtrace in Lusail in 2021 hielp om de kalender compleet te maken en de banden tussen Qatar en de F1 te verstevigen.

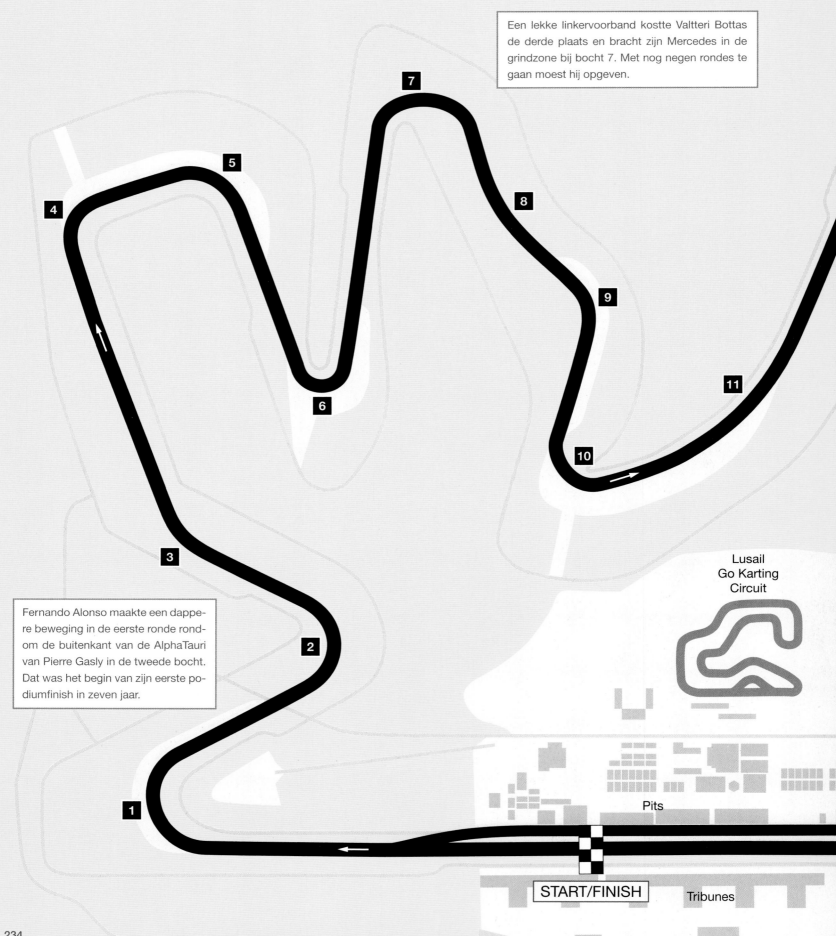

Een lekke linkervoorband kostte Valtteri Bottas de derde plaats en bracht zijn Mercedes in de grindzone bij bocht 7. Met nog negen rondes te gaan moest hij opgeven.

7

5

4

8

9

6

11

10

Lusail
Go Karting
Circuit

3

Fernando Alonso maakte een dappere beweging in de eerste ronde rondom de buitenkant van de AlphaTauri van Pierre Gasly in de tweede bocht. Dat was het begin van zijn eerste podiumfinish in zeven jaar.

2

1

Pits

START/FINISH   Tribunes

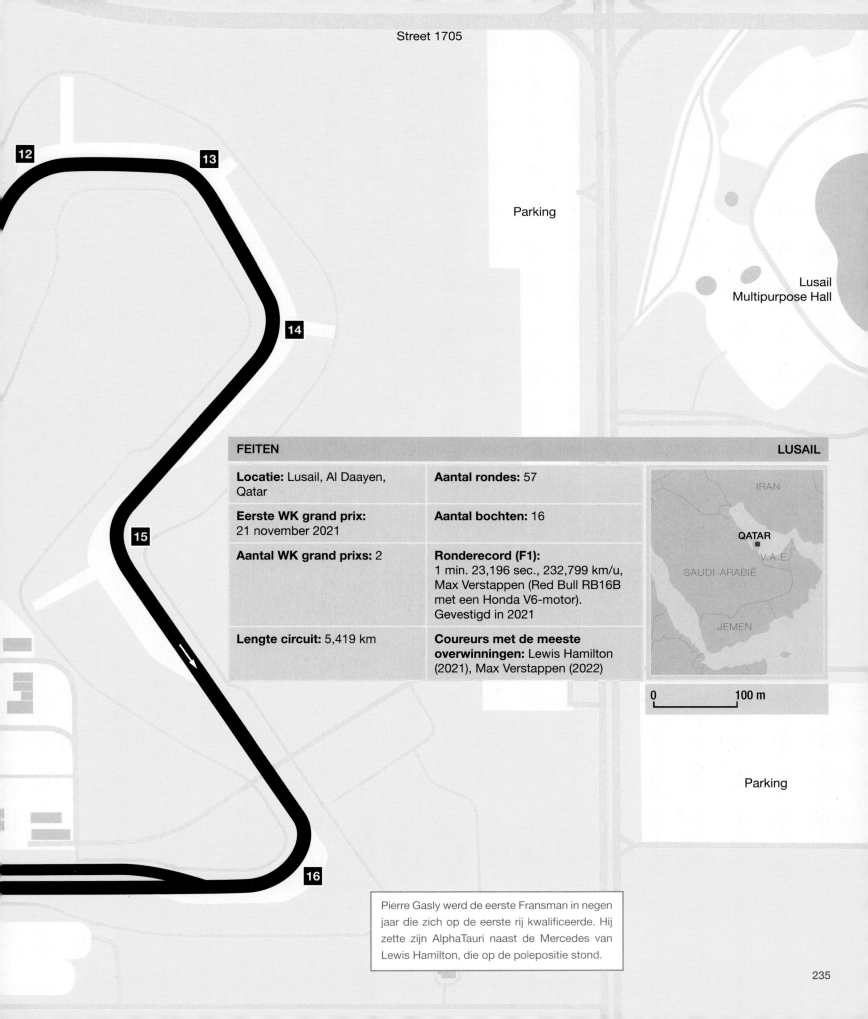

Street 1705

Parking

Lusail
Multipurpose Hall

FEITEN		LUSAIL
Locatie: Lusail, Al Daayen, Qatar	**Aantal rondes:** 57	
Eerste WK grand prix: 21 november 2021	**Aantal bochten:** 16	
Aantal WK grand prixs: 2	**Ronderecord (F1):** 1 min. 23,196 sec., 232,799 km/u, Max Verstappen (Red Bull RB16B met een Honda V6-motor). Gevestigd in 2021	
Lengte circuit: 5,419 km	**Coureurs met de meeste overwinningen:** Lewis Hamilton (2021), Max Verstappen (2022)	

0   100 m

Parking

Pierre Gasly werd de eerste Fransman in negen jaar die zich op de eerste rij kwalificeerde. Hij zette zijn AlphaTauri naast de Mercedes van Lewis Hamilton, die op de polepositie stond.

Jeddah 2021

Jeddah Corniche Circuit

 SAUDI-ARABIË

Dit was een spectaculair stratencircuit aan de Rode Zee, omzoomd door betonnen muren en bekend om zijn hoge snelheden. De eerste Grand Prix van Saoedi-Arabië, de voorlaatste race van het kampioenschap van 2021, was gespannen en controversieel. De muren bleven voor extra drama zorgen toen de grand prix in maart 2022 terugkeerde.

Toen het koninkrijk Saoedi-Arabië de trend in het Midden-Oosten volgde die was ingezet door Bahrein en Abu Dhabi, ging de voorkeur voor een grand-prixcircuit aanvankelijk uit naar een zeer snelle combinatie van wegen in de stad Jeddah. Het circuit werd ontworpen door Carsten Tilke, de zoon van circuitontwerper Hermann Tilke. Het bestond uit een langgerekte reeks bochten van bestaande wegen, die met elkaar waren verbonden door nieuwe stukken asfalt. Het circuit lag aan de Jeddah Corniche aan de Rode Zee en werd met 6,174 km het op één na langste circuit (na Spa-Francorchamps) op de F1-kalender. Met een gemiddelde van 250 km/u door 27 bochten zou het ook erg snel zijn. De eerste Grand Prix van Saoedi-Arabië – een nachtrace – stond gepland voor 5 december, de 21ste race van het F1-wereldkampioenschap van 2021.

Vanaf het begin genoten de coureurs van de uitdaging die de snelle bochten boden. Maar er waren ook bedenkingen, waarvan de belangrijkste was dat de nabijheid van de betonnen muren gevaar in zich hield. In geval van een incident of een langzame auto zou er een minimale waarschuwing zijn, zelfs als je de efficiëntie van de met vlaggen zwaaiende marshals in aanmerking nam.

Om het drama in 2021 nog groter te maken zou deze race de voorlaatste race zijn van een steeds fellere strijd om het kampioenschap tussen Max Verstappen en Lewis Hamilton en hun respectievelijke teams, Red Bull en Mercedes. De spanning liep nog verder op tegen het einde van de kwalificatie toen Verstappen, die voor de poleposition ging, de muur raakte bij het uitkomen van de laatste bocht.

Dit zette de toon voor een grand prix die meer bekendstond om de incidenten dan om het racen zelf, met als een van de meest controversiële een botsing tussen de kampioenschapsrivalen tijdens een safety car. De race werd onderbroken door twee rode vlaggen en verschillende safety cars.

Er waren zorgen over de veiligheid van de coureurs toen het circuit van Jeddah slechts zestien weken later werd voorbereid op een terugkeer. Maar door de beperkingen in tijd en ruimte kon er weinig worden gedaan, behalve de muren op bepaalde plaatsen een klein stukje naar achteren verplaatsen.

De grand prix zelf kwam in gevaar toen op 25 maart (de eerste dag van de training) een grote brand werd veroorzaakt door een raketaanval op een olieopslagplaats 16 km van het circuit. Het raceweekend ging door na geruststellende woorden van de regering.

Er gebeurden verschillende incidenten waarbij auto's de muren raakten. Het ergste daarvan vond plaats tijdens het tweede deel van de kwalificatie, toen Mick Schumacher de controle verloor over een kerb en tegen de muur botste. De Haas-coureur werd uit het ziekenhuis ontslagen na een routinecontrole. In tegenstelling tot de race in 2021 werd de tweede grand prix gekenmerkt door een zuiver wiel-aan-wielgevecht om de leiding tussen de Ferrari van Charles Leclerc en de uiteindelijk winnende Red Bull van Verstappen.

De toekomst van het Jeddah Corniche Circuit stond op losse schroeven door plannen om een permanent circuit aan te leggen bij Qiddiya, een uitgestrekt entertainmentcomplex op 45 km ten zuidwesten van de hoofdstad Riyad.

Boven: De baan ging niet lang na de start over in lastige bochten naar links en naar rechts.

Onder: Hoewel de coureurs hielden van de uitdaging door de snelle, wijde bochten, waren ze bezorgd over de betonnen muren die het zicht beperkten.

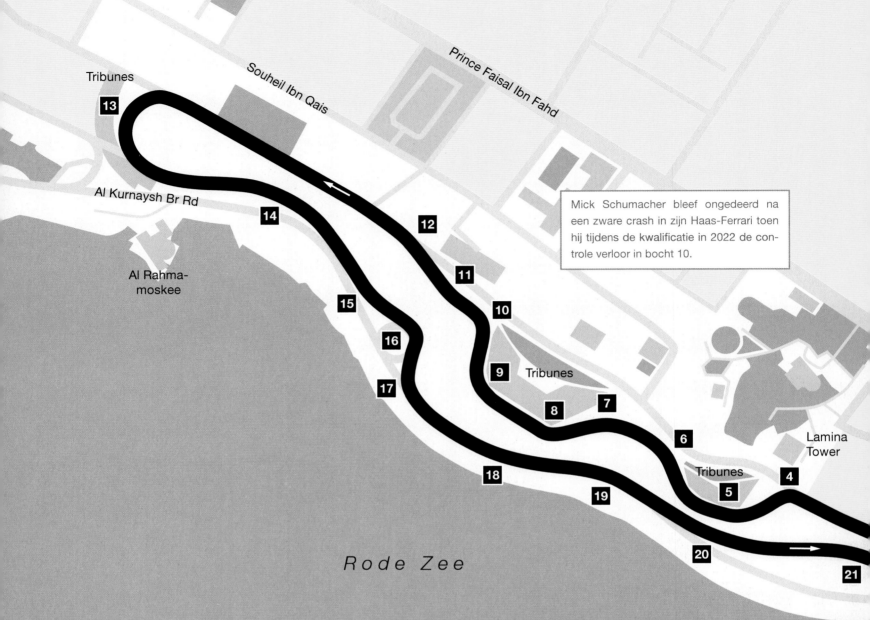

Tribunes

13

Souheil Ibn Qais

Prince Faisal Ibn Fahd

Al Kurnaysh Br Rd

14

12

Al Rahma-
moskee

11

Mick Schumacher bleef ongedeerd na een zware crash in zijn Haas-Ferrari toen hij tijdens de kwalificatie in 2022 de controle verloor in bocht 10.

15

10

16

9 Tribunes

17

8 **7**

6

Lamina Tower

18

Tribunes

4

5

19

Rode Zee

20

21

FEITEN

JEDDAH

Locatie: Jeddah, Saudi-Arabië	**Aantal rondes:** 50
Eerste WK grand prix: 5 december 2021	**Aantal bochten:** 27
Aantal WK grand prixs: 3	**Ronderecord (F1):** 1 min. 31,634 sec., 242,556 km/u, Charles Leclerc (Ferrari F1-75 V6). Gevestigd in 2022
Lengte circuit: 6,174 km	**Coureurs met de meeste overwinningen:** Lewis Hamilton (2021), Max Verstappen (2022), Sergio Pérez (2023)

IRAK   IRAN

SAUDI-ARABIË

V.A.E.

SOEDAN

JEMEN

0   100 m

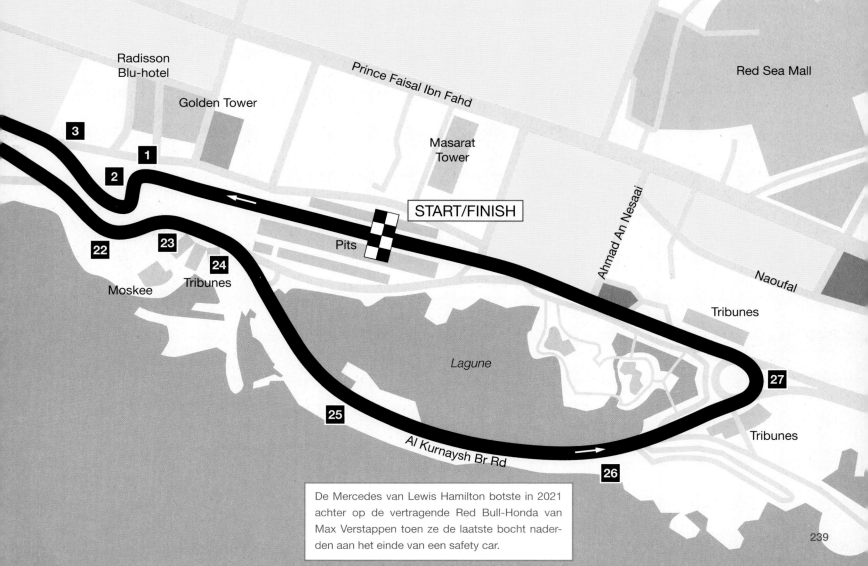

Strafgerechtshof

King Abdul Aziz Rd

Een botsing met meerdere auto's bij het uitkomen van bocht 2 na een herstart in 2021
zorgde voor een tweede rode vlag.

Radisson
Blu-hotel

Prince Faisal Ibn Fahd

Red Sea Mall

Golden Tower

3

Masarat
Tower

1

2

START/FINISH

Pits

22

23

Ahmad An Nesaai

24

Naoufal

Moskee

Tribunes

Tribunes

Lagune

27

25

Tribunes

Al Kurnaysh Br Rd

26

De Mercedes van Lewis Hamilton botste in 2021
achter op de vertragende Red Bull-Honda van
Max Verstappen toen ze de laatste bocht naderden aan het einde van een safety car.

239

Miami 2022

Miami International Autodrome

 VERENIGDE STATEN VAN AMERIKA

Na mislukte pogingen om een grand prix te organiseren in de straten van het centrum van Miami vormde het gebied rond het Hard Rock Stadium in het noorden van de stad het decor voor de vijfde race van het Formule 1-wereldkampioenschap van 2022, en voor een uitverkochte menigte. Het fysiek veeleisende en gevarieerde circuit kreeg gemengde reacties.

Een grand prix in Miami stond hoog op het verlanglijstje van Liberty Media vanaf het moment dat het Amerikaanse massamediabedrijf eind 2016 de Formula One Group kocht. Een voorstel om een circuit rond Bayfront Bay en Biscayne Bay over te nemen leek een logische keuze, vooral omdat het stratencircuit in de binnenstad al eerder werd gebruikt voor de CART IndyCar-reeks en de Formule E. Maar het vooruitzicht van de F1 bleek te veel voor de felle lokale bevolking, die uiteindelijk haar zin kreeg. Zelfs nadat het voorgestelde circuit drie keer werd herzien – hoewel in feite geen van de voorgestelde ontwerpen voldeed aan de echte verwachtingen van de F1.

Stephen M. Ross, een plaatselijke vastgoedmagnaat en filantroop, was de drijvende kracht achter het project. Ross liet zich niet afschrikken en richtte zijn aandacht op een eigendom dat hij al bezat: het Hard Rock Stadium. Dat was de thuisbasis van het Miami Dolphins NFL-team – dat ook eigendom was van Ross. Het stadion lag dan wel in Miami Gardens, op 30 minuten rijden ten noorden van het centrum, maar de voordelen waren te groot om te negeren.

Afgezien van de permanente faciliteiten in het stadioncomplex zouden de uitgestrekte parkeerterreinen zich lenen voor een parcours dat ook NW 203rd Street aan de noordkant van het stadion zou omvatten. Het voorstel had ook tegenstanders: één groep zei dat het evenement racistisch en discriminerend was, terwijl andere bezwaarmakers beweerden dat het lawaai permanente gehoorschade bij de plaatselijke bevolking zou kunnen veroorzaken. Beide zaken werden door de rechtbank afgewezen. Een wisseling van burgemeester in de stad Miami Gardens plus de oprichting

van een gemeenschapsfonds van 5 miljoen dollar hielpen om de goedkeuring voor de race te bezegelen.

De effecten van COVID-19 hadden de voortgang in 2020 en 2021 niet geholpen, maar Ross overwon deze en andere obstakels door een nieuw bedrijf op te richten, South Florida Motorsports (SFM). Tom Garfinkel, een ervaren sportorganisator, werd beherend vennoot. De benoeming van Richard Cregan als CEO was een andere slimme zet. De voormalige F1-teammanager van Toyota had met succes de F1-circuitprojecten in Abu Dhabi en Sotsji geleid.

Toen het Hard Rock Stadium voor het eerst ter sprake kwam en er werd gesproken over parkeerterreinen als geschikt gebied voor het circuit, werden herinneringen opgeroepen aan het fantasieloze ontwerp aan de achterkant van het Caesars Palace Hotel in 1981 en 1982. Het werd al snel duidelijk dat Miami in alle opzichten ver van de locatie in Las Vegas af stond.

Overleg met de F1-directeur Ross Brawn maakte duidelijk wat de sport hoopte te bereiken met de aanleg van een circuit om *close racing* te bevorderen. Ondanks problemen met het onder snelwegen door gaan en het gebruik van lokale wegen, legde SFM uiteindelijk een 5,412 km lang circuit aan met een verscheidenheid aan bochten en rechte stukken van 322 km/u; een lastige combinatie die ontworpen was om coureurs en hun technici uit te dagen.

Ondertussen waren de promotors hard aan het werk om te zorgen voor een uitverkocht stadion lang voordat er ook maar één wiel van een F1-auto draaide op de vrije training op 6 mei 2022. Hoewel het circuit zelf punten had die voor verbetering vatbaar waren, was het fysiek veeleisend. De levendige sfeer liet goed zien hoe een grand prix in Miami werd ontvangen.

Boven: Een kunstmatige jachthaven in bocht 7 was een van de vele gespreksonderwerpen.

Onder: Max Verstappen van Red Bull en Charles Leclerc (links) en Carlos Sainz (rechts) van Ferrari doorstonden in 2022 een fysiek veeleisende eerste Grand Prix van Miami.

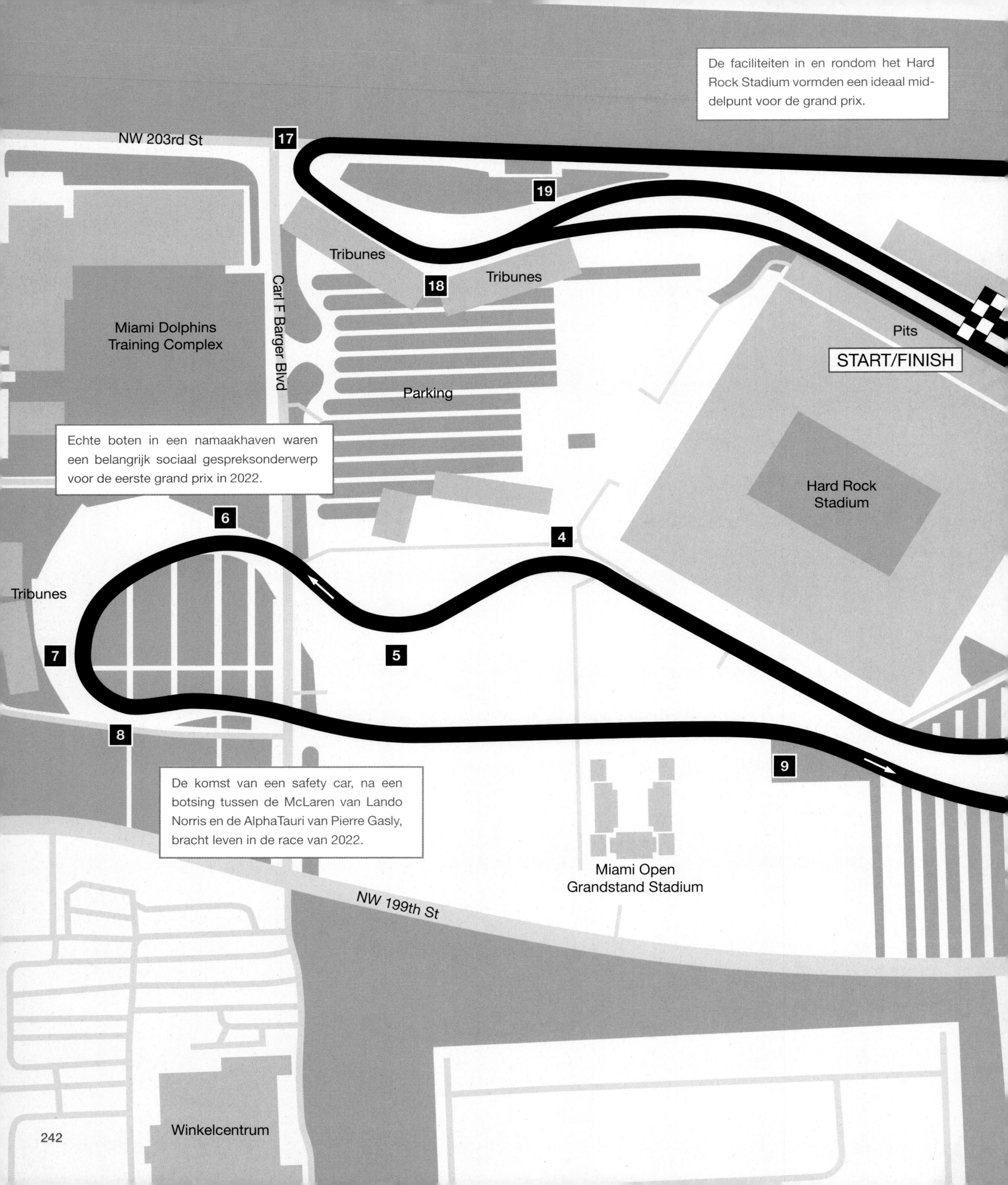

17

De faciliteiten in en rondom het Hard Rock Stadium vormden een ideaal middelpunt voor de grand prix.

19

Tribunes

18

Tribunes

Miami Dolphins Training Complex

Carl F Barger Blvd

Parking

Pits

START/FINISH

Echte boten in een namaakhaven waren een belangrijk sociaal gespreksonderwerp voor de eerste grand prix in 2022.

Hard Rock Stadium

6

4

Tribunes

5

7

8

9

De komst van een safety car, na een botsing tussen de McLaren van Lando Norris en de AlphaTauri van Pierre Gasly, bracht leven in de race van 2022.

Miami Open Grandstand Stadium

NW 199th St

Winkelcentrum

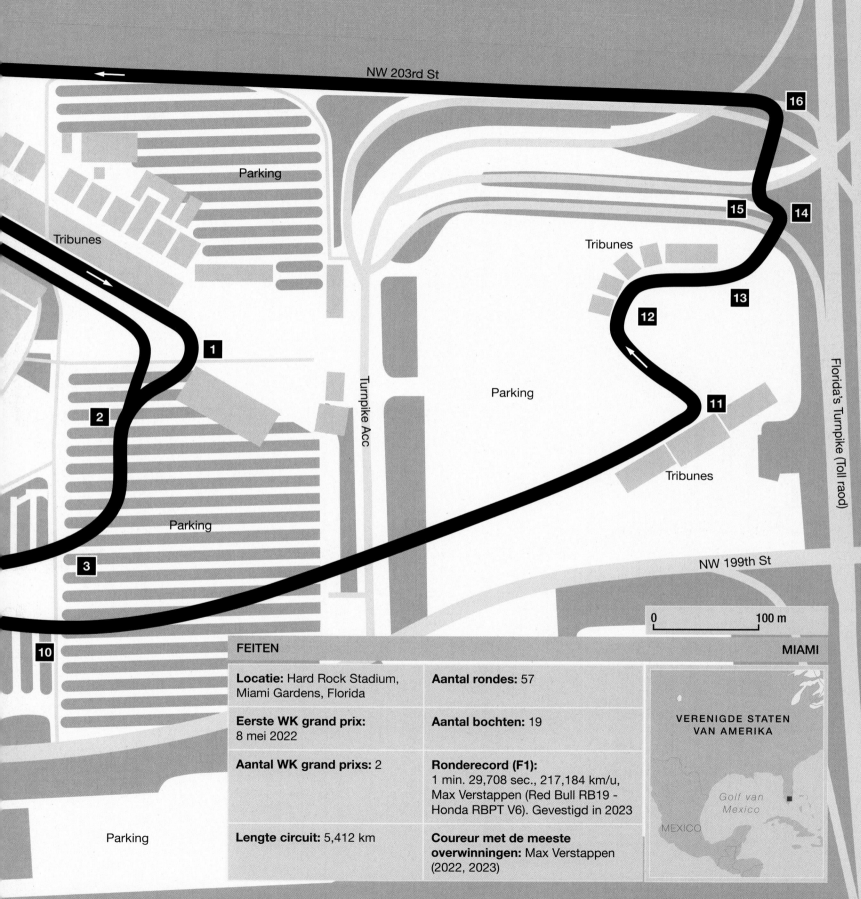

NW 203rd St

16

15 **14**

13

12

Tribunes

11

1

2

Parking

Turnpike Acc

Parking

Florida's Turnpike (Toll raod)

Tribunes

Tribunes

Parking

3

NW 199th St

10

0   100 m

MIAMI

FEITEN	
Locatie: Hard Rock Stadium, Miami Gardens, Florida	**Aantal rondes:** 57
Eerste WK grand prix: 8 mei 2022	**Aantal bochten:** 19
Aantal WK grand prixs: 2	**Ronderecord (F1):** 1 min. 29,708 sec., 217,184 km/u, Max Verstappen (Red Bull RB19 - Honda RBPT V6). Gevestigd in 2023
Lengte circuit: 5,412 km	**Coureur met de meeste overwinningen:** Max Verstappen (2022, 2023)

VERENIGDE STATEN
VAN AMERIKA

Golf van
Mexico

MEXICO

Parking

Register per land

Register

Bibliografie

Boeken
Adelaide Alive! The Grand Prix Years
  (Adelaide GP Office)
40 Anos de Historia Del Montjuïc, Javier
  Del Arco (Real Automobile Club de
  Catalunya)
Grand Prix of Canada, Gerald
  Donaldson (Avon Books)
Motor Racing Circuits of Europe, Louis
  Klemantaski en Michael Frostick
  (Batsford)

The German Grand Prix, Cyril
  Posthumus (Temple Press)
The French Grand Prix, David Hodges
  (Temple Press)
The Last Road Race, Richard Williams
  (Weidenfeld & Nicholson)
The Monaco Grand Prix, David Hodges
  (Temple Press)
The World Atlas of Motor Car Racing,
  Joe Saward (Hamlyn)

Tijdschriften
*Autocourse, Autosport, F1 Racing,
  Grand Prix International, Motor
  Racing, Motor Sport*

Kranten
*The Guardian, The Independent, The
  Observer*

Fotoverantwoording